KB261191

몽골의 전통과 민속보기

몽골의 전통과 민속보기

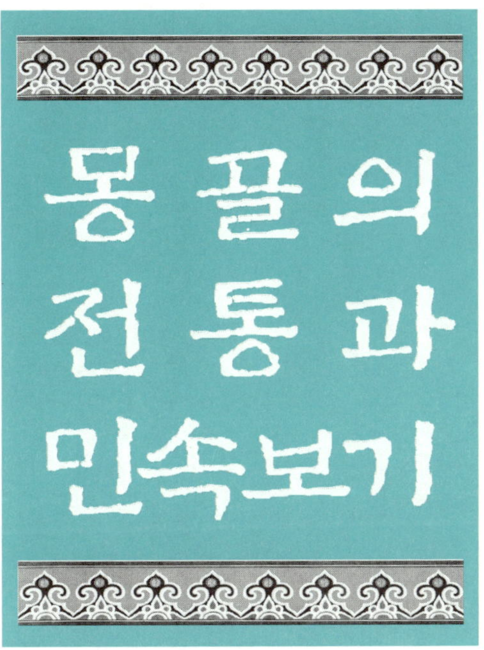

똥풀의 전통과 민속보기

박 환 영

도서출판 박이정

몽골의 전통과 민속보기

초판 인쇄 2008년 12월 17일
초판 발행 2008년 12월 24일

지은이 박환영
펴낸이 박찬익
편집책임 이영희
책임편집 김민영

펴낸곳 도서출판 **박이정**
주소 서울시 동대문구 용두동 129-162
전화 02)922-1192~3
전송 02)928-4683
홈페이지 www.pjbook.com
이메일 pijbook@naver.com
온라인 국민 729-21-0137-159
등록 1991년 3월 12일 제1-1182호

ISBN 978-89-6292-019-2 93380

* 책값은 뒤표지에 있습니다.

차례

몽골의 문화와 민속에 대한 관심이 최근에 부쩍 늘어난 것 같다. 이러한 경향은 한국에 와 있는 몽골인들이 많아진 것에도 기인할 수 있겠지만 자유화와 국제화로 인하여 몽골에서 사회주의가 약화되면서 몽골을 쉽게 방문할 수 있는 여건과 기회가 많아지고, 몽골과 관련된 전문서적이 많아진 것도 그 이유가 될 것이다. 여하튼 몽골은 이제 정말로 가까운 이웃이 된 셈이다.

그런데 아쉽게도 몽골에 대한 관심은 많지만 여전히 몽골을 제대로 이해할 수 있는 기회를 가지기가 상대적으로 적은 것도 사실이다. 특히 몽골의 역사와 사회는 물론이고 문화와 민속에 대한 인식이 부족하다 보니 몽골에 대한 이해가 턱없이 부족한 것도 사실이다. 우리 사회에서 통용되는 말 중에서 "알아야 보인다"는 말이 있다. 가까운 이웃인 몽골을 제대로 알아야만 좀 더 발전지향적인 입장에서 몽골과의 정치, 경제 그리고 문화교류도 활성화 될 수 있는 것이다.

이 책은 몽골인들의 일상적인 생활문화 속에 내재되어 있는 몽골의 전통과 민속을 이해하기 위하여 크게 다섯 부분으로 나누어서 살펴보고자 하는데, 대부분의 내용은 필자가 이제까지 발표했던 학술논문을 중심으로 구성되어 있다. 우선 첫 번째 장에서는 몽골의 역사와 사회를 탈사회주의가 진행되는 1980년대 후반기를 중심으로 민주화와 자유화의 진행상황과 사회주의가 약화된 후 지금까지 진행되고 있는 민족의 정체성의 회복과 관련한 민속문화를 살펴볼 수 있는 기회를 제공해 준다. 두 번째 장에서는 몽골의 전통과 민속의 근간이 될 수 있는 가족과 친족 그리고 성(性)의 민속을 다각적인 입장에서 논의하고 분석해 본다. 한편 세 번째 장에서는 유목문화와 밀접하게 연계되어 있는 동물과 식물 그리고 질병과 관련된 다양한 언어민속을 구체적인 사례와 용례를 들어서 논의를 하고, 네 번째 장에서는 몽골의 축제, 세시풍속, 귀신문화에 이르기까지 공동체문화 속에서 만들어지고 전승되고 있는 민속문화를 적나라하게 보여주고 있다. 다섯째 장에서는 한국과 몽골의 주거공간을 민속학적으로 비교함으로써 비교민속학적인 가능성과 앞으로의 과제를 제시하고 있다.

이 책을 내면서 바쁜 와중에도 꼼꼼하게 원고 교정을 해준 민속학과 대학원 석사과정에 재학중인 심효윤군과 구비성양에게 고마움을 표하고 싶다. 끝으로 몽골의 전통과 민속이 한국에서 가지는 가치를 깊이 인식하고는 이 책의 출판을 흔쾌히 허락해주신 박이정의 박찬익 사장님과 여러 저기에 흩어져 있는 원고를 깔끔하게 다듬어 주신 이영희, 김민영 선생님께 진심으로 감사드린다.

2008년 11월 7일
한강이 내려다 보이는 흑석동 서재에서
박환영

제1장

몽골의 역사와 사회

1

몽골의 현대화 과정에서 자유화와 민주화의 시작

1. 들어가기

　시간을 초월하고 공간을 초월해서 어떠한 과거의 기억이 현재에도 많은 영향을 미친다고 가정했을 때 과연 21세기를 살아가는 현대인들에게 어떠한 과거의 사건이나 경험이 많은 영향을 끼쳤을까? 사람에 따라서 그리고 소속된 지역이나 국가 혹은 민족에 따라서 또한 주변에 이웃하는 국가나 민족에 따라서 다양한 해석이 가능할 것이다. 그럼에도 불구하고 아무래도 오늘을 살아가는 현대인의 입장에서는 현재의 입장에서 과거를 바라볼 수밖에 없는 것이 사실인데 이것은 현재에 느낄 수 있는 사회적 분위기와 상황을 중심으로 지나간 과거를 바라보는 경향이 두드러질 수밖에 없기 때문이다.

　오늘날 몽골의 사회적 분위기는 빠르게 변화해 가는 개발도상국을 보는 듯하다. 필요로 하는 대부분의 공산품이 거리에 넘쳐나고 다양하고 전문화된 상점에 가면 선진국 못지않게 고급 상품도 쉽게 구입할 수 있다. 여기저기 아니 곳곳에서 높은 빌딩과 건물을 올리는 공사가 진행 중이고 수도인 울란바타르 외각이나 조금 떨어진 드넓은 초원에서도 도로의 확장이나 신설 도로를 건설하는 공사가 활발하게 진행 중이다. 특히 울란바타르는 차로 가득차서 교통체증이 자주 일어나기도 한다. 불과 10여년전만 하더라도 전혀 상상할 수도 없는 사회적 변화가 몽골에서 지금 벌어지고 있는 것이다.

한편 민중들의 목소리를 언제든지 표출할 수 있는 언론의 자유와 다당제의 정착으로 오늘날 몽골은 아시아에서 가장 빠르게 변화하고 있는 역동적인 국가 중의 하나이다. 특히 최근에는 스포츠 분야에서도 빠른 성장을 보이면서 2008년 북경 올림픽 경기에서는 복싱, 유도 그리고 사격에서 금매달 2개와 은매달 2개 를 따내며 세계적인 스포츠 무대에서도 좋은 활약을 보이고 있다.

러시아 다음으로 오래된 사회주의 국가인 몽골은 사회, 경제, 문화, 스포츠 등에서 정말로 큰 변화를 겪고 있다. 최근의 급변하는 변화에 대한 긍정적인 측면도 있고 부정적인 측면도 있지만 지나간 과거의 기억과 경험을 토대로 현재 를 이해한다면 엄청난 변화요 개혁임에 틀림이 없다. 본 장에서는 현재 몽골의 사회변화를 좀 더 제대로 이해하기 위해서 오늘날 다양한 영역에서의 변화를 가져오게 한 원동력이 되었던 1980년대 몽골에서 시작된 자유화와 민주화 운동 에 대하여 간략하게 살펴보고자 한다.

▶ 울란바타르의 도심가

▶ 2008년 민주화 시위로 불타버린 몽골 인민혁명당(MPFP)건물

2. 몽골에서 시작된 자유화와 민주화 운동의 시대적 배경

몽골에서 자유화와 민주화가 가시화 되었던 1990년까지 당시의 몽골인민공화국(MPR[1])은 미국(1987년)과 한국(1990년)을 포함하여 전 세계 100여개 나라와 외교관계를 가지고 있었다. 미하일 고르바체프(Mikhail Gorbachev)가 1986년 블라디보스톡에서 개방화와 자유화의 시작을 알리는 연설을 하기까지 몽골 정부는 당시 소련의 눈치를 보고 있기는 했지만 독립적으로 자신들만의 길을 가고자 하는 열망은 강했던 것 같다. 특히 지리적으로 소련과 중화인민공화국(PROC)의 사이에 끼어있어서 몽골은 정치 및 경제적으로 양쪽의 눈치를 보아야하기 때문

---

1) MPR은 Mongolian People's Republic의 약자이다. 사회주의 시기에 사용되었던 정식 국호인 몽골인민공화국(MPR)은 1992년에 몽골(Mongolia)로 변경되었다. 따라서 오늘날 공식적인 국호는 몽골이다.

에 자신들의 국가에 전적으로 집중할 수가 없었던 것이다. 그러므로 1980년대부터 몽골에서 싹이 트기 시작한 민주화운동은 페레스트로이카(Perestroika)의 영향 외에도 주변 강대국의 틀 속에서 벗어나 독립적인 길로 나아가겠다는 몽골 민중들의 강한 의지에 힘입은 바 크다고 할 수 있다.

몽골인민혁명당(MPRP) 창립 40주년 행사가 열렸던 1980년에 체덴발(Tsedenbal)은 막스(Marx)와 레닌(Lenin)의 이론이 그동안 몽골에서 기여한 것에 대하여 조용히 부인을 하게 된다. 사실 이때부터 그동안 가져왔던 억압과 통제로부터 벗어나려는 움직임이 몽골에서 조금씩 나타나기 시작하는 셈이다. 그러나 엄밀하게 말해서 체덴발은 당시에 소련의 영향에서 벗어나려는 의도를 가지고 있지 않은 것으로 보는 견해가 지배적이다. 그 한 예로 1981년에 거행되었던 제 18차 몽골인민혁명당(MPRP)에서 체덴발은 브레즈네프(Brezhnev)의 소련식 체제를 모방하여 기능의 변화도 없이 자신의 직위도 당서기(First Secretary)에서 총서기(General Secretary)로 바꾸게 된다. 당시 소련과의 긴밀한 관계를 지속하던 체덴발은 1984년 7월 말경에 소련으로 휴가를 떠나게 된다. 체덴발이 소련에서 휴가를 보내고 있었던 1984년 8월 23일 전원이 참석한 몽골인민혁명당의 중앙 위원회는 건강상의 이유와 체덴발과의 합의를 통하여 체덴발을 총서기 직에서 해임시키는 결의안을 채택한다[2].

체덴발이 권력에서 물러나게 되는 1984년 8월은 몽골의 현대사에서 민주화와 자유화의 시발점이 되었다는 점에서 사회, 정치, 경제적으로 큰 전환기를 가져다주는 획기적인 사건으로 기록될만하다. 영국의 몽골학자인 알란 산들스(Alan J. K. Sanders)는 1984년 체덴발의 총서기직 해임은 스탈린(Stalin) 때로부터 침체기 까지 대략 40여년 동안 지속되어 온 정치적 시대의 단절일뿐만 아니라 더 중요하게도 의미있는 변화를 위한 진정한 기회를 가져다 줄 수 있는 새로운 시대의 도래를 열었다는 점을 강조하고 있다[3]. 결국 1984년 12월에 바트뭉흐(Batmönh)가 체덴발의 계승자로 선출되면서 몽골의 대변혁기가 비로소 시작되게 된다.

---

2) Bawden, C.R, *The Modern History of Mongolia*, London: Kegan Paul, 1989, p. 429.
3) Bawden, C. R, 위의 책, p. 429.

울란바타르에 있는 최신식 건물
(울란바타르시 은행)

울란바타르 호텔 주변의 도심 중심가

　몽골사회에서 1984년부터 바트뭉흐(Batmönh)에 의하여 조금씩 새로운 변화의 움직임이 생겨났지만 여전히 1986년까지 바트뭉흐(Batmönh)는 소련(USSR)과 코메콘(COMECON 혹은 CMEA)[4]의 원조로 몽골의 경제와 사회복지 분야를 향상시키려고 하였다. 그러나 1987년부터는 몽골과 러시아 사이의 긴밀한 정치, 경제 그리고 외교적 협력은 주변의 급급한 정세의 변화로 소원한 관계로 조용히 바뀌게 된다. 가령 예를 들어서 1987년 1월 15일 소련은 당시 몽골에 있던 다섯 곳의 소련기지 철수 계획을 대내외적으로 발표하게 된다. 이러한 발표가 나온 뒤 얼마 되지 않은 1987년 1월 27일에 몽골은 미국과의 공식적인 외교관계의 수립을 발표하게 된다. 더욱이 1987년 5월에는 당시 몽골의 외무장관이었던 두게르수렌(Dugersuren)이 몽골의 외교사에서 처음으로 비공산권 국가인 일본과 호주를 공식적으로 방문하게 된다. 몽골 외무부장관이 행한 이러한 공식적인 방문은 아시아 지역에 있는 자본주의 진영과 새로운 경제적 협력을 진행하고자 하는

---

4) 코메콘(COMECON)은 1990년대 이전 구소련을 중심으로 한 공산권의 경제상호 회의였으며, CMEA (Council for Mutual Economic Assistance)이라고도 불렸다.

당시 몽골정부의 강력한 의지를 보여준다5). 그러므로 1987년 이후부터 몽골은 국가의 경제를 향상시키기 위하여 좀 더 다양한 국가와의 협력을 도모할 수 있는 기회를 마련하게 된다. 바트뭉흐(Batmönh)는 1988년 6월 24일에 거행되었던 중앙위원회 회의에서 다음과 같이 당시의 몽골 정세를 언급하게 된다.

> 우리는 우리 스스로 새로운 개혁과 재구조화를 시작해야 합니다. 그리고 이전에 우리들이 가졌던 오래된 방식의 생각과 사고 그리고 빠르게 바뀌고 있는 시대에 뒤 떨어진 방법을 포기하고 버려야만 합니다6).

이러한 바트뭉흐(Batmönh)의 연설은 당시 몽골 정부가 얼마나 진정으로 그리고 절실하게 개혁과 재구조화를 원하고 있었는지를 잘 반영해 준다. 그러나 엄격하게 말해서 당시 몽골은 특히 정치와 경제적인 관점에서 소련에 전적으로 의존하고 있었기 때문에 러시아의 페레스트로이카(Perestroika)와는 별도로 몽골식의 개혁을 한다는 것은 거의 불가능하였고, 또한 대다수 민중들에 의한 개혁이기보다는 일부 고위 정치인들에 의한 개혁적인 논의에 불과했던 것이다.

이렇게 개방과 개혁의 시작은 조용하게 그리고 일부 고위 관리에 의하여 부분적으로 진행된 듯 했지만 1989년에는 민중들 사이에서 경제적 개혁과 민주주의를 요구하는 거센 움직임이 생겨나게 된다. 예를 들어서 1989년 10월이 되면서 수 백명의 시위자들이 울란바타르에서 경제의 재구조화에 대한 강한 불만을 표시하는 시위를 벌이면서 몽골민주주의 연합(Mongolian Democratic Union)을 결성하게 된다. 민주화와 경제 개혁을 요구하면서 몽골의 대다수 민중들에 의하여 시작된 이러한 시위는 매일 매일 그 규모가 점 점 더 커지면서 1920년대부터 시작된 몽골의 사회주의가 극도로 약화되는 전환점을 마련하게 된다.

---

5) Jarrett, K, 'Mongolia in 1987', *Asian Survey*, No. 28, 1988, p. 84.
6) Sanders, A.J.K, 'Mongolia in 1988', *Asian Survey*, No. 29, 1989, p. 46.

▶ 몽골의 수도 울란바타르에는 최신식 아파트와 전통적인 몽골의 텐트(ger)가 공존하고 있다.

▶ 울란바타르에서 대초원이 펼쳐진 시골로 가는 포장도로

▷ 울란바타르가 내려다 보이는 자이상(zaisan)언덕에 1954년에 세워진 몽골의 독립과
발전을 위해 헌신한 러시아 군인들을 위한 기념비에 그려진 벽화

▷ 몽골의 수도 울란바타르의 겨울풍경(1995년)

▶ 간단사원에는 몽골의 젊은이들도 많이 찾아온다.

▶ 몽골에서 핸드폰이 일반화되기전에 곳곳에서 볼수 있었던 이동식 전화

► 울란바타르에 있는 아파트

► 터브아이막에 속하지만 헨티아이막의 경계에 걸쳐있는 바가노르(Baganur) 숨(sum)

3. 나오기

몽골이 한국에 본격적으로 알려지게 된 것은 1990년에 공식적인 외교관계가 수립되면서 부터이다. 따라서 몽골에 대한 많은 사람들의 인식은 과거 칭기스칸에 의한 대 몽골제국과 1990년 이후 사회주의 체제에서 자본주의 경제 체제로 빠르게 바뀌고 있는 개발도상국가로서의 몽골이 전부인 듯하다.

아시아에서 두 번째로 오래된 사회주의 국가였던 몽골이 이제 민주주의와 자본주의를 기초로 하여 새로운 사회로 빠르게 바뀌고 있다. 작은 서울이라고 할 정도로 한국에 있는 것은 대부분 몽골에 있다고 할 정도로 한국식 자본주의를 모델로 한국의 사회를 그대로 모방하고 있기도 하다. 어떻게 보면 21세기는 최첨단의 기술과 다양한 문화가 공존하는 사회이면서 가장 불확실한 사회이기도 하다. 더욱이 북한의 최근 정세는 향후 동아시아의 중요한 변수가 되기에 충분할 정도이다. 가장 가까운 이웃인 북한에 대하여 우리가 알고 있는 것은 너무 적은 편이며 그러한 사회적 상황을 또한 그대로 무의식적으로 받아들이고 있다. 결국 북한에서도 사회주의가 약화될 수 있으며 그렇게 되면 몽골이 지난 수십년 동안 겪었던 아픔과 경험이 북한에서도 비슷하게 나타날 수도 있는 것이다. 따라서 몽골을 통하여 북한을 이해할 수 있는 가능성은 충분한 것이다.

사회주의 진영에서 고립되어 있다가 고삐가 풀린 망아지와 같이 세계의 무대로 뛰어던 몽골이 이제까지 경험해 온 몽골의 가까운 과거에 대한 이해를 통해서 우리는 좀 더 다양한 각도에서 몽골의 전통과 민속을 이해할 수 있는 것이다. 현재는 과거를 반영해 주며 또한 미래의 방향을 제시해 준다. 몽골이 현대화되는 과정 속에서 진행되었던 일련의 민주화 그리고 개방화 과정을 이해함으로써 몽골의 과거를 현재와 미래로 연결시켜줄 수 있다.

▶ 제8회 재한 몽골인들을 위한 몽골 나담 축제

▶ 2008년 울란바타르에서 한국문화를 알리는 예술공연이 열리고 있다.

울란바타르에 있는 한국의 남양주문화원

울란바타르의 한 시장에서 판매중인 김치

탈사회주의 몽골사회에서
과거의 이해와 친족의 재발견

1. 들어가기

몽골어로 "과거"를 나타내는 엉그러슨(*öngörsön*)은 문자 그대로 '지난' 혹은 '지나간 것'을 의미한다. 그런데 탈 사회주의 몽골에서 엉그러슨(*öngörsön*)이라는 용어는 최근이건 혹은 역사적으로 먼 과거이건 간에 경계가 불분명한 지나간 시간을 나타내기 위하여 널리 사용되고 있다. 비록 탈사회주의 몽골에서 "과거"라는 용어가 명확하지 않은 역사적인 범위를 가지고 있기는 하지만 현재와 미래로부터는 명백하게 구분된다. 필자가 탈 사회주의 몽골사회를 분석하기 위하여 "과거"에 대한 인식과 그것과 관련된 친족을 함께 다루고자 하는 것은 다음과 같은 세 가지 이유에서 이다.

첫째로 탈사회주의 몽골에서 "과거"라는 개념은 몽골인들 사이에서 자신들의 친족과 관련된 기원을 밝히는데 사용된다. 즉 오늘날 몽골인들은 공통되는 조상과의 연계성에 의해서 현재의 친족관계를 "과거"의 친족관계로 확대하려고 하는데, 가장 일반적으로는 그들의 조상을 칭기스칸 (1167~1227) 까지 거슬러 올라가기도 한다7). 그러나 실제적으로 몽골인들은 3대 혹은 4대 이상의 친족관계를 거슬러 올라가지 못하기도 하며, 인위적인 친족, 친구, 이웃 그리고 잘 아는 사람들과 같은 특정한 비친족 관계를 넘어서게 되면 사회적인 교류가 거의 없기도 하다. 따라서 이러한 현실은 실제적으로 파악할 수 있는 친족관계와 단지 어렴풋하게 상상할 수 있는 친족관계 사이의 경계를 희미하게 한다. 실제적인 친족관계는 사회적인 교류와 상호부조의 교환을 통하여 긴밀하게 연결되어 있는 경우인데 "거미의 줄로 엮어진 망(spider's web)"8)과 같은 친근한 이미지를 적용할 수 있으며, 반면에 인위적인 친족관계는 "현재"의 입장에서는 실제적인 관계를 가지지 못하는 것 같지만 "거미의 줄로 엮어진 망"을 벗어나 바깥으로 확대되어 있는 관계인 것이다. 즉 후자의 관계는 공통되는 과거와 연계성에 대한 공통되는 감성을 가지고 있는 관계인 것이다.

둘째로 탈사회주의 몽골의 친족을 탐구하기 위해서는 무엇인가 비교할 수 있는 것이 필요한데 그러므로 몽골의 친족체계와 관련된 문헌자료를 숙지해야 할 것 같다. 이러한 문헌자료를 통하여 얻을 수 있는 몽골의 친족체계에 대한 정보는 주로 "귀족"의 전통을 언급하고 있다. 즉 귀족계급이란 일부 학자들이 "준(準)봉건제도"(Jagchid and Hyer:1979:264)라고 부르는 이전에 몽골을 지배했던 귀족계급을 의미한다. 그러므로 이러한 기록에 담겨있는 족보, 친족용어 그리고 씨족이름 등과 관련된 정보는 대체로 당시의 일반인들의 생활과는 전혀 관련성이 없는 것 같다. 몽골의 지식인들은 일부 소수의 역사적인 문헌(특히『몽골비

---

7) 캄피(Campi:1991:11)는 몽골신문에서 칭기스칸을 묘사하기 위하여 *bogd ezen* (신성스러운 지도자)이라는 용어가 사용되었으며, 1990년대에는 할하(Halha) 몽골인들에 의하여 칭기스칸을 숭배하는 컬트(cult)가 만들어지기도 한 사실에 주목한다.
8) 필자는 탈사회주의 몽골에서 인간관계의 네트워크를 이러한 이미지로 제안하고자 하는데 이것은 "거미줄로 엮어진 망"의 중앙에는 친족이 있으며, 친족은 다시 인위적인 친족, 친구, 이웃 그리고 잘 아는 사람들로 연결되어 있기 때문이다. 아마도 탈사회주의 몽골에서 친족관계는 가장 핵심적인 관계이며, 또한 거미줄의 네트워크가 시작되는 중심이기도 하다. 그러나 무한한 거미줄 망에서 핵심적인 중심으로 역할을 하면서 과거, 현재 그리고 미래를 연결시켜줄 수 있는 통시적인 연계와 역사적인 관계는 분명하지 않다. 이와 유사하게 몽골에서는 가축을 통한 인간관계의 네트워크도 "거미의 줄로 엮어진 망"과 같이 촘촘하게 연결되어 있다 (박환영:2005a:90).

사』)에 근거한 내용이 몽골의 친족체계 전체를 대표하지 않음에도 불구하고 전형적인 몽골의 유형인양 다시 구성해 놓았다. 몽골 사회에서 귀족들의 친족과 일반인들의 친족은 명백하게 차이가 있었다. 즉 과거에 친족의 계보에 대한 기록은 거의 대부분이 오직 귀족들에 의하여 유지되었다 (Vreeland, 1954). 오늘날 몽골의 학자들은 이렇게 귀족과 관련된 친족체계를 과거 몽골 사회가 가졌던 보편적인 전통으로 투영하기도 하며, 탈사회주의 몽골 이전에는 이러한 친족체계가 마치 사실이었던 것처럼 묘사하기도 한다. 그러므로 귀족뿐만 아니라 일반적인 유목민이 가질 수 있는 다양한 친족체계는 무시되고, "전통적인" 몽골의 친족체계를 이상화하기 위하여 과도하게 단순화되기도 하였다.

셋째로 역사적인 자료나 사건은 오늘날 몽골인들이 친족과 관련된 과거의 경험을 현재의 문맥 속으로 맞추어 넣으려고 하는 방식에 대하여 몇 가지 단서를 제공해주기도 한다. 다시 말해서 "과거"에 대하여 보통의 몽골인들이 가지고 있는 인식을 분명히 하는 것은 친족의 과거 유형이 어떻게 현재의 문맥 속으로 전환되었는지를 나타내어주는 것이다. 예를 들어서 과거에 몽골의 초원에서 친족을 강화하거나 확대하는 하나의 일반적인 방편이었던 씨족, 부족 그리고 때로는 국가 사이의 결혼동맹은 오늘날 *huuduud* (집합적인 의미의 "인척")라는 개념이 한국인들을 은유적으로 언급할 때 자주 사용되는 사실을 설명하는데 유용할 것 같다. 이것은 13세기와 14세기 동안에 일부 몽골의 왕족들은 고려의 왕족들과 결혼동맹 관계를 가졌기 때문이다[9]. 이러한 "과거"의 사건이 현재의 언어생활 속에서 유지되고 있으며, 왕족들간의 결혼동맹이 몽골과 고려의 모든 계층에서 보편적으로 행하여졌다는 인상을 가진 보통의 몽골인들에 의하여 확대되어 재해석되고 있는 것이다.

이상의 세 가지 입장을 고려해 본다면 탈사회주의 몽골의 친족을 좀 더 체계적으로 이해하기 위한 하나의 방편으로 탈사회주의 "과거"에 대한 심도 있는 논의가 필요하다. 탈사회주의 관점에서 지나간 "과거"에 대한 고찰은 기존의 탈

---

9) 몽골과 고려의 교류가 많았던 1274년에서 1349년까지 다섯 분의 고려왕은 몽골의 왕족으로부터 몽골 아내를 공식적인 여왕으로 맞이하였다 (정용숙:1992:207~270).

사회주의 몽골의 친족 관련 연구[10]를 보완해주며 따라서 "과거"와 연계하여 다양한 측면에서 몽골의 친족을 살펴볼 수 있는 것이다.

2. "과거"의 개념

탈 사회주의 몽골에서는 "과거"와 관련해서 엉그러슨(*öngörsön*; 과거)과 호친 우이드(*huuchin üed*; 오래된 시간)라는 개념이 둘 다 사용되고 있지만 각각은 다른 상황에서 서로 다른 것을 의미한다. 과거를 취급하면서 하나의 공통적인 맥락은 가깝고 먼, 영광스럽고 어둡고, 적법하고 적법하지 않는 사이의 대립이다. 이러한 분리관계를 하나씩 분석해 보면 한편으로는 오늘날 탈사회주의 몽골인들이 어떻게 과거를 인식하는지를 알 수 있으며, 다른 한편으로는 오늘날 과거가 어떻게 재구성되었는지를 알 수 있다. 과거는 기억 속에서(민중의 역사에 대한 집단적인 기억과 개인의 기억을 둘 다 포함해서), 역사적인 문헌자료 속에서 그리고 심지어는 신화[11] 속에서 찾아낼 수 있다. 즉 과거라는 개념 속에는 사람들의 집단적인 역사를 형성하는 과거에 행하여 졌던 일련의 사건들뿐만 아니라 개인의 역사와 혈통과 같은 개인의 뿌리도 함께 포함되어 있다. 그러므로 탈사회주의 몽골에서 "과거"라는 개념은 문헌으로 남아있는 역사뿐만 아니라 집단적인 민중들의 역사, 개인의 기억, 그리고 신화까지도 언급할 수 있다.

한편 탈사회주의 몽골에서 "전통"을 의미하는 잔잔실(*zanzanshil*) 혹은 잔실(*zanshil*)은 사회주의 혁명 이전과 사회주의 혁명 이후, 오래된 것과 새로운 것과 같은 또 다른 대립을 보여준다. 또한 "전통"이라는 개념은 국가적인(전통적인)

---

10) 탈사회주의 몽골의 친족과 관련된 연구는 주로 친족용어, 의례, 사회 및 경제적인 측면, 상징(뼈와 피), 인명(人名) 등의 입장에서 논의 되었다. 박환영 (2005a) 참조.

11) 몽골인들의 조상신화를 잘 기술하고 있는 『몽골비사』에 보면 칭기스칸의 선조는 하늘의 계시에 의해서 태어난 잿빛 이리였고, 그의 아내는 흰색 사슴이었다는 내용이 나온다 (유원수, 1994와 박원길, 2002. 또한 몽골의 민간신화에 보면 다양한 씨족과 부족의 기원 신화가 보여진다 (체렌 소드놈, 2001).

것과 외래적인(주로 중국적인 혹은 러시아적인) 것 사이의 대립에도 관계되어 있다. 이렇게 서로 반대되는 대칭구조는 탈사회주의 시기에 몽골인들이 만들어 내는 대립관계를 잘 대변해 주고 있다. 몽골의 전통적인 문화와 유산을 다시 발전시키는 과정에서 오늘날 몽골인들은 혁명적이고, 새롭고, 외래적인 전통은 거부하면서 혁명이전의, 오래되고, 국가적인 전통을 대신하여 찾게 되었다. 전통을 "새롭고" "오래된" 것으로 두개의 극단적인 구분을 하는 것은 러시아에 의하여 주도되었던 몽골의 꼭두각시 정부가 몽골의 전통을 부정하려고 촉구했던 사회주의 선전활동에 대응하려는 하나의 방법이었다. 그러나 오늘날 실제로는 아주 극소수의 몽골인들만이 소위 말하는 사회주의 혁명 이전의 "전통적인 유목생활"[12]을 경험하였다. 험프리(Humphrey, 1992)는 이러한 문제를 다음과 같이 언급하고 있다.

> 오늘날 몽골은 세계에서 가장 젊은 인구를 가진 나라 중의 하나이다. 인구의 50%이상이 25세 혹은 그 이하이다. 장관들, 당의 지도자 그리고 국회의원들은 거의가 30대와 40대이다. 이것은 몽골이 1930년대의 비극적인 기간을 개인적으로 기억하지 못하는 세대들에 의하여 통치되고 있음을 의미한다. 진정으로 몽골적인 것으로 간주되는 시간에 도달하기 위해서는 다소 합의를 해야 하고 중간을 이어주어야 하는 사회주의 건설이라는 잡음으로 가득 찬 엄청난 시간적인 공백이 남아 있다 (Humphrey:1992:376).

몽골에서 사회주의가 약화되면서 몽골사회는 이데올로기의 진공상태뿐만 아니라 사회적, 정치적, 그리고 경제적인 진공상태로 남아있다. 이러한 공백은 다양한 방법에 의하여 채워지고 있는데 그 중의 하나가 "전통"의 회복이다. 탈사회주의 몽골에서 이러한 전통을 회복하기 위해서는 사회주의 혁명 이전의 그리고 오래된 문화의 여러 측면을 다시 되살려내는 것이 필요하다. 그러나 실제적으로 몽골인들은 의식적으로 오래된 것을 되살리려고 노력하지는 않는다. 즉 그들은

---

12) 필자가 몽골의 현지에서 현지조사를 할 당시(1994년, 1995년 그리고 2002년)에는 전통적인(사회주의 혁명 이전의) 문화는 종종 *nuudulchin soël* (유목민들의 문화)으로 규정되기도 하였다.

단지 새롭고, 외래적인 것을 없애려고 하며, 지나가버린 요소인 전통적인 가치가 그 자리를 차지했으면 하는 것이다. 오늘날 "몽골적인" 것은 또한 전통적인 것으로 보여 진다. 이것은 사회주의가 외래에서 들어온 것이고, 몽골의 전통에 맞지 않는 것을 사회에 강요했던 외래적인 사상이기 때문이다. 오늘날 이러한 사상은 이미 사라져 버렸고, 몽골인들은 자신들의 전통적인(사회주의 혁명 이전의) 방식으로 돌아갈 수 있다. 혁명적이고, 새롭고, 외래적인 것은 더 이상 몽골적인 것이 아니며, 그러므로 이러한 것은 "전통"의 경계에서 벗어나 있는 셈이다. 그러나 현실적으로 "과거"에 대한 경계가 없이 무한한 개념은 명백하지도 않으며, "전통"과 관련된 모든 영역과 "몽골적인" 어떠한 것을 정확하게 대표하지도 않는다. 아래에서는 "몽골적인"과 "전통적인"이라는 용어가 인식되는 차이점을 분명하게 하기 위하여 탈사회주의 몽골에서 "과거"의 서로 다른 개념을 좀더 구체적으로 분석해 보고자 한다.

3. 깊은 과거와 가까운 과거

탈사회주의 몽골에서 "과거"의 개념을 기술하는 하나의 방법은 험프리(Humphrey, 1992)에 의하여 제기된 바와 같이 "깊은 (deep)" 과거와 "가까운" (immediate) 과거 사이의 차이를 살펴보는 것이다. 험프리(Humphrey)의 논의는 탈사회주의 기간 동안에 몽골인들로 부터 널리 퍼져있는 이러한 역사적인 구분을 위한 명백한 증거를 제공해 주고 있다.

지금 몽골인들은 그들의 '깊은 과거'(deep past)를 재고하는 과정에 있는데 이것은 깊은 과거가 한 때는 그들 자신의 것이기 때문이며, 또한 현재 몽골 문화의 역사적인 기원이 도덕적 권위에 근거를 두고 있기 때문이기도 하다. 그러므로 '깊은 과거'는 가까운 과거(immediate past)와 단절하기 위한 열정을 제공해주기 위하여 장려되기도 한다 (Humphrey:1992:375)

"과거"를 "깊은 과거"와 "가까운 과거"로 구분하는 것은 몽골인들의 집단적인 기억 속에 깊이 뿌리 내리고 있는 전통적인 유목생활의 몽골과 인위적으로 최근에 만들어 졌다가 지금은 존재하지 않는 사회주의 몽골 사이의 차이에 해당되기도 한다. 그런데 과거에 대한 이러한 구분은 흔히 겹쳐지기도 하고, 분명하지 않은 구분이기도 하다. 예를 들어서 "가까운" 과거는 분명하게 거의 70년이나 지속되었던 사회주의 기간을 포함하지만 언제 끝이 났는지 혹은 1989년부터 현재까지도 계속되고 있는 과도기적인 기간을 포함해야하는지가 분명하지 않다. 같은 이유로 "깊은" 과거는 일반적으로 사회주의 혁명 전의 무한한 기간을 언급하며 그러므로 언제부터 시작되었는지가 분명하지 않다. 비록 어떠한 기간도 분명한 경계를 가지고 있지는 못하지만 이러한 대략적인 구분은 현대 몽골인들에게 그들의 과거와 그들 자신이 가지는 "몽골인의 정체성"을 인식시켜주는 하나의 방편을 제공해 준다. "가까운" 과거는 사회주의 기간을 말해주며 "새롭고", "전통이 결여되고", "외래적인 정체성"으로 특징 지워지는 경향이 있다. 또한 이 기간은 사회주의 정부가 몽골인들에게 러시아의 키릴문자(Cyrillic script)를 강요했던 때이기도 하다13). 반대로 "깊은" 과거는 사회주의 혁명 이전의 기간을 나타내고 "오래된", "전통이 풍부한", 그리고 "몽골인의 정체성"을 보여준다. 또한 위에서 아래로 적어가는 종적(縱的)인 몽골문자의 사용으로 특징 지워지기도 한다.

두 말할 필요도 없이 "깊은" 과거의 앞부분은 (1206년 칭기스칸의 출현에서부터 할하 몽골이 만주제국에 의하여 복속되는 1691년 까지) 모두 "오래되고", "전통적이고", 그리고 "몽골인의 정체성"을 반영해 준다. 그러나 "깊은" 과거의 후반부는 (1691년부터 1921년에 있었던 사회주의 혁명 때까지) 이 시기에 일어났던 많은 변화들을 대충 얼버무리는 것으로 단지 같은 용어를 동원하여 모호하게 기술될 수 있다. 예를 들어서 이 시기(1691~1921)에 몽골로 들어 온 중국의 상인

---

13) 몽골에서 키릴문자는 오랜 논쟁을 벌인 끝에 1941년에 도입되었는데 이것은 1937년에 키릴문자를 도입한 부리야트(Buryat)의 사례를 따른 결과였다. 그런데 몽골에서는 비로소 1946년에 와서야 공식적으로 키릴문자가 사용되었고 따라서 몽골에서는 거의 60년 동안 키릴문자를 사용해오고 있는 셈이다.

들과 고리대금업자들은 몽골 사회에 중요한 영향을 주었다. 즉 중국인 거주자들은 몽골의 경제를 착취했는데, 특히 중국 상인들은 몽골의 경제를 완전히 장악하여 일반 몽골인들을 시장으로부터 내쫓아버리기까지 하였다. 그 결과로 1911년까지 몽골의 경제는 거의 바닥난 상태였고, 보통의 몽골인들은 이미 중국인들이 경영하는 상점에 대략적으로 일천백만 테일(tael; 냥)의 은(銀)을 빚지고 있기도 했다 (Onon and Pritchatt:1989:4).

몽골의 일부 역사학자들은 만주의 식민지 시대 때 몽골 고유의 문화와 전통은 체계적으로 파괴되었다고 주장한다. 산지도르지(Sanjdorj)는 다음과 같이 기술하고 있다.

> 몽골의 국가적인 문화유산은 파괴되었고, 몽골의 책은 불타 없어졌고, 만주의 황제에 의한 지배는 영원하고 부처에 의해서 운명 지워졌다는 믿음을 몽골인들이 믿게 만들기 위하여 일종의 교리가 도입되었다 (Sanjdorj:1980:32).

한편 또 다른 몽골의 역사학자는 이 시기(1691~1921)를 가장 부끄러운 시기(*hamgiin gutamshigtai üe*)로 표현하기도 한다 (Zenee:1990:88). 이러한 여러 가지 변화가 일어났음에도 불구하고 모두 하나로 묶어서 "깊은" 과거로 취급하고 있으며, "깊은" 과거는 오늘날 "가까운" 과거에 반대되는 역사의 독립된 한 시기로 다루어지고 있다.

몽골의 지식인들은 이렇게 만주와 관련된 역사적인 변화를 대충 얼버무리면서 탈사회주의 몽골에서 "오래된", "전통적인", 그리고 "몽골의" 정체성이 되살아나도록 적극적으로 장려하여 왔다. 아마도 이러한 몽골 지식인들의 주요한 관심은 주로 "가까운" 과거를 비판하는 것이다. 이러한 학자들(Dashnym and Ochir, 1991 and Ochir and Serjee, 1994)에 의하여 이루어진 씨족 이름, 족보 그리고 친족 용어와 같은 과거 몽골 고유의 문화유산을 회복하기 위한 최근의 연구는 이러한 전통들이 "가까운" 과거기간 동안에 엄청나게 약화되었다는 사실을 확인해 주고 있다.

다른 한편으로 보면 몽골의 전통을 다시 발견하고 되살리는 과정에서 "깊은" 과거에 존재했던 귀족들과 일반인들 사이의 분명한 구분은 소홀하게 취급되어 지거나 무시되어진 것 같다. 오래된 전통을 되살리기 위하여 노력하는 일부 몽골의 지식인들은 "가까운" 과거 기간 동안에 부정적으로 인시되었던 "깊은" 과거 속에서 지식인 자신들이 속한 친족과 귀족의 혈통을 결부시키고 이러한 친족관계를 정당화하는 하나의 방편으로서 과거의 전통을 취급하기도 한다. 오늘날 이러한 지식인들에 의하여 영향을 받은 몽골인들은 자신들이 귀족의 씨족과 혈통적으로 연계되어 있다고 자랑스럽게 주장하기도 한다.

그러나 1921년 사회주의 혁명 이후에 태어난 대부분의 몽골인들은 단지 사회주의 체제만을 알고 있다 (Hart:1993:25). 이러한 이유로 인하여 실제적인 경험이나 혹은 기억을 통하여 자신이 어떠한 친족관계를 가지는지를 거슬러 올라가는데 "깊은" 과거는 너무 멀리 떨어져 있다. 그러므로 "깊은" 과거는 흔히 피상적으로 "오래된" 그리고 "전통적인 것"으로 분류되기도 하지만 그것은 근본적으로는 "몽골적인 것"으로 인식된다.

"가까운" 과거 동안에 유행했던 선전 문구는 "자본주의를 뛰어넘어 전진하자"라는 것인데, 이것은 오늘날 몽골사회가 봉건적이고 유목생활에 기반을 둔 국가에서 사회주의 국가로 바뀌면서 정치적인 그리고 경제적인 변화 외에도 엄청난 사회 및 문화적인 변화를 가져왔음을 상기시켜 준다. 같은 방식으로 이전의 소비에트연방(Soviet Union)에 전적으로 정치와 경제적으로 의존을 하고 최근까지도 사회주의 이론에 가득 차 있던 소비에트연방의 위성국가인 몽골이 자본주의에 기초를 둔 자유시장 사회로 탈바꿈하는 것 또한 극단적이고도 극적인 변화임에 틀림이 없다. 이러한 맥락 속에서 오늘날 몽골인들은 몽골 고유의 전통과 뿌리로 인식하면서 "깊은" 과거를 고양하고 있으며, 몽골의 과거에 일어났던 부분적인 역사의 변화를 대충 얼버무리고, "가까운" 과거를 우회하면서 "깊은" 과거를 현재와 연계시키고 있다.

몽골에 자유화와 개방화가 시작된 1989년부터 오늘에 이르기까지 탈사회주의 기간은 사회, 문화 그리고 경제적으로 서구와 동아시아(중국, 일본, 한국 등)의

영향이 두드러진다. 만약에 이러한 경향이 탈사회주의 몽골 사회에 계속해서 지속된
다면 아마도 사회주의 과거는 현재보다도 더 "몽골적"일 수도 있을 것 같다.

4. 영광스러운 과거와 어두운 과거

이미 행하여졌던 과거의 사건은 현재에 살아서 유지되고 있는 역사적인 기
억을 제공해 준다. 필자는 개별적인 역사적인 기간을 구분하기 위하여 "영광스
러운" 과거와 "어두운" 과거라는 용어를 사용하고자 하는데, "영광스러운
(*mandal badralyn*)" 과거는 전통적인 기간에 해당하고, "어두운 (*harangui*)" 과
거는 사회주의 기간에 해당된다. "영광스러운" 과거라는 용어는 몽골제국
(1206~1368) 기간 동안에 크게 영향을 주었던 국가적인 자부심[14], 강력한 정부,
안보와 평화[15] 등을 암시한다. 한편 "어두운" 과거는 사회주의 기간 동안에 주
로 몽골의 비밀경찰(Mongolian Secret Police)에 의하여 주도 되었던 몽골인들
(특히 진보적인 지식인, 애국자 그리고 스님들)을 향한 폭력과 탄압을 강조하
기 위하여 사용되기도 한다[16].

탈사회주의 몽골에서 일어난 주요한 변화 중의 하나는 칭기스칸이 국가의 영
웅으로 등장하는 반면에 사회주의 몽골의 건립자이며, 사회주의 혁명의 영웅인
초이발산(Choibalsan)은 오늘날 러시아의 앞잡이로 비판되어진다는 사실이
다[17]. 초이발산이 비판을 받는 것은 그가 몽골인민공화국(Mongolian People's
Republic)[18]의 정치적 지도자였던 1937년에서 1939년 사이에 예전의 동료들을

---

14) 예를 들어서 이쉬잠츠(Ishjamts:1990:93)은 외국에서 몽골은 칭기스칸으로 유명한 것을 보여준다.
15) The Mongol Messenger (August 28, 1996).
16) 좀더 자세한 내용은 Dashpurev and Soni (1992) 참조.
17) 탈사회주의 몽골의 언론은 초이발산을 스탈린(Stalin)의 예스 맨(yes-men)으로 기술하고 있으
    며(Sharav, 1994), 심지어 몽골의 한 역사학자는 그를 "악명 높은 사회주의자이며 폭력주의자"라
    고 부르기도 한다 (Dashpurev and Soni:1992:37).
18) 몽골인민공화국(MPR)의 탄생은 공식적으로 1924년에 공포되었다. 한편 1992년에는 몽골의 공

철저하게 냉대했으며, 그들 중에서 많은 경우는 중상모략을 당하였거나 심지어는 죽음으로 내몰기도 하였기 때문이다(Bawden:1991:20). 초이발산이 오늘날 비판을 받는 또 다른 이유는 1930년대에 일어났던 수 만명에 달하는 라마승들의 처형에 초이발산 정부가 직접적으로 간여했기 때문이다. 노르드비(Nordby, 1993)는 이러한 사건을 다음과 같이 묘사하고 있다. "스탈린은 몽골의 불교사원을 패쇄하고 파괴하라고 명령했는데, 이러한 일은 한 때 1921년 혁명의 영웅이었던 초이발산에 의하여 수행되었다"(Nordby:1993:xx).

▶ 몽골 역사박물관에 있는 칭기스칸

식적인 이름이 "몽골리아(Mongolia)"로 바뀌었다.

▶ 새롭게 조성되고 있는 거대한 칭기스칸 동상

▶ 수흐바타르 광장에 있는 칭기스칸

한편 과거를 이렇게 두 가지로 나눈다는 것은 어려운데 이것은 바라보는 사람
들의 입장에 따라서 사회주의 기간이 때로는 영광스럽기도 하고 혹은 어둡기도
하기 때문이다. 사회주의를 여전히 그리워하는 사람들은 봉건적인 귀족, 라마불
교사원, 그리고 외국의 탄압자들 (만주와 나중에는 중국의 식민자들)19)로부터
해방된 사회주의 기간을 아마도 영광스럽게 볼 수도 있을 것이다. 다른 한편으
로는 사회주의 기간은 사회주의 기간 동안에 약화되었던 몽골의 전통문화를 다
시 회복하기를 갈망하는 오늘날 민족주의자 입장에서는 "어두운" 시기로 보여질
수도 있는 것이다.

사회주의 기간과 관련해서 또 하나 모호한 의문점은 경제적인 빚과 연루되어
있는 몽골과 러시아의 관계이다. 최근에 대략적으로 (즉 1949년부터 1990년까
지) 몽골이 이전의 소비에트연방으로부터 진 빚은 100억 3000만 루블(Roubles)
로 추산된다 (Sanders, 1996). 그러나 빚을 지불하라는 러시아의 요구에 몽골
정부는 1921년부터 1991년까지 소비에트 연방의 정책에 의하여 몽골이 피해를
입은 것을 보상하라는 대응적인 주장을 하였다 (Sanders:1996:202). 산들스
(Sanders)에 의하면 몽골정부가 주장하는 피해보상의 주요 내용은 다음과 같다.

대충적으로 열 두 항목에 3920억 미국 달러인데 여기에는 불교사원의 파괴(300
억 달러), 지하자원의 약탈(300억 달러), 소비에트 연방군에 의한 자연환경 파괴
(220억 달러), 국경지대의 자연환경 파괴(100억 달러), 몽골에서 가져간 영토에
대한 보상(750억 달러) 등이 포함되어 있다 (Sanders:1996:202).

필자는 "깊은(사회주의 혁명 이전)" 과거를 논할 때 탈사회주의 몽골인들의
의식 속에는 "영광스러운" 과거와 "어두운" 과거 사이의 명백한 구분이 있다고

---

19) 만주제국이 1911년에 중국에 넘어가면서 몽골에서 독립운동이 탄력을 받게 되었다. 만주의 식
민자들로부터 몽골의 해방은 몽골 정부가 모습을 갖춘 1911년 12월 1일에 선포되었다. 제 8대
잡슨담바호탁(Jevsundamba Hutuhtus)이 같은해 12월 6일에 국가의 수반으로 오르게 된다. 그
러나 1920년 2월에 몽골은 만주제국과는 차이를 가지는 중국의 군대에 점령되면서 처음으로
중국의 일부가 된다 (Bawden:1991:18).

주장하고자 한다. 이러한 이분적인 구분 속에서 특히 "영광스러운" 과거에 대한 자부심은 오늘날 과거의 전통문화를 회복하기 위하여 장려되기도 하는 반면에 "어두운" 과거에 대한 치욕스러운 경험은 적극적으로 부각되지는 않는 것 같다. 다시 말해서 "영광스러운" 과거와 "어두운" 과거를 나타내는 용어는 과거를 향한 탈사회주의 몽골인들의 현재의 입장을 잘 반영해 준다. "영광스러운" 과거는 지식인들에 의하여 몽골의 국가적인 정체성을 회복하는데 자주 권유되기도 한다. "어두운" 과거는 특히 중국인들을 향한 적대적인 감정을 정당화하기 위하여 이용되기도 한다. 즉 탈사회주의 몽골사회에서 몽골인들은 만주인[20]들에 대하여 과거의 기억에 근거한 나쁜 감정은 두드러지게 나타나는 것 같지는 않다. 대신에 몽골인들은 중국인들을 향해서는 상당히 많은 적의를 가지고 있는 셈이다.

　사회주의 기간 동안에는 "깊은" 그리고 "가까운" 과거는 모두 "어두운" 과거로 간주되었던 반면에 사회주의 기간에 해당되는 좀더 "최근의 (1921년부터 1981년까지)" 과거는 진보적인 과거로 여겨졌다. 그러나 탈 사회주의 기간에 "깊은" 과거는 영광스러운 과거와 관련성이 있으며, "가까운" 과거는 어두운 과거와 연계되어 있다. 만약에 오늘날 몽골인들이 청나라를 건설한 만주인들에 거의 관심을 두지 않는다면 "어두운" 과거는 아마도 희석될 것이고 "영광스러운" 과거는 아마도 특별히 칭기스칸과 그의 후계자들의 영광과 관련해서 강화될 것이다. 최근에 경제적인 맥락에서 중국인들의 영향이 증가하면서 몽골인들은 과거 청나라 시대에 중국인 상인들과 고리대금업자들에 의하여 착취당했던 "어두운" 과거를 선명하게 상기시켜주는 계기를 마련해 주고 있기도 하다.

---

20) 만주제국(청나라)이 1912년 무너지면서 만주인들은 몽골인들과는 달리 자신들의 국가를 형성하지 못했다. 그럼에도 불구하고 만주인들은 오늘날 중국 내에서 주요한 민족 집단의 하나를 형성하고 있다. 에벤키 만주인들과 같이 일부 만주인들은 여전히 시베리아에 살고 있으며 자신들의 언어와 전통을 가지고 있다.

5. 기억할 수 있는 친족과 기억할 수 없는 친족

　　사회주의 기간은 러시아의 지대한 영향을 받았던 시간이었기 때문에, 당시 몽골인들은 몽골의 전통과 역사에 대하여 다소 무관심하게 느끼기 시작했고, 결국은 점차로 잊어버리게 되었다(Hart:1993:25). 사회주의 체제를 확립하기 위한 사회적인 그리고 경제적인 영역에서의 전환은 대부분의 문화와 교육의 변화와 마찬가지로 소비에트연방(Soviet Union)의 직접적인 지도[21] 아래에서 행하여졌다.

　　사회주의 기간 동안에 몽골 고유의 전통은 낡은 것으로 치부되면서 그 영향력이 현저하게 약화되었거나 기능을 상실하기도 하였다. 특히 몽골의 전통문화의 근간을 이루는 친족 분야에서 심각할 정도였다. 브리란드(Vreeland, 1954)와 두푸이(Dupuy, 1970)는 1921년 전까지만 해도 몽골에서는 혈통을 추적하는데 서로 다른 두개의 사회적인 계급체계가 사용되었음을 지적하고 있다. 예를 들어서 귀족 계층의 경우 그들은 모두 동일한 *törel* (부계(父系) 친족)[22]에 속하며, 조심스럽게 간직되고 있는 혈통적인 기록에 의하여 부계(父系)의 관련성을 무한적으로 추적할 수 있었다. 반면에 일반 사람들 사이에서는 *törel*을 부계(父系)의 연장으로 규정하는데 전통적으로 한계를 가지고 있었던 것 같다(Vreeland:1954:56). 오늘날 몽골에서는 사회주의 혁명 이전에 존재했던 귀족의 지위를 누렸던 씨족 집단의 후손들임을 주장하는 지식인들에 의하여 과거의 혈통을 보여주는 족보가 되살아나고 있다. 이러한 주장을 펼치는 지식인들은 사회주의 혁명 이전까지만 해도 귀족이나 왕족의 후손들이 아닌 사람들에 비하여 좀 더 자신들이 높은 사회적 지위를 가졌음을 증명하려고 하는 것 같이 보여 진다. 즉 몽골에서 혈통적인 기록을 남기는 것은 흰색 뼈를 가진 사람들 (*tsagaan yastai hün*) 혹은 귀족

---

21) 사회주의 기간동안에 방송 (특히 텔레비전), 언어(러시아어와 러시아의 키릴 문자), 교육, 그리고 행정과 같은 사회 및 문화적인 영역에서 러시아의 영향은 엄청난 것이었다.
22) 칭기스칸이 속한 귀족 씨족은 보르지긴(Borjigin)이라고 부르는데, 보돈차르(Bodonchar)로부터 기원되었다 (Gaadamba, 1990 and Onon, 1990). 보르지기드(Borjigid; 보르지긴 씨족의 사람들)는 매우 광범위하게 퍼져나갔으며, 많은 하위 구분을 포함하게 되었다. 각 귀족의 씨족은 족외혼을 했다.

들만의 전통이었고, 검은색 뼈를 가진 사람들 (*har yastai hün*) 혹은 일반 사람들의 고유한 전통은 아니었다.

페트로브(Petrov:1970:138)는 1921년 사회주의혁명 이전에는 몽골인들 사이에서 다섯 부류의 사회적 계층이 존재했다고 주장한다. 이러한 사회적 계층에는 왕족들, 귀족들, 라마(혹은 승려 계층), 자유로운 소작인들, 그리고 노예들이었다. 덧붙여서 노예 계층은 다시 *hamjlaga*(배너(banners)[23]의 노예)와 *shav'nar*(라마 불교사원의 노예)로 나누어졌다(Sanders:1987:32). 한편 두푸이(Dupuy:1970:74)에 의하면 사회주의 기간 동안에 몽골의 사회 계층은 다시 네 부류로 분류되었는데, 여기에는 일반 평민들 (*arats*), 가축을 사육하는 유목민들, 도시의 노동자들, 지식인들 등이 속한다.

일부 지식인들이 제안하는 친족용어에 대한 이상적인 체계는 지난날의 사회적 계층을 회복하고 그것을 탈사회주의 몽골에서 다시 조직화하려는 사실을 반영해 준다. 이러한 지식인들의 입장은 귀족으로서 자신들의 지위를 정당화하려는 일종의 자기 정당화로도 볼 수 있다. 아마도 이것은 최근에 젊은 사업가들의 사회적 지위가 올라가면서 이전에 지식인들이 가졌던 높은 사회적 위치가 박탈될 위험에 처했기 때문이다. 탈사회주의 몽골에서는 가난한 생활을 하는 경향이 많은 지식인들에 비하여 젊은 사업가들의 영향력은 계속해서 증가하는 추세이다. 특히 오늘날 몽골에서도 사회적 지위를 가늠하는 가장 중요한 기준이 부(富)이며, 이전에 중요하게 여겨졌던 높은 교육, 좋은 가족적인 배경과 전통 등과 같은 기준은 지금은 별로 소용이 없게 되었다.

전통적인 친족 용어를 되살리기 위한 노력은 책과 그림을 포함한 친족관계를 보여주는 계보적인 기록을 다시 찾아내고 정리하는 작업과 아울러서 진행되고 있다. 친족 용어는 주어진 어떠한 시간에서 친족관계의 경계를 정확하게 서술하는 반면에 몽골인들의 혈통을 나타내는 책과 그림 등은 이러한 관계를 시간에 따라서 거슬러 올라갈 수 있고, 따라서 어떤 사람이 관련되어 있는 계통적인

---

23) 원래 배너(banner; 旗)는 만주의 누루하치(Nurhaci)에 의해서 15세기 초기에 도입되었던 군대의 조직이었다.

뿌리와 연관관계를 명확히 해준다. 만약에 친족용어를 기억한다면 이것은 관계가 가지는 성질을 결정해 주고 친족 구성원들 사이에 결혼을 할 수 있는지 여부도 말해 준다. 근친상간의 금기는 전통적으로 9세대까지 거슬러 올라가서 연계된 친족까지 한정되었다 (Ochir and Serjee:1994:20). 그러나 탈사회주의 몽골에서 지식인들은 이러한 제한이 많이 느슨해졌다고 주장한다. 오늘날 친족의 정확한 경계는 명확하게 말할 수 없는 것 같다. 왜냐하면 몽골인들은 그들의 계보(系譜)를 거의 잊어버린 경우가 많으며, 그들이 인식하는 친족의 범위는 피상적이고 흔히 모호하기도 하기 때문이다. 탈사회주의 몽골에서 몽골인들은 보통 아버지나 어머니를 통하여 두 세대 이상과 두 세대 이하 정도까지는 자신들이 연계되어 있는 친족을 기억할 수 있다. 비록 지역에 따라서 다양한 편이긴 하지만 보통은 4 세대 이내의 친족 사이의 혼인은 근친상간으로 간주한다. 친족용어를 다시 정립하고자 하는 움직임은 사회주의 기간 동안에 약화되었던 고유한 몽골의 전통을 회복하려는 운동의 한 부분이다. 이러한 움직임은 탈사회주의 몽골에 내재되어 있는 두 가지 사회적으로 어두운 그림자를 투영해 준다. 즉 첫째는 계보적인 연관성에 대한 무지로 인하여 근친 사이의 결혼이 발생할 수도 있다는 걱정이다. 그리고 둘째는 친족용어에 대한 지식이 결여되면서 그동안 전통적으로 가치를 가졌던 연장자들에 대한 존경심이 없어져버릴 것이라는 고민이다.

계보적인 기록에서 보여 지는 문헌상의 친족용어는 일상적인 생활에서 사용하는 형태와는 항상 일치하지는 않는다. 이것은 대부분의 계보적인 기록이 사회주의 혁명 이전에 몽골문자로 기록되었기 때문이다. 그러므로 이러한 친족용어의 발음도 현재의 키릴문자식 발음과 종종 다르기도 한다. 오늘날 친족용어와 계보적인 기록은 신문, 잡지, 그리고 학술적인 강의 등에서 이용가능하게 되었고, 지식인들은 일반 대중들에게 이러한 정보를 전달하기 위하여 적극적으로 활동하고 있다. 한편 이러한 지식을 획득하는 또 다른 방법이 있는데, 예를 들어서 이러한 지식이 한 세대에서 다른 세대로 구술적으로 계승되는 경우이다. 따라서 이러한 전통은 구술적인 전통으로 가족 내에서 그리고 개인적인 문헌자료로 자연스럽게 축적된다. 몽골의 지식인들은 1990년 이후부터 몽골의 전통에 관한 책과 논문을 출판하여 몽골의 고유한 전통을 되살리기 위하여 엄청난 노력을 해 오고 있다. 그러나 현재에 다시 되살아나고 있는 몽골의 전통문화 중에서 라마불교와 칭기스칸 숭배 컬트(cult)와 같은 일부 전통은 사회주의 기간 동안에는 지식인들에 의하여 배척되어지기도 하였다. 그러므로 1921년에서 1989년 사이에 몽골의 고유한 전통을 배척하였던 일부 지식인들이 지금은 적극적으로 되살리려고 한다. 따라서 일반인들이 보기에 이러한 지식인들은 위선적으로 보일 수밖에 없다.

다쉬푸레브와 소니(Dashpurev and Soni, 1992)는 사회주의 기간 동안에 지식인들, 민족주의자들, 그리고 라마승들에게 행하여졌던 세 가지의 주요한 폭력정책을 언급하고 있는데, 이것은 1920~1932년에 겐덴(Genden)에 의한 것, 1932~1952년에 초이발산(Choibalsan)에 의한 것, 1952~1984년에 체덴발(Tsedenbal)에 의한 것 등 세 가지 이다. 이러한 폭력정책에서 일부 지식인들은 사회주의 정부와 타협을 보기도 하였고(예를 들어서, Sengee, Lhamsüren, Horloo, Chimiddorj, 그리고 Lochin) 혹은 망명내지 추방되기도 하였다 (예를 들어서, Tömör−Ochir, Dorjsüren, Bat−Ochir, Sambuu 그리고 Jambaldorj). 그런데 사회주의 정부와 끝까지 대립한 경우는 (비록 Rinchin은 그렇게 했지만) 매우 드물다(Dashpurev and Soni:1992:53~74). 사회주의 정부와 타협을 보았던 일부 지식인들은 불명예스러웠지만 불가피한 경우였다. 반혁명주의자들에 대한 정치적 폭력은 당시의 몽골인들이 자신들의 친족을 잊어버리게 만드는데 주요한 영향을 주었다. 왜냐하면 친족관계는 반혁명적인 활동을 지원하기 위한 수단으로 생각되었고 혐의를 가진 것으로 간주되었기 때문이다. 이렇게 친족관계를 잊어버리게 되면서 자신이 속한 먼 친족과의 유대는 점점 약화되었다. 초이발산 (Choibalsan)이 1937년 11월 15일에 내린 훈령을 보면 "누구든지 반혁명적인 적을 폭로하면 처형에서 벗어날 수 있다"는 내용이 들어 있으며(Dashpurev and Soni:1992:38), 그러므로 이러한 정치적 폭력은 친족관계에 불리하게 작용하였던 것을 알 수 있다. 몽골인들에게 반혁명적인 행위를 폭로하기 위하여 더 많은 압력을 가하면 가할수록 친족 사이의 교류는 더욱더 약화되었던 것이다[24]. 이것이 사회주의가 친족관계의 유대를 약화시킨 하나의 주요한 방법이었다.

6. 과거의 전통적인 친족과 "오래된"(old),
"새로운"(new) 그리고 "정체성(identity)"의 문제

친족관계를 기억하고 유지하는 것과 같은 전통적인 가치는 "오래된" 전통으로 간주되었고, 이것은 사회주의 기간 동안에 무시되었다고 여겨졌다. 따라서 과거의 전통을 갈망하는 몽골인들은 오늘날 과거의 고유한 친족관계를 다시 되살릴 필요성을 가지고 있는 것이다. 전통적인 몽골의 족보와 같은 이전의 친족관련 기록은 러시아식의 키릴문자(Cyrillic Alphabet)로 기록된 것이 아니라 종적(縱的)인 고유의 몽골문자로 기록되어 있기 때문에 오늘날에는 지식인들과 같은 일부 사람들만 읽을 수 있다. 또한 대부분의 전통적인 몽골인들의 족보관련 기록은 몽골국립도서관의 문서기록보관소에 보관되어 있다. 또한 몇 몇 지식인들은 "오래된" 전통을 되살리는 노력의 한 부분으로 전통적인 친족의 계보와 친족과 관련해서 지침이 되는 책을 출판한 바 있다 (Dashnyam and Ochir, 1991; Terbish, 1991; Radnaabazar, 1991; Ochir and Serjee, 1994). 한편 몽골의 지식인들은 과거의 계보나 친족에 대한 지식이 부족하기 때문에 임의적으로 전통을 만들어낼 수도 있는데, 이러한 지식인들의 동기는 자신들의 조상이 귀족이며, 따라서 자신들의 뿌리는 귀족 계급인 것을 보여주려는 것일 수도 있다. 과거에는 오직 귀족들만 자신들의 뿌리를 보여주는 계보적인 기록을 가지고 있었으며

---

24) 비슷하게도 Lee(1976)가 지적한 바와 같이 북한에서도 사회주의 건설에 방해가 되는 요소로(부유한 지주들, 일본 식민지주의자들과 공조한자들, 그리고 기타 등등) 규정된 가족 구성원들(종종 먼 친족까지도 확대됨)에 대한 사회주의 정부의 차별정책이 있었다. 이러한 정책은 북한의 친족에 분명히 영향을 주었다. Lee(1976)는 좀더 구체적으로 이러한 정책이 가져다준 사회 및 문화적인 변화에 대하여 기술하고 있다. 즉 누구라고 국가에 대하여 잘못을 행하거나 "의심스러운 요소"로 알려지게 되면 친족집단의 유대는 약화된다. 개인적으로도 서로 떨어져 사는 친족은 가까운 유대를 지속하려고 희망을 하지만 서로가 직접적으로 교류하는 것은 꺼리게 된다(Lee:1976:92~93).

(Vreeland, 1954), 따라서 친족에 관한 지식은 귀족들이 일반인들보다 더 많이 가지고 있었던 셈이다. 이러한 의미에서 "오래된"과 "새로운" 요소의 개념을 분석하는 것은 지식인들에 의하여 다시 살아나고, 재창조되고 있는 몽골의 친족을 이해하는데 도움을 줄 수 있는 것이다.

▶ 혁명몽골의 탱크(제2차 세계대전 당시 몽골국민이 구소련군을
돕기위해서 보낸 몽골의 탱크)

"오래된"(old)과 "새로운"(new)의 구분은 1921년 몽골에 사회주의가 도입되면서 생겨나게 된다. 즉 사회주의 기간 동안에는 "오래된" 것은 나쁘고, 때로는 없어져야 하는 것으로 인식된 반면에 "새로운" 것은 좋은 것으로 받아들여졌다. 과거의 전통은 오래된 것으로 딱지 붙여졌고, 후진적인 것으로 여겨졌다면 러시아식 문화전통은 새로운 것으로 장려되어졌던 것이다. 사회주의가 약화되기 시

작한 1989년 이후부터 시도되는 일련의 개혁은 기존의 이러한 분위기와는 반대되는 움직임을 보여준다. 다시 말해서 오늘날 "오래된"이라는 용어는 부분적이긴 하지만 "몽골적인"으로 대치되면서 몽골의 뿌리와 정체성을 나타내어 주고 있다. 몽골인들은 사회주의가 도입되기 이전까지 자신들의 문자를 사회주의 기간 동안에는 단지 과거의 잔재를 의미하는 "오래된 문자"(*huuchin bichig*)로 불러 왔는데, 오늘날에는 "몽골문자"(*mongol bichig*)로 부르면서 대단한 자부심을 느끼는 것 같다.

한편 1989년 탈사회주의와 같은 사회 및 정치 경제적인 변화가 몽골에서 시작되면서 모든 몽골인의 조상으로서 그리고 국가적인 영웅으로서 칭기스칸에 대한 숭배의식이 생겨나게 되었으며, 따라서 과거에 대한 몽골인들의 이해도 점차로 변하기 시작한다. 이러한 의식의 변화는 과거를 "영광스러운" 것으로 보이게 하였고 칭기스칸은 초원의 무법자 혹은 단지 떠돌아다니는 유목민의 장군이기보다는 전체 몽골인들의 영웅으로 인식하게 만들었다. 이 당시에 몽골의 지식인인 욘던(Yunden)은 칭기스칸은 모든 국민들과 국가 사이의 관계에 있어서 정직성, 청렴성, 공평성을 가지고 있었으며, 따라서 칭기스칸과 그의 계승자들은 강력한 중앙 정부에 기초를 두고 평화와 안정을 지속할 수 있었다고 주장하기도 하였다(Yunden:1991:38−40). 또한 1995년에는 몽골의 지폐(500과 1000 투구르크(*tögrög*))에 처음으로 칭기스칸의 초상화가 들어가기도 한다[25].

오늘날 몽골의 지식인들은 친족용어와 씨족 이름뿐만 아니라 잊어버렸던 계보적인 정보를 회복하기 위하여 주도적으로 역할을 수행하고 있다. 사회주의 기간 동안에 부정되었던 과거를 다시 재구성하려는 과정은 과거에서 자신들의 위치를 찾으려는 따라서 몽골인들의 정체성을 다시 발견하려는 열망을 잘 보여준다. 필자는 몽골의 현지조사[26]를 통하여 "과거", "오래된", "전통" 등의 요소가

---

25) 오늘날에는 5000 투구르크(*tögrög*)와 10000 투구르크(*tögrög*)에도 칭기스칸의 초상화가 들어 있다.
26) 필자는 탈사회주의 몽골 사회를 연구하기 위하여 1992년, 1994년, 1995년, 그리고 2002년에 몽골에서 현지조사를 수행하였다.

탈사회주의 몽골인들의 사고 속에 녹아들어 있으며, 오늘날 "몽골의" 정체성을 다시 만들어 내는데 큰 부분을 차지하고 있음을 알 수 있었다.

　　탈사회주의 몽골에는 정체성을 인식하는데 주로 세 가지 개념이 존재한다. 예를 들면 몽골적인 것, 혼종적인 것, 외래적인 것 등이다. 이러한 용어와 그것을 사용하는 방식은 오늘날 몽골인들이 과거를 다시 되살리려고 하는 노력의 방식을 잘 반영해 준다. 즉 이것은 혼종의 것과 외래의 것은 거부하면서 단지 몽골의 것만을 받아들이는 것이다. 가령 현재 자주 사용되는 *ündesinii zanzansil*(뿌리 혹은 국가적인 전통) 혹은 *ündesinii soyol*(뿌리 문화 즉 국가적인 문화)와 같은 용어는 과거에 면면히 계승되었던 몽골의 전통과 문화의 뿌리를 강조해 준다. 과거 고유한 몽골의 문화에서 보여 지는 "과거의", "오래된", "전통적인" 요소는 혼종적이고 외래적인 요소를 배제하면서 다시 되살아나고 있는 현재 몽골 문화의 뿌리로서 중요하게 취급되고 있다. 필자는 현지조사 기간 동안 혼종적인 것과 외래적인 요소는 가능하면 배제해야 한다는 이야기를 몽골인들로 부

터 자주 들을 수 있었다[27]. 왜냐하면 탈사회주의 몽골인들의 입장에서는 오직 국가적인 전통 혹은 뿌리(*ündesinii zanzansil*)를 되살리는 것만이 사회주의 기간 동안에 무시되었거나 잊어버렸던 몽골인의 진정한 정체성을 다시 살려내는 방법이기 때문이다. 오늘날 몽골인들은 사회주의 기간 동안에 부분적으로 약화되었거나 송두리 채 없어져 버렸다고 인식되는 과거의 전통적인 몽골의 친족체계를 다시 복원하는 데도 이러한 "과거의", "오래된", "전통적인" 요소가 필수적이라는 입장이다.

7. 결론

이전의 소비에트 연방에서 1980년대 말부터 "페레스트로이카"(perestroika; 재건설)와 "glasnost"(개방)가 영향력을 행사하면서 몽골은 서구 자본주의 국가들과의 교류에 고무되기 시작하며 또한 같은 시기에 "오래된"(사회주의 혁명 이전의) 전통과 문화를 되살려야 한다는 추진력을 가지게 된다. 러시아의 영향력이 약화되자 몽골인들은 몽골사회를 안정적이고 평화스럽게 만들 수 있다는 생각에서 전통적인(사회주의 혁명 이전의) 사회에서 그들의 뿌리를 찾기 시작했다. 탈사회주의 몽골에서 일반적인 경향은 피상적으로는 정치적이고 경제적인 변화를 하고 있는 것 같이 보이지만 좀더 심층적으로는 국가의 사회 및 문화적인 유산을 회복하는 움직임도 들어 있다.

---

27) 필자의 현지조사 기간 동안에 만난 50대 후반의 한 여성 자료제공자는 젊은 층의 건강 문제 특히 음식에 대하여 걱정을 자주 하였다. 그녀에 의하면 오늘날 몽골의 젊은이들은 몽골의 전통적인 육식 위주의 음식보다는 야채를 더 선호하기 때문에 신체적으로 가늘고, 정신적으로도 약해졌다고 한다. 또한 그녀는 전통적인 몽골의 정체성을 다시 되살리기 위해서는 이러한 특성은 바람직하지 못한 것이라고 주장한다.

　　탈사회주의 몽골에서 "과거"는 몽골인들이 그들의 "오래된", "전통적인", "몽골
적인" 유산을 기억하도록 권장하는 의식적인 노력의 일부로써 새로운 활력을
주고 있다. 라마불교, 몽골의 "오래된" 문자, 전통적인 친족용어, 계보적인 관계
등을 되살리려는 노력이 있어 왔다. 거의 80년 이상이나 지속된 사회주의 이후
에 몽골사회는 현재 진공상태로 남아 있는 것 같다. 몽골인들은 사회주의 혁명
이전과는 단절되어 있는 경우가 많다. 현재 진행되고 있는 "과거"에 관한 재평가
의 과정은 사회주의 이전과 사회주의 이후 기간 사이의 공백을 연결시켜주기
위한 하나의 방법으로 이해될 수 있다.

　　탈사회주의 몽골에서 소위 말하는 "과거", "전통적인" 그리고 "오래된"이라는
개념은 현재 상황에 대한 몽골인들의 평가와 미래의 전망에 밀접하게 연계되어
있다. 홉스봄(Hobsbawm)이 지적한 바와 같이 "과거는 또 다른 국가이며" 그러
므로 "사람들은 그곳에서 다르게 행동한다" (Hobsbawm:1993:10). 그러나 "과거"
를 다시 창출하려는 지식인들의 노력 때문에 과거는 사회주의 몽골에서 새로운

미래를 향하여 현재의 문화적인 진공상태에서 벗어나기 위한 하나의 지표가 될 수 있는 것이다.

지나간 "과거"는 이미 사라져버린 것이라기보다는 현재에도 그 영향력을 지속하고 있는 경우가 많다. 특히 탈사회주의 몽골사회에서 전통이 다시 되살아나고 있는데 "과거"의 생활문화가 몽골인들의 정체성을 확립하는데 중요하게 취급되고 있는 것이다. 탈사회주의 몽골에서 보여지는 이러한 문화적인 변화양상은 향후 북한사회를 연구하는데도 좋은 자료가 될 수 있다. 지리적 여건이나 생활환경은 다소 차이가 나지만 사회주의 체제에서 자유시장 경제를 표방하는 탈사회주의 체제로 바뀌면서 나타나는 여러 가지 현상 중에서 약화되었던 전통문화의 재생과 재인식은 유용한 주제가 될 수 있는 것이다.

제2장

몽골의 가족과 친족
그리고 성(性)의 민족

3

『몽골비사』에 나타난 가족과 친족

1. 들어가기

　『몽골비사』는 현존하는 몽골의 역사문헌 자료 중에서 몽골의 역사, 정치, 경제, 사회, 유목문화, 민속 등이 풍부하게 담겨져 있는 몽골학의 보고(寶庫)이다. 최근에는『몽골비사』와 관련해서 역사적인 연구에 못지않게 좀 더 다양한 입장에서『몽골비사』를 분석하려는 노력이 국내 학계에서도 엿보인다[1].

　필자가 이제까지 너무나도 많이 언급된『몽골비사』[2]를 다시 분석하고자 하는 목적은 크게 두 가지이다. 첫째로는『몽골비사』는 칭기스칸을 중심으로 한 보르지긴 씨족의 역사적인 기술이 주된 내용으로 들어있기 때문에 대다수 민중들의 민속문화를 대변하지 못할 수도 있다. 그럼에도 불구하고『몽골비사』속에는 13－14세기 몽골의 다양한 문화와 민속이 또한 풍부하게 함축되어 있다. 이것은 당시 몽골의 귀족의 문화와 민속도 넓은 의미에서 보면 뿌리 깊은 민중들의 전통적인 유목문화 속에서 형성되고 발전해왔기 때문이다. 따라서 완벽하지는 않겠지만 부분적으로 13－14세기 몽골의 민속문화를 고찰하는데『몽골비사』는 소

---

1) 김기선(2003a와 2003b), 김천호(2003), 박원길(2003) 등.
2) 『몽골비사』의 원문은 Gaadamba(1990)을 그리고 국역은 유원수 (1994와 2004)를 주로 참고 하였다.

중한 자료임에는 틀림이 없다.

　둘째로 『몽골비사』의 내용 중에는 단지 역사적인 기술을 넘어서 다양한 몽골의 역사적인 내용 외에도 유목문화의 전통, 습관, 상징 등의 내용이 압축되어 있으며 또한 함축되어 있다. 이렇게 압축되어 있는 내용을 하나 둘씩 풀어내는 작업을 통하여 좀더 몽골의 문화를 쉽게 이해할 수 있는 것이다. 압축파일을 풀기 위해서 우선 필자는 민속문화와 관련된 내용을 다루어보고자 한다. 가령 『몽골비사』 77절에 보면 "나의 가계를 단절시키지 말아 주세요! 벨구테이를 죽이지 마세요!"(golomtyg min' büü bürelgegtün, Belgüteig büü nöögtün geed zavilan suuj hültsev.)와 같은 내용이 나온다. 가계의 단절을 화로(*golomt*, 火爐)의 불(火)이 없어지게 하지 말라는 표현으로 상징해서 이야기 하는 것은 몽골의 유목문화와 관련해서 불을 소중하게 다루는 전통적인 풍속3)이 몽골의 친족 속에 녹아들어 있는 예인 것이다.

　▶　방문한 손님을 위한 몽골의 전통적인 음식

---

3) 한국의 민속에서도 불(火)은 소중하게 여겨지고 있다. 전라남도 영광의 영월 신씨의 종가집에서는 대대로 불씨를 소중하게 다루는 민속이 지금까지도 전해져 내려오고 있다. 우리의 전통적인 가옥 구조에서 부엌에는 조왕신이 모셔져 있는데, 곧 불을 다스리는 집의 신(神)인 셈이다.

수많은 역사적인 시간의 흐름 속에서 하나씩 압축되어 있는 몽골의 민속문화 중에서도 가족과 친족은 중요한 부분이다. 특히『몽골비사』의 내용 중에는 몽골의 가족과 친족을 이해하는데 도움을 줄 수 있는 내용이 다수 들어있다. 따라서 필자는 이러한 내용을 몇 가지 측면으로 나누어서 분석하여 당시 몽골의 가족과 친족에 대하여 민속학적으로 고찰하고자 한다. 필자가 초점을 두고자 하는 측면은 장자(長子)와 관련된 민속, 혼례, 가족과 친족의 상징인 뼈와 피, 안다(*anda*) 관계, 가족과 친족구성원에 의한 텐트를 중심으로 하는 자리의 구분(즉 장소와 지위 및 친밀감) 등이다.

2. 장자(長子)와 막내와 관련된 민속

가족과 친족에 관련된 몽골의 민속 중에서 가장 먼저 논의할 수 있는 것은 장자와 막내와 관련된 민속이다. 전통적으로 유목생활을 하면서 가축들의 방목지를 따라서 옮겨 다니는 몽골인들에게 재산은 곧 움직일 수 있는 가축과 같은 것이며, 사방에 끝도 없이 펼쳐져 있는 대지는 모든 유목민들이 공동으로 관리하고 대대로 보존해야할 생업의 터전인 것이다. 따라서 혼인을 하게 되면 부모의 텐트에서 어느 정도 떨어진 곳에 독립된 가정을 꾸리게 된다. 이렇게 하다보면 막내가 제일 나중에 남아서 아직 남아있는 부모의 재산을 상속받아서 부모를 모시게 된다. 이렇게 유목문화에 기초하는 몽골사회에서 막내(*otgon*)의 역할은 중요한 것이다. 이러한 관점에서『몽골비사』에 기술되어 있는 장자와 막내의 내용을 살펴보는 것은 민속학적으로 큰 의의를 지닌다고 할 수 있다.『몽골비사』에 보면 장자와 막내와 관련해서 다음과 같은 내용이 있다.

▶ 몽골의 시골에서 만난 몽골의 아이들

▶ 몽골 시골의 어린이들

23절

어머니 알룬고아가 죽고 나서 형과 동생 다섯이 가축과 식량을 나누는데 벨구누테이, 부군테이, 부하 하타기. 부하투 살지 넷만이 서로 나누어 가졌고, 보돈차르는 어리석고, 약하다고 여기고 가족으로 치질 않고, 몫을 주지 않았다.

(eh Alun−gua ügüi bolsny hoino ah düü tavuulaa, aduu malaa huvaah bolj, Belgünütei, Bügüntei, Buha hatagi, Buhatu salji dörvüülee yomaa huvaaj avaad düü Bodonchar munhagiig byaduu gej uragt ül tootsoj huv' es ögöv)

242절

내 아들들 가운데 장자는 조치다. 내 아우들 가운데 막내는 오트치긴이다 라고 하며 어머니에게 오트치긴의 몫과 함께 1만의 백성을 주었다. 어머니는 싫어서 아무 소리도 하지 않았다. 조치에게 9천의 백성을 주었다. 차가다이에게 8천의 백성을 주었다. 우구데이에게 5천의 백성을 주었다. 톨루이에게 5천의 백성을 주었다. 하사르에게 4천의 백성을 주었다. 알치다이에게 2천의 백성을 주었다. 벨구테이에게 1천 5백의 백성을 주었다.

(hövüüdiin min' ah Züchi biz. düü haryn min' baga Otchigin (otgon: galyn han, golomtyn ezen) biz geed, eh Otchigin ho ö rt negen tümen irgen (tümen örh)―iig ögvöl eh chamlaj es duugarav. Züchid yesön myangan irgeniig ögöv. Tsagadaid naiman myangan irgeniig ögöv. Toluid tavan myangan irgeniig ögöv. Hasart dörvön myangan irgeniig ögöv. Alchidaid ho ö r myangan irgeniig ögöv. Belgüteid negen myanga tavan zuun irgeniig ögöv)

보돈차르(Bodonchar)는 막내였지만 아버지인 도부 메르건(Dobu mergen)이 죽고난 후에 남편없이 어머니인 알룬고아(Alun gua)가 낳았던 자식 중의 한 명이었다. 전통적으로 막내에게 상속되는 재산은 나이가 든 부모를 모시기 위한 것인데, 보돈차르의 경우에는 부모가 이미 돌아가셔서 막내로서 부모를 부양할 책임감이 이미 사라진 상태였다. 따라서 장자를 비롯한 형들의 몫이 우선이고 제일 막내인 보돈차르의 몫은 그 만큼 작아질 수 밖에 없었던 것 같다[4]. 이에 반하여 칭기스칸의 막내 아우인 오트치긴(Otchigin)은 자신이 부양할 어머니가 살아 계셨기 때문에 어머니의 몫도 함께 받을 수 있었다. 또한 칭기스칸의 장자였던 조치는 막내였던 톨루이에 비하여 거의 2배에 가까운 몫을 받을 수 있었다[5]. 이러한 내용을 통해서 알 수 있는 바와 같이 몽골의 가족이나 친족의 구조 속에서 보면 장자는 위계질서 상으로 상당히 높은 지위를 유지했고, 그 만큼 정치적이고 경제적인 권력도 함께 누렸던 반면에 막내는 부모의 부양에 책임을 가졌기 때문에 단지 막내 자식의 도움이 필요한 연로한 부모가 계시다는 조건에 한해서만 다른 자식들에 비하여 조금의 우위를 점할 수 있었던 것 같다.

---

4) 부하 하타기 (Buha hatagi), 부하투 살지 (Buhatu salji)와 보돈차르 (Bodonchar)는 도부 메르건 (Dobu mergen)이 죽고나서 알룬 고아(Alun gua)가 남편없이 낳은 세 아들이다. 따라서 부모가 남긴 재산을 나누어 가지는 과정에서 아버지 없이 태어났다는 이유 때문에 보돈차르 (Bodonchar)만 몫을 가지지 못한 것은 아닌 셈이다. 다시 말해서 전통적으로 연로한 부모를 부양해야 할 몽골의 유목문화 속에서 재산을 상속 받는 입장에서 부양할 부모가 없다면 막내는 그 만큼 상속 받을 수 있는 몫이 적어질 수 있는 것이다.

5) 이것은 당시 칭기스칸이 막내 자식인 톨루이에게 부양받을 만큼 연로하지 않았고 여전히 강력한 권력을 가지고 있었기 때문에 상대적으로 막내인 톨루이의 몫이 적어진 것 같다.

3. 혼례

『몽골비사』의 내용 중에는 혼례와 관련해서 약탈혼의 예가 많이 나타나 있다. 특히 칭기스칸에 의하여 몽골이 하나로 힘이 모아지기 전까지만 해도 광활한 몽골의 초원에는 여러 부족들이 서로 우위를 점하기 위하여 끝없는 갈등과 경쟁를 벌이고 있었던 것 같다. 아래의 내용에서 볼 수 있는 바와 같이 칭기스칸을 비롯한 몽골의 왕족의 상징인 보르지긴 씨족의 시조가 되는 보돈차르(Bodonchar)는 일종의 약탈혼에 의하여 신부를 맞이하였던 것이다. 예를 들어서,

38절

보돈차르는 앞에 니이가서 달리면서 임신 중인 여자를 하나 붙잡아서는 "너는 어느 부족의 여자인가?"하고 물었을때…

(Bodonchar tergüülen yavj negen jiremsen emiig bar'j "chi youn hün be" gej asuuval…)

칭기스칸의 아버지인 예수헤이 바아타르(Yesühei baatar)도 메르키트 부족의 익흐 치레두(ih Chiledü)로부터 어우엘룬 우진(öelün üjin)을 빼앗아서 아내로 삼았는데, 이것도 일종의 약탈혼으로 볼 수 있다. 나중에 메르키드 부족은 익흐 치레두를 대신해서 보복을 하게 되는데 이것의 결과로 테무진 (칭기스칸)의 아내인 보르테 우진(Börte üjin)이 일시적으로 메르키트 부족으로 강제로 잡혀가게 된다.

또한 혼례와 관련해서『몽골비사』에 보여지는 내용은 고구려의 데릴사위제와 같이 나이가 어린 예비 신랑이 신부집에 가서 일정기간을 머문 후에 혼인을 하는 몽골의 풍속이 드러나 있다. 그리고 좀 더 구체적으로 살펴보면 칭기스칸의 경우는 외가집에서 신부를 맞이하고 있는 것도 알 수 있다. 예를 들어보면,

61절

예수헤이 바아타르는 테무진이 9살이 되자 어우엘룬 어머니의 친정인 올후노이드 사람들에게서, 즉 테무진의 외가에서 테무진의 색시를 구하고자 테무진을 데리고 떠났다.
(Yesühei baatar, Temüjiniig yesön nastai baihad öelün ehiin törhöm olhunoid irgend hövüünii nagats naraas ohin guiyaa gej Temüjniig avaad odov.)

'66절

당신의 아들을 사위로 두고 가십시오! 라고 했다. 그렇게 되어 예수헤이 바아타르가 이르기를 "내 아들을 사위로 맡기겠습니다. 내 아들은 개한테 잘 놀랍니다. 사돈, 내 아들이 개한테 놀라는 일이 없도록 하십시오!" 라고 당부하고 자신의 예비마를 예물로 주고, 테무진을 사위로 맡기고 돌아갔다.
(Chi hövüünee hürgen bolgoj manai gert üldee gevel. Yesühei baatar ögüülrüün: bi hövüünee orhië. minii hövüün nohoinoos tsochimtgoi bilee. erhem hud chi, minii hövüüniig nohoinoos büü tsochuul! geed hötölj yavsan morior beleg ögch, Temüjiniig orhiod Yesühei baatar butsav.)

한편 혼인과 관련해서『몽골비사』에는 신부대(新婦代; bridewealth)와 혼자금(婚資金; dowry)에 대한 기술도 눈에 띈다. 즉 테무진이 자신의 외가에서 신부를 구하러 갔을 때 예수헤이 바아타르는 자신이 가지고 간 예비마(馬)를 예물로 주고 테무진을 사위로 맡기게 되는데 이것이 일종의 신부대로 볼 수 있다. 한편 혼자금에 대한 내용도『몽골비사』에 잘 기술되어 있다. 신부대가 산랑 측에서 신부 측으로 보내지는 예물이라면 혼자금은 신부 측에서 신랑측으로 보내지는 예물이다. 테무진의 아버지인 예수헤이 바아타르가 신부대로 예비마를 준 것은 혼인을 보증하는 약혼의 의미를 가지고 있다. 반면에 테무진의 처가에서 보내 온 혼자금은 혼인이 성사된 후에 보내 온 것으로 테무진이 장차 칭기스칸이 되는데 필요한 옹칸과의 정치적인 동맹을 형성하는데 중요한 역할을 하였다.『몽골비사』에 보여지는 혼자금의 구체적인 예를 들어보면 다음과 같다.

셍구르천에서 이동하여 헤르렌강의 발원지역인 부르기 에레그에서 목영할 때 "초탄 어머니의 예물"이라고 처가에서 보내온 검은 담비 외투를 받았고...
(Temüjin nar sengür gorhinoos nüüj, herlen mörnin eh bürgi eregt buuj nutaglah tsagt Tsotan ehiin shitgül (ömsgöl) gej avchirsan har bulgan dahyg avch...)

또한 결혼을 정치적인 동맹의 하나로 여겨서 결혼동맹이 자주 언급되고 있는데, 특히 다른 부족의 자매가 칭기스칸과 칭기스칸의 아들에게 동시로 시집오는 경우도 엿볼 수 있다. 예를 들어서,

186절

옹칸의 아우 자하 함부에게는 두 딸이 있었는데 그중 언니되는 이바가를 칭기스칸이 취하고, 동생되는 소르하탄을 칭기스칸의 아들인 톨루이에게 주었다.
(bas Van hany düü Zaha hambud hoër ohin baisny egch Ibagyg Chingis haan ööröö abch, düü Sorhagtaniig hövüün Toluid ögöv.)

몽골의 가족과 친족의 근간을 이루는 것은 혼인이다. 여러 부족으로 나누어져 있던 당시 몽골의 초원에서 다양한 형태의 혼인 풍속이 『몽골비사』속에 잘 묘사되어 있다. 몽골의 민속화가인 샤라브(Sharav, 1869-1939)가 그린 "몽골의 하루"라는 민화를 보면 19세기와 20세기 초에 행하여졌던 몽골의 생활문화가 잘 나타나 있는데, 약탈혼의 흔적을 암시해 주듯이 신부가 붉은 천으로 얼굴이 가려져서 신랑집으로 가는 그림이 들어 있다. 또한 몽골의 친족 관련 수수께끼를 보면 "붉은 실크를 덮고, 푸른색 실크를 휘날리는 것은?"과 같은 수수께끼가 있다. 수수께끼의 답은 "신부를 데려가는 것"이다. 즉 샤라브의 그림에 나와 있는 것과 같이 붉은색 천으로 얼굴을 가리고 향하는 신부의 모습과 신랑 측에서 마이항(*maihan*)이라고 부르는 푸른색 간이 천막을 친 풍경을 소재로 다룬 수수께끼인 셈이다(박환영:2005a:319). 따라서 『몽골비사』에서 자세하게 기술되고 있는 약탈혼의 흔적이 20세기 초까지도 전통적인 몽골의 혼례 속에서 여전히 부분

적으로 남아서 전승되었음을 알 수 있다.

4. 가족과 친족의 상징인 뼈와 피

　　몽골의 가족과 친족을 나타내는 상징으로 대표적인 것은 뼈와 피 그리고 살이다. 이러한 친족의 상징은 레비스트로스에 의하여 이미 제기된 바 있다[6]. 가령 예를 들어서 뼈는 부계 친족을 상징하는 반면에 피와 살은 모계 친족을 상징하는 것이 보편적으로 받아들여지는 입장이다. 그런데 『몽골비사』에는 가족 및 친족과 관련해서 뼈와 피에 관련된 기술은 종종 보여지며, 살에 관한 내용은 거의 찾아볼 수 없다. 뼈는 부계(父系) 친족을 나타내는데 이것이 좀 더 확대되어서 하나의 씨족의 개념으로 해석되기도 한다. 『몽골비사』에 보면 "A의 아들은 B이고, B의 아들은 C이고, C의 아들은 D이고, …"와 같은 식의 기술이 자주 보여진다[7]. 즉 부계를 중심으로 씨족을 구성하고 있기 때문에 부계의 결속이 모계(母系)의 결속보다 강하게 나타남을 알 수 있다. 뼈가 부계를 근간으로 이루어진 씨족 집단의 상징을 나타내는 내용은 다음과 같다.

148절

칭기스칸이 타이초드를 약탈하고, 타이초드의 뼈를 가진 사람들, 즉 아우추 바아타르, 호둔 오르창, 후두우다르 등의 타이초드를, 친척의 친척까지 재로 날려 버렸다. (Chingis haan, tend taichuudyg dovtolj Auchu baatar, Hodun orchan, Huduudar zergiin taichuudyn yazguurtnyg urgiin urag hürtel ünsen tovrog bolgoj hyadav.)

175절

칭기스칸은 할하강의 오르 노그의 헬트긴 하드라고 부르는 장소에 후일다르의

---

6) Levi-Strauss(1969).
7) 특히 『몽골비사』의 2절, 3절, 40절, 41절 등에 보여진다.

뼈를 놓게 했다.

(Huildaryn yasyg harh golyn or hygyn heltgiin had gedeg gazar orshuulav.)

칭기스칸이 이르러 싸울 때 톡토아는 거기서 유시에 맞아 쓰러졌다. 그의 아들들은 그의 뼈를 거둘 수도 없고 그의 시체를 가져갈 수도 없어 그의 머리를 잘라 갖고 갔다.

(Chingis haan hürch baildval Togtoa tend zerleg cumand onogdoj ühev. hövüüd y tüünii hüüriig avch yavj orshuulj zavdahgüi bolood tolgoig ogtlon avch odov.)

한편 피의 상징은 모계의 상징이기 보다는 뒤에서 다루어질 안다(*anda*) 관계나 호라이(*huurai*) 관계와 같은 인위적인 친족의 상징으로 사용되기도 한다. 아마도 이러한 내용은 브리란드(Vreeland, 1954)가 18세기 몽골의 친족을 분석하면서 제시했던 뼈는 부계 친족의 상징이고, 피는 모계 친족의 상징이다는 내용을 13－14세기에는 어떻게 적용할 수 있을까? 하는 문제를 제기할 수도 있겠다. 즉 인위적인 친족과 관련해서 피는 인위적인 친족을 형성하는 의례(儀禮)에서 중요한 기능을 하기도 한다. 예를 들어서 예수헤이 바아타르와 옹칸이 안다(*anda*) 관계를 맺기 위하여 행한 의식을 보면 응고된 우유 속에 상대방의 피 몇 방울을 떨어뜨려서 마시는 내용도 들어 있다[8]. 피가 인위적인 관계와 관련해서 사용되는 예는 다음과 같은 내용에서 찾아볼 수 있다.

"이제 아들을 보고 못된 생각을 하면 이와 같이 피가 나게 하겠다"고 맹세하며 새끼 손가락 끝을 살 다듬는 칼로 찔러 피를 흐르게 하여 자작나무 껍질로 만든 작은 통에 담아 "내 아들에게 주어라"고 해서 보냈다.

("odoo hövüün (Temüjin)—ee üzej muu setgevel ene met tsusaa ursgaya" gej andgailj, chigchii huruunyhaa öndgiig hutgaar hatgaj, tsusyg tsuviruulj avaad öchüühen savand

---

8) Hoang(1990:44)와 Park(1997:143) 참조.

hiij "hövüün min' ög" gej ilgeev.)

이제 그대의 말대로 피가 안 나오게 가게 하라고 그랬다고 일러라! 하고는, "피가
안 나오게 가게하고 그의 뼈를 보이게 버리지 마라! 잘 거두어라!라고 명했다.
자무하를 거기서 가게하고, 그의 뼈를 거두게 했다.
(odoo chinii ügeer tsus gargalgüi högchüülj, hüüriin chin' il hayahgüi, hündet ö soor
orshuul" gej zarlig bolov. tend Zamuhyg ühüülj hüüriig orahuulav.)

『몽골비사』에서도 친족을 상징하는 요소로 피보다는 뼈가 더 자주 사용되고 있
는 것 같다. 전통적으로 몽골에서는 뼈를 가지고 귀족과 일반 평민을 구분하기
도 했는데, 흰색 뼈(*tsagaan yas*)는 귀족을 검은색 뼈(*har yas*)는 평민을 상징했
다[9]. 뼈와 피 그리고 살 중에서 가장 오랫동안 지속되는 것은 뼈이다. 『몽골비
사』에 보여지는 뼈를 소중하게 다루는 풍속은 몽골의 장송의례(葬送儀禮)와 연
관해서 살펴볼 수도 있을 것 같다. 즉 몽골에 라마불교가 본격적으로 전래되기
이전에는 어떠한 형식의 장송의례가 있었는지를 간접적으로 살펴볼 수 있는 자
료가 될 수 있는 것이다.

▶ 몽골의 유목민들

---

9) 박환영 (2005a:278).

5. 안다(anda; 의형제) 관계

　몽골의 가족과 친족은 좀더 넓은 영역으로 확대되기도 한다. 이것은 단지 귀족들만의 문화라기보다는 대다수 몽골의 유목민들에게 공통적으로 해당되는 내용이기도 하다. 귀족의 입장에서 보면 좀 더 크고 강력한 정치적인 동맹의 개념에서의 인위적인 결속이라면 일반 유목민의 입장에서는 주어진 자연환경 속에서 불확실한 초원의 유목생활에 적응하는 하나의 과정에서 자연스럽게 만들어진 상호부조의 조직인 셈이다. 우선『몽골비사』에는 일종의 의형제 관계인 안다(*anda*) 관계에 대한 내용이 자주 기술되어 있다.

▶ 도시에서 시골을 방문한 몽골인

우리 아버지와 의형제를 맺은 분도 우리 아버지나 같다고 하며 옹칸이 토올라의
카라툰에 있다는 것을 알고 갔다. 테무진이 옹칸에게 가서 "일찍이 저희 아버지와
의형제를 맺으신 바 있습니다. 아버지와 같다고 생각하여 아내를 얻은 기념으로
예복을 가져왔습니다"고 하며 담비 외투를 주었다.
(etsgiin and bol etseg met biz gej Van hanyg tuul golyn shuguid hutaglan baihad
hürch ochood Temüjin ögüülrüün: etsgiin huuchin and ta, minii etsgiin adil buyou
gej bi gergii abaad ömsgöl har bulgan dahyg chamd avchrav gej bulgan dahaa ögöv.)

옛 어른들의 말에 따라 "의형제가 된 사람들의 생명과 몸은 하나, 서로 버리지
않으며 서로에게 생명의 보호자가 되며 서로 우애해야만 한다며…
(ahas deedsiin ügiig sonsvol "alibaa hün hariltsan and nöhör bololtsvol am' biedee
arch bolj al' alindaa tüshig bolj amraglan hanilah ëstoi"…)

칭기스칸과 옹칸이 토올골(강)의 할 슈구에 모여 부자(父子)가 되기로 언약했다.
부자가 되기로 언약한 법도는 옛날 예수헤이 바아타르와 옹칸이 의형제가 되기로
약속한 법도에 따라, "아버지와 같다"고 하여 부자의 관계를 맺은 것이다.
(Chingis haan Van han hoër, tuul golyn har shuguid niilj etseg hövüün bolj ëslov.
ert ödör Yesühei baatartai Van han and bolotsson tur Van hanyg etseg met üzej,
iinhüü etseg hövüün bololtsson bilee.)

예수헤이 바아타르와 옹칸이 안다(anda) 관계를 맺었고, 테무친과 자무하도
안다(anda) 관계를 맺었다. 한 가지 특이한 사항은 예수헤이 바아타르가 안다
(anda) 관계를 맺은 옹칸을 테무친이 "아버지와 같다"라고 해서 다시 새롭게 부
자의 관계를 맺는 내용이 나오는데 아마도 이것은 오늘날 호라이(huurai) 관계
로 볼 수 있을 것 같다.

6. 장소와 지위 및 친밀감

몽골의 텐트(*ger*)는 예측하기 힘든 유목생활에 효과적으로 대처하기 위하여 남녀의 공간이 구분되어 있을 뿐만 아니라 연장자의 공간이 따로 마련되어 있다. 또한 가족, 친족 그리고 가까운 친구나 이웃과 같은 내부인의 공간과 개인적으로 연계를 가지고 있지 않는 외부인의 공간이 확연하게 구분되어 있다. 『몽골비사』에도 이러한 내용이 종종 보여지는데, 이러한 예를 몇 가지 들어보면 다음과 같다.

165절

"우리의 일가가 그들에게로 가면 문 옆에 서서 항상 상석을 바라 보고 있었다. 그들의 일가가 우리에게 오면 상석에 앉아 문쪽을 바라보고 있었다"며 자신을 대단하게 생각하고 우리를 천히 여겨 말하면서, 차우르 베흐를 주는 것에 동의하지 않았다. (minii urag tedniid ochvol, yamagt hatavchind hoimor harj suuh bolno. tednii urag bidend irvel, hoimor suuj hatavch harah bolno gej ihemseglen, bidniig doromjlon helj, Chaur beh düügee ögöhiig zövshöörsöngüi.)

214절

"저는 적선을 구하는 자입니다"라고 하여 "적선을 구하는 자라면 거기 앉거라"고 하자 서쪽 평상의 문쪽 끝에 앉아 있을 때 톨루이 5살짜리가 밖에서 들어왔다가 다시 뛰어나가는 것을 하르길 샤르가 일어나서 제 겨드랑이에 끼고 나와 한손으로 제 칼을 더듬어 뽑으며 갈 때 알타니가 어머니의 집에서 동쪽에 앉아 있다가 어머니가 '아이를 잃었다'!고 외치는 것과 동시에 알타니가 함께 뒤쫓아 달려나와 하르길 샤르의 뒤에서 한손으로 그의 머리 끄댕이를 잡고 다른 손으로는 칼을 뽑고 있는 그의 팔을 잡아당기자 칼을 떨어뜨렸다. 집의 북쪽에서 지다이와 젤메가 뿔 없는 검은 소를 식용으로 잡고 있다가 알타니의 소리에 도끼를 들고, 주먹에 피를 묻힌 채로 달려가 타타르의 하르길 샤르를 도끼로, 칼로 바로 그 자리에서 죽였다. ("ideh yom guiya" gesend, "ideh yom guival tend suu" gej baruun iser (op)—iin ömnöd üzüürt suulgav. ter tsagt tavan nastai baisan hövüün Tolui gadnaas orj ireed gedreg güij garmagts, Hargil shar boson harainj, Toluig sugandaa havchuulj güihiin hamt hutga temterch sugalan avahyg zavdahad ehiin gert züün tald suuh baisan Altani "hüügii min' allaa" gej ehiin orilon barhirahyg sonsoj güin garch, Hargil sharyn hoinoos güitsej neg garaaraa üsnees y zyyran bar'j, nögöö garaaraa hutgyg sugalj baisan gary y bar'j ugzraad hutgyg alduulav. ter üyed geriin ard mugalzar har ühriig teren alj baisan Jidai Zelme hoör, Altaniin duug sonsood sühee bar'saar, ulaan tsustai heveer güin irj, tataaryn Hargilsharyg mön tend y süheer tsohij, hutgaar bülj alav.)

몽골의 텐트에서 호이모르(*hoimor*)라고 부르는 상석은 보통 텐트의 제일 안쪽 즉 북쪽의 공간을 의미하는데 이것은 북쪽을 "높은 부분"으로 간주하기 때문이다(박환영:2005a:378). 보통 몽골 유목민들의 텐트는 문이 남쪽으로 나 있는 경우가 대부분이기 때문에 북쪽은 텐트의 제일 안쪽 즉 안방에 해당된다. 따라서 이곳에는 나이든 연장자나 집을 방문한 라마승이나 귀한 손님이 앉는 장소이다[10]. 위에서 인용한 내용을 분석해 보면 타타르 부족의 하르길 샤르(Hargil shar)가 외부인으로서 서쪽의 문쪽 끝에 앉았는데, 이곳은 주로 남자들의 공간이며 일종의 사랑방에 해당되기도 한다. 다만 외부인이 얼마나 가까운가에 따라서 문 끝에서 안쪽으로 조금씩 가까이 앉을 수 있는데 서쪽의 문 끝에 앉았다는 기술로 보아서 하르길 샤르(Hargil shar)가 서로 안면이 없이 지나가는 여행객으로 변장한 사실을 알 수 있다. 한편 보로굴의 아내인 알타니(Altani)는 텐트의 동쪽에 앉아 있었는데 이곳은 주로 여성들의 공간이다. 그리고 지다이(Jidai)와 젤메(Zelme)가 텐트의 북쪽에서 검은 소를 식용으로 사용하기 위하여 도살하고 있었는데, 이곳은 텐트 밖의 북쪽에 해당된다. 즉 몽골에서 가축의 도살은 주로 남성들이 하게 되며, 남쪽의 문은 복이 들어오는 곳이라는 믿음 때문에 피하고 텐트의 뒤쪽 즉 북쪽에서 가축을 도살 하였던 것 같다. 이러한 공간의 구분은

---

10) 몽골의 호리 투메드 호리다이 메르건(hor' tümed horidal mergen) 전설에 보면 하늘에서 내려온 백조였던 아내가 호이모르(*hoimor*) 자리에 앉아있고, 호리 투메드는 텐트의 동쪽에 앉아 있다는 내용이 있다. 이것은 아내가 천상(天上)의 존재이므로 타당성이 있어 보인다. 박환영 (2005c:565) 참조.

오늘날에도 몽골의 시골에서 유목생활을 하는 유목민에게서 흔히 찾아 볼 수 있는 민속이기도 하다.

7. 나오기

『몽골비사』에 나타나는 가족과 친족관련 내용을 중심으로 몽골의 민속문화를 살펴 보았다. 『몽골비사』의 작자와 출판된 연대(年代)가 명확하지는 않지만 이 속에는 몽골을 이해하는데 유용한 자료가 풍부하게 내재되어 있음은 분명하다. 다만 대부분의 기술이 시적(詩的)이라서 다양한 은유와 상징을 가미하고 있으며 또한 상당히 압축되어서 기술되고 있다. 따라서 문자 그대로 겉으로 드러난 의미만 가지고는 그 속에 담겨져 있는 심원한 내용을 이해할 수는 없다. 따라서 『몽골비사』

의 내용을 다각적인 측면에서 분석하고 탐구하는 작업이 여전히 필요한 것 같다. 필자의 입장도 이러한 압축파일을 푸는 하나의 기초적인 작업의 하나인 셈이다.

몽골의 역사, 정치, 경제, 문화, 민속, 언어 등 너무나도 방대한 내용을 담고 있는 『몽골비사』에서 가족과 친족 그것도 민속이라는 잣대를 가지고 고찰하다 보니 서로 상호보완적인 내용을 가진 것은 물론이고, 직접적으로는 연관성이 없는 듯 보일지라도 함께 묶어서 다루어질 수도 있는 내용을 모두 포함시켜서 분석할 수는 없었다. 그럼에도 불구하고 장자와 관련된 민속, 혼례, 가족과 친족 의 상징인 뼈와 피, 안다(*anda*) 관계, 장소와 지위 및 친밀감 (특히 가족과 친족 구성원에 의한 텐트를 중심으로 하는 자리의 구분) 등 다섯 가지의 주요한 주제 를 가지고 나름대로의 접근을 시도하였다. 특히 몽골의 텐트를 중심으로 구조화 되어있는 가족 및 친족구성원들의 위치와 지위 그리고 내부인과 외부인과의 구 분 등은 한국의 민속과 몽골의 민속을 비교하고 연구하는데, 또한 통시적으로 고찰하는데 중요한 자료가 될 수 있다.

아울러서 앞으로 『몽골비사』에 보여지는 인명(人名), 세시풍속, 성(性; gender) 민속, 사회조직, 생업민속, 복식, 주거, 일생의례, 민간신앙, 속담 및 수 수께끼, 설화, 속신, 동물민속(특히 말(馬)), 민구 등과 같은 다른 영역에서도 고찰이 이루어진다면 『몽골비사』의 압축파일은 하나 둘 씩 풀어져서 몽골의 민 속문화를 이해하는데 많은 도움을 줄 수 있다.

4

몽골 유목문화 속의 성(性) 민속

1. 들어가기

인류학과 민속학에서 다루는 성(性)은 문화적인 성(性)을 나타내는 젠더(gender)를 의미한다. 이러한 젠더에 대한 연구는 포트스(Fortes, 1962 and 1969)에 의하여 여성은 "가구(家口)적인 영역 (domestic domain)"으로 남성은 "정치적이고 법적인 영역 (political-jural domain)"으로 구분하기도 하였고, 오트느(Ortner, 1974)는 여성을 "자연(nature)"으로 남성을 "문화(culture)"로 구분하기도 하였다. 물론 이러한 논의에 대하여 회의적인 입장도 있는데, 멕코마치와 스트라튼(MacCormach and Strathern, 1980)은 성(性)에 의한 "자연"과 "문화"의 구분에 의문을 가지며, 야나기사코와 스트라튼(Yanagisako, 1979 and Strathern, 1984)은 성(性)에 의한 가구(家口)적인 영역과 정치적이고 법적인 영역과 같은 공적인 영역에 대한 구분에 회의를 제기하기도 한다.

성(性)에 관한 몽골의 민속을 논의하기 위해서는 다양한 측면에서 논의해야 할 필요성이 있다. 우선 몽골의 친족관계와 가구경제(家口經濟; household economy)에서 보여 지는 성(性)에 의한 실제적인 차이는 이미 논의된 바 있다 (Park, 1997). 그러나 조금 다른 측면이 될 수 있는 이상적인 측면에서 성(性)의 구분을 살펴보는 것도 중요할 것 같다. 다시 말해서 몽골사회에서 관념화 되고 이상적으로 여겨지는 성(性)에 관한 민속을 고찰해 보는 것이다. 오늘날 몽골사회에서 이상적인 측면에서의 성(性)은 "성(性)에 의한 노동의 구분"(gender division of labour)이 문화적으로 구조화되어 있을 뿐만 아니라 몽골인들이 "적절하게 젠더화 된 것" 즉 자신이 속한 성(性)의 방식으로 행동하기를 기대하기 때문이라는 사실에서도 잘 나타나 있다. 따라서 이 글에서는 몽골사회에서 전통적으로 전승되어 온 성(性)에 대한 몽골인들의 이상적인 측면에 초점을 맞추어서 논의해 보고자 한다.

2. 몽골의 친족과 성(性)

친족과 젠더(gender; 性)는 많은 부분 서로 중복되어 있는 경우가 많지만 한편으로는 또한 서로 보충적이기도 하다. 야나기사코와 코리어(Yanagisako and Collier, 1994)는 친족과 젠더가 종종 개념적으로 재생산 (reproductive) 즉 새로운 생명체를 만들어 내는 행위와 관련되어 있다고 밝힌 바 있다. 즉 젠더에 대한 개념은 친족을 분석하는데 중심이 되며, 마찬가지로 친족에 대한 개념이 젠더를 분석하는데 핵심이 되기도 한다. 다시 말해서 남성 혹은 여성과 같이 성(性)적으로 아기를 창출하는 기본적인 개념에 관한 주제에 있어서 친족과 젠더는 동일한 것을 다루게 되며 따라서 친족과 젠더는 서로 떼어서는 생각할 수 없는 것이다 (Yanagisako and Collier:1994:193－194).

탈 사회주의 몽골에서 "오래된" 가치로서 몽골인이라는 것이 장려되었을 때 이상적인 형태의 젠더와 이상적인 친족 체계가 자주 강조되기도 한다. 이상적인 젠더 관계는 성(性)적으로 구조화된 아기 창출에서의 상징적인 요소, 이름(人名)에 대한 금기(박환영, 2002d)와 같은 젠더화된 언어행위, 그리고 겔(*ger*; 텐트) 속에서의 공간 구분 등을 나타내는데 있어서 친족과 연계되어 있다.

▶ 겨울철 몽골 유목민의 유목 현장

▶ 몽골의 설날 풍경

한편 몽골의 민간신앙 중의 하나인 오보(*oboo*)의례에 보면 새로운 생명체를 재생산하는 행위는 보통 남성 인물에 의하여 주도되어 진다. 예를 들어서 내몽골의 다우르(Daur) 몽골인들이 행하는 오보(*oboo*) 의례에서 남성 참여자들과 대지와의 "신성한 유대"는 가축의 번식과 사육과 같은 유목생활에서의 재생산을 위하여 산(山)의 정령으로부터 축복을 받아야 한다는 것으로 상징되어 진다. 이러한 의례에서 여성들은 화스키(*hwaski*; 성교, 월경 그리고 출산 등과 같은 오염) 때문에 참여할 수가 없다 (Humphrey:1996:151).

더욱이 몽골의 신화에 보면 젠더와 친족의 연관관계를 특별히 잘 보여주고 있다. 가령 『몽골비사』에 의하면 몽골인들은 푸르고 회색 빛 나는 수컷 늑대와 암컷 사슴 사이에서 기원하였다고 한다. 따라서 몽골 민족의 탄생에서 남성과 여성이 균등하게 역할을 수행하였음을 알 수 있다. 그러나 『몽골비사』의 나중 부분에 가서는 칭기스칸의 기원을 성서로운 하늘로부터 온 남성 신(神)과 연결시키고 있다. 예를 들어서 『몽골비사』 17장과 42장에 보면 칭기스칸의 기원에 관하여 다음과 같은 기술이 있다.

> 알룬고아(Alun Gua)는 그녀의 남편인 도부 메르건(Dobu Mergen)이 죽은 뒤 세 아들을 낳았는데, 그녀는 하늘로부터 온 빛에 의하여 임신을 하였다. 가장 막내 아들인 보돈차르(Bodonchar)는 칭기스칸이 속하는 보르지긴(Borjigin) 씨족의 시조가 되었다 (Gaadamba:1990:27).

이상에서 볼 수 있는 바와 같이 생식 즉 새로운 생명을 탄생시키는데 있어서 남성의 역할을 여성의 역할보다 강조하고 있는 듯 보인다. 그럼에도 불구하고 신화 속에는 역시 여성의 역할을 은근히 강조하기도 한다. 즉 아이들을 키우고 주변의 자연환경과 여건 그리고 정세에 맞게 사회화 시키는 것은 남성보다는 여성에 의하여 주도된다. 특히 알룬고아(Alun Gua)의 경우 남편인 도부 메르건(Dobu Mergen)이 죽고난 후 엄격한 아버지의 역할까지 수행하면서 다섯 아이들을 온갖 역경으로부터 보호하고, 훌륭히 키웠던 것이다. 또한 자녀의 인성 및 사회화 교육에 있어서 알룬고아(Alun Gua)가 보여준 지혜와 재치는 지금도 많은 몽골인들에게 이야기되고 있다. 예를 들어서 알룬고아(Alun Gua)는 "다섯 개의 화살"을 건네줌으로써 그녀의 아들들을 강인하게 만들 수 있었다. 즉『몽골비사』19장에서 23장에 보면 알룬고아(Alun Gua)는 아들들에게 "다섯 개의 화살"을 주면서 다음과 같은 교훈을 준다. 화살 하나를 부러뜨리기는 쉽지만 화살 다섯 개를 한꺼번에 부러뜨리기는 어렵다. 이와 비슷하게 각 사람은 혼자서는 화살 하나와 같이 약하지만 다섯 사람이 힘을 합치면 화살 다섯 개와 같이 강하다는 것이다.

3. 성(性)과 민속상징

몽골의 유목민들은 대자연이 두 가지의 상징적인 원칙으로 나누어진다고 믿는다. 즉 *er* (남성)와 *em* (여성)인데, 남성은 *arga* (긍정적이고, 창조적인 요소 혹은 'yang')이고, 여성은 *bilig* (부정적이고, 받아들이는 요소 혹은 'yin')이다. 이러한 상징은 중국과 한국에서 보여 지는 남성은 양(陽)의 상징으로, 여성은 음(陰)의 상징으로 묘사되는 것과 비슷하다. 또한 몽골의 우주론에서는 남성은 태양(*nar*)으로 반면에 여성은 달(*sar*)로 상징된다. 그런데 이러한 상징이 조합하여 생명체를 만들어 낸다고 몽골인들은 믿는 것 같다. 다시 말해서 몽골사회에서 성(性)적인 생식이 남성과 여성의 상징적인 조합으로 상상되기도 한다. 예를 들어서 몽골인들은 상징적으로 아버지의 정액은 아이의 뼈를 만들고, 어머니의 자궁은 아이에게 살과 피를 제공해 준다고 생각한다 (Vreeland, 1954; 박환영, 2001).

한편 몽골의 겔 (*ger*; 텐트) 속에는 명백하게 남성과 여성의 공간이 구분되어 있다. 몽골의 텐트 안쪽에서 밖을 향해서 볼 때 오른쪽(서쪽)은 남자들의 공간인 반면에 왼쪽(동쪽)은 여성들의 공간이다 (Humphrey, 1974; Hamayon, 1983). 유사하게도 몽골의 장례풍속 중에는 남편이 죽으면 오른쪽(*baruun gart*)에 묻고, 아내가 죽으면 왼쪽(*züün gart*)에 묻기도 한다. 이러한 몽골의 민속에 대하여 하마욘(Hamayon:1983:383)은 몽골사회에서 오른쪽은 긍정적인 가치와 연관되어 있는 반면에 왼쪽은 호의적이지 않는 부정적인 현상과 관련되어 있다고 제안한다.

몽골의 민속에서 서쪽이 동쪽에 비하여 좀더 긍정적인 요소를 가진다는 것은 몽골의 장례습속에 잘 나타나 있다. 즉 몽골의 장례 풍속 중에는 매장할 장소를 향하여 시체를 동쪽 방향을 경유하여 운반하게 된다. 그리고는 매장을 하고 나서는 서쪽 방향을 경유하여 집으로 돌아오게 된다. 몽골에서 이러한 풍속을 *nar zov ergüüleh* (문자 그대로는 해 뜨는 방향에서 해 지는 방향으로 여행하는 것)라고 부른다.

몽골 유목민들의 주거 공간인 겔(*ger*) 속에는 전통적으로 남성의 공간과 여성의 공간이 나누어져 있는데, 이렇게 성(性)에 의한 공간의 구분은 11세기부터 20세기까지 변함없이 이어져 왔다 (Maidar and Dar'süren, 1976). 전통적으로 몽골의 텐트인 겔(*ger*)은 남쪽으로 문(門)이 나 있다. 반면에 텐트의 북쪽은 호이모르(*hoimor*)라고 해서 "높은 자리"인데 여기에는 라마 불교의 신이 모셔져 있고, 유명한 스님과 조상들의 사진도 모셔져 있는 경우가 많다. 특히 텐트의 북쪽에는 나이든 어른이나, 텐트를 방문한 스님이나 귀한 손님이 기거하는 공간이다. 한편 텐트의 서쪽은 남성들의 공간으로 남자들이 자주 다루는 말(馬)과 관련된 안장, 채찍, 고삐 등을 비롯하여 가축 도살용 칼, 총, 그리고 유목생활에 필요한 다양한 도구 등이 위치한다. 이에 반하여 동쪽은 여성들의 공간으로 여성들이 자주 취급하는 요리 도구, 그릇 등의 주방 용품, 도구, 음식 등이 놓여 있다.

한편 텐트의 중간에는 화로가 위치하는데 남성과 여성의 공간을 확연하게 구분시켜 준다. 또한 텐트 중앙에 있는 화로는 밖으로 나가고 안으로 들어올 수 있는 문(門)이 나 있는 외부와 가까운 남쪽과 텐트의 가장 높은 자리이면서 가장 안쪽에 위치해 있어서 외부인들이 들어오기 힘든 북쪽을 구분시켜 주기도 한다. 텐트의 중앙에 화로가 있기 때문에 그 위로 일종의 굴뚝과 같은 배기통을 달아서 지붕 밖으로 연결해 놓은 것도 특이하다. 몽골어로는 토온(*toono*)이라고 부르는 전통적인 몽골 텐트의 지붕은 나무로 만들어져 있고 둥근 모양을 하고 있다. 특히 지붕은 열고 닫을 수 있게 해 놓아서 여름과 겨울에 통풍을 적절하게 조절할 수 있으며, 둥근 모양에 잘 엮어진 나무 구조물은 오늘날 시계의 모습과 같다. 사실 몽골의 유목민들은 둥근 모양의 지붕으로 투영되는 빛을 통하여 시간을 감지 할 수 있었기 때문에 토온(*toono*)은 일종의 해 시계 역할을 했던 것을 알 수 있다.

좀 더 덧붙여서 몽골의 설화 중에서 대표적인 것으로 "호리 투메드 호리다이 메르건"(*hor' tümed horidai mergen*) 전설이 있다. 이 전설의 주요한 내용과 모티프(motif)는 우리의 "선녀와 나무꾼" 설화와 너무나도 닮아 있다[11]. 그런데 이 설화 속에 묘사된 내용 중에서 전통적인 몽골의 겔(*ger*)과 그 속에서 보여지는 성(性)에 의한 공간의 구분을 좀 더 심층적으로 이해할 수 있는 내용도 들어 있다. 예를 들어서 "호리 투메드 호리다이 메르건" 전설에 보면 다음과 같은 내용이 나온다.

> 어느 날 아내는 텐트의 북쪽의 호이모르 자리에 앉아 있었고, 바느질을 하면서 앉아 있었고 호리 투메드는 주방용 도구를 가지고 요리를 하고 있었다 (neg ödör ehner hoimrynhoo oron deer oedol hiigeed suuj, Hori tümed hoer bariulaa bariad hool undaa hiij baiv) (Tserensodnom:1989:177).

이상의 내용을 살펴보면 하늘에서 내려온 백조였던 아내가 호이모르(*hoimor*) 자리에 앉아 있다는 것은 곧 북쪽에 앉아 있는 것이 되고, 지상의 젊은이였던 호리 투메드가 요리를 하고 있었던 것으로 미루어 보아서 아마도 호리 투메드는 텐트 안에서 동쪽에 있었던 것 같다. 이러한 구조를 잘 살펴보면 몽골의 민속에서 일반적으로 보여 지는 성(性)에 의하여 텐트의 공간이 구분되는 것과는 차이가 나는 것 같다. 그러나 하늘에서 내려온 아내가 "높은 자리"에 앉아 있는 것은

---

11) 자세한 내용은 배원룡(1993), 장장식(2001) 참조.

아내가 천상(天上)의 존재이며 따라서 귀한 손님이기 때문에 나름대로 타당성이 있어 보인다. 또한 호리 투메드가 남성의 공간인 서쪽에 있지 않고, 여성의 공간 인 동쪽에서 요리를 하고 있는 것을 보면 호리 투메드가 잠시 여성의 공간에서 지상(地上)의 여성들이 하는 역할을 수행했음을 알 수 있다. 다시 말해서 동쪽이 여성들의 공간이긴 하지만 남성들의 공간인 서쪽에 공간이 부족하면 가까운 친 족들은 남성일지라도 동쪽의 여성들의 공간에 갈 수 있는 것이다 (Park, 1999). 또한 몽골의 남성들이 여성들의 일을 도울 때에도 동쪽에서 일을 수행하기도 한다. 특히 여성들이 임신을 하였거나 몸이 불편하게 되면 남성들도 동쪽에서 여성들의 역할을 때때로 수행할 수 있는 것이다.

몽골인들이 일상적인 생활에서 가장 많이 사용하는 색깔에도 남성과 여성이 구분되어 있다. 젠더가 투영된 이러한 색깔은 일반적으로 남성을 상징하는 색깔이 여성을 상징하는 색깔에 선행한다. 다시 말해서 한 가지 색깔마다 남성 색깔과 여성 색깔로 짝을 이루고 있으며, 남성을 상징하는 색깔에 −chin과 같은 접미사가 첨가되어서 여성을 상징하는 색깔이 되는 경우가 많다. 예를 들어서 남성 푸른색 (hüh): 여성 푸른색(hühchin), 남성 붉은색(ulaan): 여성 붉은색(ulaanchin), 남성 노란색(shar): 여성 노란색(sharchin), 남성 흰색(tsagaan): 여성 흰색(tsagaanchin), 남성 검은색(har): 여성 검은색(harchin) 등이 대표적인 예이다(Park, 2003).

▶ 도시와 가까운 곳의 몽골 텐트(ger)

▶ 통나무집의 유리에 비친 몽골 텐트(ger)

4. 성(性)에 의한 지위 및 역할

　전통적으로 몽골에서는 남성이 하는 일과 여성이 하는 일이 구분되어 있다. 내몽골에서도 일상적인 생활 속에서 노동에 의한 남성과 여성의 영역이 구분되는 것은 세이덴버그(Seidenberg:1991:98)에 의하여 제시되기도 하였다. 가령 가축의 도살, 말(馬)을 길들이는 것, 몽골식 씨름 등은 여전히 남성들의 영역이며, 요리하고 빨래하며, 특히 소, 양, 말, 염소, 낙타 등의 젖을 짜는 것은 주로 여성들의 영역으로 남아 있다. 한편 토마스(Thomas:1985:252)는 몽골에서 후미(*höömii*) 음악도 남성들만이 연행한다고 언급한 바 있다. 몽골사회에서 성(性)에 의한 노동의 구분은 일상적인 언어생활 속에서도 반영되어 있다. 예를 들어서 화장실에 간다는 표현을 몽골의 남성들은 "말을 돌보러 간다 *(mor' harah)*"라고 표현하는 반면에 몽골의 여성들은 말 젖을 짜러 간다 *(güü saah)*"라고 표현한다 (Park, 1997과 박환영, 2002c).

또한 성(性)에 의한 구분을 논의할 때 젠더의 역할에 대하여서도 살펴볼 수 있다. 몽골사회에서 남성의 중요성이 큰 것이 사실이다. 특히 자주 이동을 해야 하는 유목생활을 성공적으로 영위하기 위해서는 남성의 역할이 절대적으로 필요하다. 필자가 현지조사 중에 터브 (Töv) 아이막의 시골에서 만난 50대 후반의 자료제공자는 옛날부터 전해오는 몽골의 속담을 하나 들려주었다. 즉 "신부(새로 들어 온 며느리)가 남자 아이를 한 명 출산하면 그것은 아기가 아니고 (*hüü bish*), 아들을 두 명 낳으면 단지 반쪽 아기(*hagas hüü*)이고, 아들을 세 명을 낳으면 비로소 아들 하나를 가졌다(*neg hüütei*)". 그런데 이와 비슷하게 "신부가 세 명의 아들을 출산하면 시어머니와 맞먹는다"라는 속담도 이 지역에서 전해내려 온다고 한다.

위에서 언급한 몽골의 속담은 아마도 과거에는 오늘과 같이 딸보다 아들을 선호하는 것으로 사용되지 않았는지도 모른다. 다시 말해서 과거 몽골에서는 자식이 귀한 경우가 많아서 동물의 이름이나 괴상한 이름을 지어주는 풍속이 많았기 때문에 (박환영, 2002d) 어린아이가 일찍 죽는 경우가 많았던 것 같다. 따라서 최소한 세 명 이상의 자녀가 있어야 하나 정도가 살아남을 수 있는 것이다. 이러한 입장에서 보면 젠더와 상관없이 아들과 딸을 모두 포함하는 자녀를 많이 가져야 함을 강조한 격언이 오늘날에 와서 아들을 선호하는 내용으로 인식하고 있는 것으로도 볼 수 있다.

그럼에도 불구하고 일부 몽골의 민속자료에 보면 딸에 비하여 아들을 더 선호했다는 내용도 찾을 수 있다. 우선 몽골의 속담 중에는 *nuguun hüü nutag sahina; ohin hüühed öngö shilegdene* (아들은 관습적으로 부모의 터전을 지키고 보호하는 반면에 딸은 자신들의 미(美)를 위하여 선택되어 진다)이 있다 (Park, 1997). 이 속담은 아들은 계속적으로 부모의 계통을 잇고, 부모 가까이서 생활하지만 딸은 보통 시집가게 되면 남편의 친족집단에 속하게 되고 따라서 다른 친족집단의 구성원이 된다는 내용을 암시해 주고 있다. 또한 19세기에 몽골을 방문했던 선교사의 기록에 보면 몽골의 시골 사람들은 딸을 가지는 것을 "불필요한 것"으로 여기고 있었음을 잘 보여주고 있다 (Gilmour:1976:1).

한편 몽골의 전통적인 복식 속에도 젠더의 구분이 엿보인다. 우선 *büstei hün*(문자 그대로의 의미는 "벨트를 가진 사람")은 남성을 표현하는데 사용되고, *büsgüi hün*(문자 그대로의 뜻은 "벨트가 없는 사람")은 여성을 나타낸다. 그러므로 벨트(*büs*)에 따라서 이상적인 젠더의 구분이 확연히 드러난다. 즉 오늘날 몽골에서는 남성과 여성들이 모두 실제적으로는 벨트(*büs*)를 매지만 이상적인 측면에서 벨트(*büs*)가 가지는 젠더의 차이는 분명히 존재한다고 볼 수 있다.

전통적으로는 오직 남자들만이 벨트(*büs*)를 매었다. 그래서 남성이 벨트(*büs*)를 매는 것은 강하고 독립적임을 보여 준다. 일상적인 생활 속에서도 몽골의 남성들은 다른 사람들 앞에서 벨트(*büs*)를 잘 매었는지 항상 주의를 기울인다. 이것은 아마도 남성들이 몽골의 전통의상인 데엘(*deel*)을 입을 때 벨트를 풀거나 적절하게 매지 않으면 남자로서의 강인한 이미지를 가지지 못한다고 생각하기 때문인 것 같다. 이러한 추론이 가능한 것은 역사적인 문헌 속에도 벨트(*büs*)에 대한 언급이 부분적으로 드러나 있다. 즉 칭기스칸이 하늘의 신(*tenger*)에게 기도를 올릴 때 벨트(*büs*)를 풀어서 그가 강하지도 그리고 독립적인 사람이 아닌 텡게르(하늘의 신)에게 종속되어 있음을 보여준 예가 『몽골비사』의 103장에 나온다.

한편 몽골의 여성이 벨트(*büs*)를 단단히 매는 것은 그녀가 그녀의 친족 집단에 확고하게 매어있음을 의미한다. 이것은 몽골의 전통적인 혼례의식에서 신부가 친정을 떠나서 남편의 텐트로 가기 전에 그녀가 사용했던 벨트(*büs*)를 벗는 의식에 발 반영되어 있다. 이렇게 함으로써 신부는 이제까지 매어져있던 친정과의 친족관계에서 벗어나 남편의 친족관계 속으로 다시 매어지게 되는 것이다.

몽골의 남성들이 공적인 장소에서 벨트(*büs*)를 매는 것은 흔한 일이고, 이것은 여전히 중요하게 취급되고 있으며, 오늘날에는 몽골의 남성과 여성들이 모두 벨트(*büs*)를 맨다. 벨트(*büs*)를 매면 사적이고 긴장이 풀어져서 느슨해져 있다는 느낌보다는 그 사람이 제대로 치장을 한 것 같고 또한 공적인 인상을 준다. 필자가 현지조사를 하면서 조사한 바에 의하면 몽골의 시골에서 몽골인들은 텐트 안에 있는 동안에는 벨트를 풀어놓기도 하지만 다시 밖에 나갈 경우 혹은 다른 사람이 텐트를 방문하게 되면 다시 벨트를 매는 경우가 대부분이었다. 몽골 여성의 경우는 집에 있든지 공적인 장소에 있든지 거의 대부분은 벨트를 하는 것 같다. 그러므로 오늘날 벨트를 입는 것으로는 젠더의 구분이 없는 것 같다. 다만 몽골의 여성들은 과거에 비하여 더 자주 그리고 지속적으로 벨트를 입는 것 같다. 몽골의 남성들은 벨트(*büs*)를 입는 것을 가지고 사적인 공간과 공적인 공간을 분명하게 구분하는데 반하여 몽골의 여성들은 벨트(*büs*)를 입는 것에 따른 이러한 구분이 명확하게 드러나지 않는 것 같다.

오늘날 몽골에서 여성들은 대부분 벨트를 허리에 두르는데 때로는 남성들과는 다른 색깔을 매기도 한다. 노란색, 녹색 혹은 짙은 푸른색 벨트는 보통 몽골의 남성들이 매는 벨트의 색깔이고, 분홍색, 빨간색 혹은 옅은 푸른색 벨트는 몽골의 여성들이 매는 벨트의 색깔이다. 그러나 특정한 색깔의 벨트를 허리에 두르는 것에 따른 젠더 관계는 엄격하게 구분되어 있지는 않다. 탈사회주의 몽골에서는 남성과 여성을 각각 나타내는 *büstei hün*과 *büsgüi hün*은 오래된 것 같고, 어감이 어둔하여 좋지 않다고 해서 잘 사용되지 않는 것 같다. 이러한 용어를 대신해서 오늘날에는 남성과 여성의 상징적인 요소가 들어가 있는 *ertei hün* (문자 그대로 "남성의 정체성을 가진")과 *emegtei hün* (문자 그대로 "여성의 정체성을 가진")이 좀 더 자주 사용되고 있다.

5. 결론

몽골의 유목문화 속에는 다양한 성(性) 혹은 젠더(gender)와 관련된 민속이 들어 있다. 이러한 내용을 고찰하기 위하여 필자는 친족과 성, 성과 민속상징, 성에 의한 지위 및 역할에 대하여 살펴보았다. 몽골사회에서 관념화 되고 이상적으로 여겨지는 성(性)은 남성이든 여성이든 각각 전문화되어서 다양한 문맥 속에서 서로 확연히 구분이 된다. 따라서 남성으로 영역에서는 전통적으로 행하여겼던 이상적인 남성과 관련된 요소들이 가장 이상적으로 취급되는 것이고, 여성의 영역에서 같은 방식으로 기대되어 지는 것이다.

그러나 몽골의 유목문화 속에는 이렇게 각 성(性) 혹은 젠더(gender)가 가지는 개별적이고 독립적인 전문성 외에도 화이트헤드(Whitehead:1981:105)가 언급한 바와 같이 공통되는 요소를 교환함으로써 서로 의존하는 입장도 내포되어 있다. 다시 말해서 몽골의 유목문화는 피상적으로는 남성과 여성에 의한 분명한 구분을 두고 있어서 젠더에 의한 노동의 분할이라든지 성(性)에 의한 공간의 구분이 확연히 드러난다. 그러나 좀 더 심층적으로 살펴보면 젠더에 의한 노동의 분할은 친족 공동체라는 공통되는 요소 속에서 상호보완적으로 통합적으로 서로 주고받는 작용하고 있다. 이와 유사하게 성(性)에 의한 공간의 구분도 텐트 혹은 장례라는 공통되는 요소 속에서 서로 의존적으로 통합되어 있는 것이다.

끝으로 몽골의 유목문화와 관계하여 성(性) 혹은 젠더(gender)의 문제를 다룰 때 이 글에서 자세히 다루지 못했던 여성들이 가지는 이름 금기의 문제라든지 몽골식 씨름에서와 같이 특정한 민속놀이에서 여성들이 제외되는 문화적인 배경, 그리고 후미(*höömii*)와 같은 특정한 민속음악에서 여성들이 참여하지 못하는 것 등을 향후 좀 더 체계적으로 고찰해야하는 필요성을 제기하고자 한다.

제3장

몽골의 동식물과 질병관련 언어민속과 민속문화

5

동식물에 관한 언어민속

1. 들어가기

　언어 속에는 다양한 문화가 내재되어 있는 경우가 많다[1]. 국내 학계에서도 부분적이긴 하지만 민속곤충학(民俗昆蟲學; ethnoentomology)이라는 용어[2]를 사용하여 나비학자였던 석주명(石宙明)이 남긴 제주도지역에 대한 본격적인 연구 중에서 나비분류를 비롯한 곤충의 분류방법을 설명하였다. 같은 방식으로 몽골의 유목문화를 이해하기 위하여 몽골의 생활문화를 잘 반영해 주고 있는 동물과 식물에 관련된 어휘를 분석하는 것은 그 나름대로의 가치가 있는 것이다.

　현대 몽골에서 사용되고 있는 동물과 식물에 관련된 어휘는 꽤 많은 편이다. 이 중에는 잘 알려진 어휘에서부터 잘 알려지지 않은 어휘에 이르기까지 각양각

---

1) 언어와 문화와의 관계는 일찍이 보아스(Boas, 1940)와 이반스－프리차드(Evans－Pritchard, 1940)에 의하여 제기되었으며, 워프(Whorf, 1956)에 의하여 더욱더 체계화 되었다. 즉 워프(Whorf)가 추구하고자 했던 것은 언어의 문법적인 범주와 문화의 "논리"(logic) 사이에서 대응하는 것을 확인하는 것이었다(Hickerson:1980:111). 한편 언어와 문화와의 관계는 "사피어－워프의 가설(Sapir－Whorf Hypothesis)" 혹은 "언어결정론(linguistic determinism)"으로도 알려져 있다(박환영, 2003).
2) 전경수 (2001) 참조.

색의 동식물 관련 어휘를 엿볼 수 있다. 동물과 관련된 몽골의 어휘는 그 분류체계가 바로 유목문화를 반영해 줄 정도로 다양한 요소를 내포하고 있다. 유목문화와 밀접한 연관성을 가지고 있는 가축과 다른 여러 종류의 동물이 나이와 주어진 문화 속에서 일정한 방식으로 분류되고, 인식되는 것은 몽골의 문화가 가지고 있는 특징이기도 하다. 한편 식물에 관한 몽골의 어휘는 초원, 사막, 산악지대 등 복합적인 자연환경을 가지고 있는 몽골의 자연환경을 그대로 반영해주면서 가축이나 동물에 초점을 두는 유목문화의 이면에 숨어있는 몽골인의 또다른 생활문화를 보여주고 있다.

따라서 이 글에서 필자는 현대 몽골에서 사용되는 동물과 식물에 관련된 어휘를 일상적인 생활문화 속에서 다양하게 분류해 보고, 이러한 분류를 통하여 몽골인의 자연관을 고찰하고자 한다. 또한 동물과 식물에 관련된 어휘를 좀더 심층적으로 분석하여 그 속에 담겨있는 다양한 몽골의 민속문화를 살펴보고자 한다.

2. 동식물과 관련된 주요한 어휘의 민속분류

필자가 수집할 수 있었던[3] 현대 몽골에서 사용되고 있는 동식물과 관련된 주요한 어휘는 대략적으로 320여개 정도나 된다[4]. 이 중에는 몽골에 자생하거나 서식하는 동식물 관련 어휘가 대부분이지만 부분적으로는 외래에서 들어온 동식물 관련 어휘도 일부 포함되어 있기도 하다. 몽골의 토착적인 동식물 관련 어휘이든 외래에서 들어온 동식물 관련 용어이든지 간에 그 속에 몽골의 전통적인 유목문화가 내재되어 있는 경우는 대부분 분석의 대상으로 삼았다. 예를 들

---

3) 필자는 몽골의 어브르항가이(Övörhangai), 터브(Töv), 샐렝게(Selenge) 아이막(aimag) 지역에서 주로 할하(Halha) 몽골인들로부터 자료를 수집하였다.
4) 본고에 수록한 동식물과 관련된 어휘는 필자의 현지조사(1994년 4월~1995년 5월과 2002년 8월) 자료와 몽골의 청소년들을 위한 백과사전(Jam'yandorj(eds.), 1983), 최호성(1995) 등을 참조하였다. 필자는 몽골의 유목민이 일상적인 생활 속에서 자주 사용하는 동물과 식물의 이름을 각각 10개와 9개의 범주로 분류해 보았다.

어서 코끼리(*zaan*)와 사자(*arslan*) 등과 같은 일부 동물은 몽골에는 없지만 몽골의 불교문화 속에 자주 등장하기 때문에 분류의 대상으로 포함시켰다.

한편 몽골사회에서 동식물을 분류하는 방식은 학문분야에 따라서 다양한 분류방법이 있기 마련이다. 이 중에서 몽골인들이 일상적인 생활 속에서 동식물을 구분하는 방식을 토대로 몽골의 동식물을 분류하고자 한다. 이러한 분류방식을 나름대로 분석해 보면 그 속에 담겨있는 전통적인 몽골의 민속문화를 발견할 수 있다. 즉 이 글에서 동식물을 분류하는 방식은 일반적으로 사용되는 문(門), 강(綱), 목(目) 혹은 과(科), 속(屬), 종(種) 등과 같은 생물학적인 분류를 참고하되, 몽골의 유목민들이 일상적으로 분류하는 방식과 몽골의 민속문학[5] 속에 보여지는 분류방식에 초점을 두고 몽골의 동식물 관련 어휘를 민속분류로 나누어 보고자 한다.

2.1. 동물 관련 어휘의 민속분류

몽골사회에서 동물은 *araatan am'tan*(야생동물) 혹은 *adguus*(동물)로 부르는데, 이러한 용어 외에도 그냥 *am'tan*이라고 부르기도 한다. 현대 몽골에서 사용되고 있는 동물 관련 어휘를 아래와 같이 크게 10개의 민속분류로 나누어서 살펴보고자 하는데, 이러한 범주는 몽골의 5대 가축, 기타 다른 가축, 조류, 강과 호수의 물고기, 국가지정 보호동물[6], 포유동물, 파충류의 동물, 양서동물, 곤충, 나비[7] 등이다. 아래에서 좀 더 구체적인 내용을 살펴보겠다.

---

[5] 체렌소드놈 (Tserensodnom, 1989)이 저술한 『몽골의 민간 설화 (*mongol ard'in domog ülger*)』에 보면 몽골 사회 전반에 대한 분류가 나온다. 즉 이 책에서 체렌소드놈은 몽골의 민간설화를 소개하면서 몽골의 우주 및 자연세계 중에서 동식물과 관련해서 식물(*urgamal bodis*), 가축(*mal*), 야수(*araatan am'tan*), 날개가 있는 동물 즉 조류(*jigüürten*)를 비롯해서 인간과 인간과 관련된 동물(*hün ba hünchilsen am'tan*) 등으로 분류하고 있다.

[6] 국가지정동물은 사냥을 할 수도 없으며, 가축으로 사육시킬 수도 없기 때문에 가축을 방목하고 때로는 사냥을 해야하는 몽골의 유목민들의 일상적인 생활에 직접 혹은 간접적으로 영향을 줄 수 있기 때문에 하나의 범주로 넣었다.

[7] 몽골의 유목민들은 가축이나 기타 동물뿐만 아니라 몽골 초원과 산악지대에 자생하는 다양한 종류의 조류, 물고기, 파충류, 양서동물, 곤충, 나비 등에 대한 지식을 가지고 있는 경우가 많다.

(1). 몽골의 5대 가축 (*tavan hoshuu mal*)[8]

    (1.1) *mor*'(말); *güü* (암컷 말); azarga(種馬); *unaga*(한 살배기 수컷 말); *ohin unaga*(한 살배기 암컷 말); *sarbaa*(두 살배기 수컷 말) 혹은 *daaga*(두 살배기 수컷 말); *ohin sarbaa*(두 살배기 암컷 말) 혹은 *ohin daaga*(두 살배기 암컷 말); *shüdlen*(세 살배기 수컷 말); *shüdlen baidas*(세 살배기 암컷 말); *hyazaalan*(네 살배기 수컷 말); *baidsan güü*(네 살배기 암컷 말); *soyeolon*(다섯 살배기 수컷 말); *habchig soyeolon*(여섯 살배기 수컷 말); *büdüün güü*(여섯 살배기 암컷 말)

    (1.2) *buur* (種 낙타); *botgo* (낙타새끼); *temee* (낙타); *botgo*(한 살배기 수컷 낙타); *ohin botgo*(한 살배기 암컷 낙타); *torom*(두 살배기 수컷 낙타); *ohin torom*(두 살배기 암컷 낙타); *built*(세 살배기 수컷 낙타); *shar shilbet*(세 살배기 암컷 낙타); *tailag*(네 살배기 수컷 낙타); *gunj*(네 살배기 암컷 낙타); *at*(다섯 살배기 수컷 낙타); *inge*(다섯 살배기 암컷 낙타)

    (1.3) *tugal*(한 살배기 수컷 소); *ohin tugal*(한 살배기 암컷 소); *byaruu*(두 살배기 수컷 소) 혹은 *booltrogo*(두 살배기 수컷 소); *hüzüübchit*(두 살배기 암컷 소); *er shüdlen*(세 살배기 수컷 소); *ohin shüdlen*(세 살배기 암컷 소); *hyazaalan guna* 혹은 *dönö*(네 살배기 수컷 소); *gunjin ünee* 혹은 *dönj*(네 살배기 암컷 소); *soyeolon guna*(다섯 살배기 수컷 소); *dönjin ünee*(다섯 살배기 암컷 소); *shar*(여섯 살배기 수컷 소); *büdüün ünee*(여섯 살배기 암컷 소)

    (1.4) *er hon*'(숫양); *huts* (거세되지 않은 숫양 즉 種양); *hon*' (양); *hurga* (양새끼); *hurga*(한 살배기 수컷 양); *ohin hurga*(한 살배기 암컷 양); *tölög*(두 살배기 수컷 양), *ohin tölög*(두 살배기 암컷 양); *shüdlen*(세 살배기 수컷 양); *zusag*(세 살배기 암컷 양); *hyazaalan ireg*(네 살배기 수컷 양), *zusag*(네 살배기 암컷 양); *soyeolon irge*(다섯 살배기 수컷 양)

    (1.5) *yamaa* (염소); *ishig* (염소새끼); *ishig*(한 살배기 수컷 염소); *borlon*(두 살배기 수컷 염소); *ohin ishig*(두 살배기 암컷 염소); *er shüdlen*(세 살배기 수컷

특히 내몽골 지역의 몽골인들은 초원에서 자생하는 여러 가지 종류의 곤충을 민간의료에 널리 사용하기도 한다(Stuart and Narsu, 1988).

8) 몽골의 대표적인 다섯 종류의 가축과 관련된 민속어휘의 자료는 얌보(Yambuu:1991:47~48)와 박환영(2003:119~120)을 참조.

염소); *zusag yamaa*(세 살배기 암컷 염소); *hyazaalan serh*(네 살배기 수컷 염소); *soyeolon serh*(다섯 살배기 수컷 염소); *em yamaa*(다섯 살배기 암컷 염소)

(2). 기타 다른 가축(*öör mal har*)

er tahia (숫닭); *iljig* (당나귀); *hulan* (나귀); *tahia* (닭); *nohoi* (개); *luus* (노새); *muur* (고양이(암컷)); *ajl'in mor'*(노동말), *nugas* (집오리), *tsaa buga* (순록), *gahai* (돼지), *em gahai* (암돼지), *er gahai* (거세한 수돼지), *gahailig* (거세하지 않은 수돼지)

(3). 조류 (*shuvuu*)

enhet byalzuuhai (여새); *ih alag tonshuul* (딱따구리); *ergüü bor* (쏙독새); *shuuman shonhor* (새호리기); *harsun uul'* (올빼미); *ulaan hölt höhchüü* (빨간 다리를 가진 몽골의 새); *nohoi shogshir* (몽골에 서식하는 새의 한 종류); *höhöö* (뻐꾹새); *hur'in uraatsai* (칼새); *tagtaa* (비둘기); *otgot shunguur* (볏이 있는 큰 농병아리); *hur* (검은색 들꿩); *hilen omruut ahuuna* (빗장뼈 물새); *turag gogoi* (큰 가마우지); *har örövtas* (흑황새); *bor galuu* (회색 거위); *tsen togoruu* (흰색 두루미); *yatuu* (들꿩의 일종); *gurguul* (꿩); *nogtruu* (팔라스 샌드그라우스새; 사냥감이 되는 뇌조류의 새); *hoilog* (눈닭); *soir* (나무 들꿩); *hoton* (사다새 혹은 펠리칸); *bor shuvuu* (참새); *hun shuvuu* (백조); *heree* (까마귀); *tsorhiruu* (들꿩); *shaazgai* (까치); *tas* (번대수리); *togos* (공작); *hachin shonhor* (황조롱이); *elee* (소리개); *bürged* (독수리); *alag tuu* (땅까마귀); *altan gurgaldai* (꾀꼴새); *altan haraatsai* (제비)

(4). 강과 호수의 물고기 (*gol, nuurt baidag zagas*)

tul (타이먼물고기); *darhad'in tsagaan zagas* (다르하드 흰색 물고기); *buluu tsagaan* (깨끗한 물에 서식하는 잉어의 일종); *altain shar zagas* (알타이 노란색 물고기); *tsurhai* (강꼬치고기); *gutaar'* (대구과의 민물고기); *zeveg* (연어의 일종); *algana* (페르카송어); *ölgör tsagaan* (잉어과 흰색 물고기); *buh sugas* (맑은 강바닥에 서식하는 몽골 물고기의 한 종류); *hilem* (철갑상어); *shanagan zagas* (얼룩 지느러미를 가진 몽골의 물고기); *tsurhai* (민물고치삼치); *horov* (흰 철갑상어);

böbör (망둥어속 물고기)

(5). 국가지정 보호동물 (*darhan tsaaztai am'tad*)

havtgai (야생낙타); *tah'* (프리치바스키 (Prezewalskii) 야생말); *irves* (표범); *argal'* (야생양)

(6). 포유동물 (*höhtön am'tad*)

zaraa (고슴도치); *sohor nomin* (두더지); *alagdaaga* (날쥐); *chichüül* (게르빌루스 쥐); *üliin tsagaan ogotno* (흰색 밭쥐); *olbi* (날아다니는 다람쥐); *sar'san baavgai* (박쥐); *ondatr* (사향쥐); *zaart harh* (사향을 가진 쥐); *hulgana* (쥐); *üneg* (여우); *hargana* (까라간여우); *chono* (승냥이 혹은 늑대); *ölögchin chono* (암컷 승냥이); *zerleg gahai* (야생돼지); *megj* (암돼지); *bodon* (멧돼지); *toroi* (새끼 멧돼지); *bor göröös* (회색 영양); *shargachin* (영양의 암컷); *böhön* (따따로산양); *hüren baavgai* (갈색 곰); *baavgai* (곰); *mazaalai* (고비 곰); *elbenh* (개곰); *herem* (다람 쥐); *tuulai* (토끼); *chandaga* (산토끼); *hyars* (꼬르싹 여우); *handgai* (큰사슴); *buga* (사슴); *maral* (암컷 사슴); *zür* (노루의 암컷); *sogoo* (암컷 사슴 혹은 암컷 노루) *gur* (노루의 수컷); *tugal* (사슴, 노루의 새끼); *ugalz* (야생 양의 수컷); *hüder* (사향노루); *yanzaga* (노루의 새끼); *zeeh* (굴로(wolverine)); *shilüüs* (시라소니); *minj* (해리(海狸)); *bulga* (흑담비); *har süült zeer* (검은색 꼬리 영양); *tsaa buga* (순록); *yangir* (산양); *hulan* (야생말/나귀); *zeer* (영양(羚羊)); *tsagaan zeer* (흰색 영양); *tarvaga* (다람쥐 류의 설치동물); *dorgo* (오소리); *manuul* (야생 고양이); *sarlag* (야크(들소의 일종)); *solongo* (족제비); *mich* (원숭이); *zaan* (코끼리); *dorgo* (오소리); *haliu* (수달, 물개); *arslan* (사자)

(7). 파충류의 동물 (hevleer yavagch am'tad)

nohoi gürvel (개도마뱀); *mongol gürvel* (몽골도마뱀); *mogoi gürvel* (뱀도마뱀); *zamba gürvel* (아가마도마뱀); *sum mogoi* (끈뱀); *bambai honshoort mogoi* (방패 주둥이뱀); *temeen süül mogoi* (큰모래뱀); *ugalzat mogoi* (나선모양뱀)

(8). 양서동물 (*hoer nutagt am'tan*)

gülmer (도롱뇽); *mongol bah* (몽골두꺼비); *modn'i melhii* (나무개구리);

dornod'in melhii (도르노드개구리); *nogoon bah* (녹색두꺼비); *sibiriin melhii* (개
구리의 일종); *shanagan horhoi* (올챙이)

(9). 곤충(*shav'j*)

üher hedgene (말벌); *sono* (말파리); *ömhii tongoi* 혹은 *har tsoh* (검은 딱정벌레);
morin tsartsaa (말메뚜기); *zuudag har* (검은색 집게벌레); *balt zögii* (꿀벌); *shüren
tsoh* (무당벌레); *altain yamaan tsoh* (알타이 양 딱정벌레); *nyasluur tsoh* (방아벌
레); *gatsuur'in yamaan tsoh* (가문비나무의 양 딱정벌레); *shved yalaa* (쉬베드파
리); *shumuul* (모기); *yalaa* (파리); *hachig* (진드기); *töch horhoi* (유충); *nohoi
böös* (벼룩); *byasaa* (빈대); *devhreg* (메뚜기); *böös* (이); *shorgoolj* (개미); *aalz*
(거미)

(10). 나비 (*erveehei*)

mahaon (일종의 호랑나비); *nimbegen shar* (레몬모양의 노랑나비); *ontsgoi bügeg*
(나방의 한 종류); *gamma bügeg* (나방의 한 종류); *nug'in bor* (나방의 한 종류);
togoson nüd (공작눈 나비); *admiral erveehei* (갈색바탕에 흰색과 붉은색 무늬가
있는 나비); *dalbaat erveehei* (깃발나비); *doloogon'i tsagaan erveehei* (검은 나무
결 무늬를 가진 흰색나비)

이상에서 열거한 민속분류를 보면 몽골의 동물은 대체로 10가지의 범주로 나누
어서 살펴볼 수 있다. 특히 다른 범주에 비하여 몽골의 대표적인 5대 가축 (*tavan
hoshuu mal*)과 관련된 어휘가 상대적으로 많은 것이 특징이다. 이것은 몽골의
유목문화가 주로 5대 가축을 중심으로 이루어져 있기 때문에 이러한 가축에 대
한 관심이 그 만큼 높다는 사실을 잘 반영해 준다.

한편 포유동물 (*höhtön am'tad*)이나 조류 (*shuvuu*)에 관한 어휘도 제법 많은
편이다. 몽골의 유목민들은 광활한 초원과 사막 그리고 강, 호수 및 높은 산악지
대와 같은 자연환경 속에서 가축을 방목하는 것 외에도 때때로 자신들이 필요로
하는 것을 야생동물로부터 보충하기도 한다. 즉 몽골의 유목문화 속에서 야생동
물은 나름대로의 가치를 충분히 가지고 있는 셈이다. 예를 들어서 유목민들은

가축으로부터 유제품, 고기, 가죽, 털 등을 계속적으로 제공받을 수 있을 뿐만 아니라 야생동물로부터 또한 고기, 가죽, 털 등을 얻을 수도 있는 것이다.

▶ 테를지에 있는 관광객을 위한 낙타

▶ 몽골의 낙타

▶ 몽골의 일부지역에서는 낙타도 중요한 교통과 운반의 기능을 담당하기도 한다.

▶ 몽골의 개는 눈이 네개인듯 보인다. 따라서 몽골인들에게 개는 사람이 보지 못하는 것을 볼 수 있는 능력을 가졌다고 믿어지기도 한다.

2.2 식물 (*urgamal*) 관련 어휘의 민속분류

　몽골의 유목문화에서 방목하는 가축을 포함해서 동물이 중요하게 취급되지만 그렇다고 해서 유목생활에서 식물의 중요성을 간과해서는 안된다. 특히 방목하는 가축의 먹이가 초원에 흩어져있는 풀, 꽃, 허브 등 다양한 식물이므로 유목민이 가지는 식물에 대한 나름대로의 지식과 전통적인 분류방법도 몽골의 유목문화를 이해하는데 중요한 한 부분이 될 수 있는 것이다. 몽골의 식물을 민속분류하면서 주로 아홉 가지 영역으로 구분하여 살펴보고자 한다. 즉 이러한 민속분류로는 방목하는 가축의 먹이가 될 수 있는 식물, 꽃과 풀, 과실과 열매, 버섯, 독성이 있는 식물, 약초, 곡물, 채소, 나무 등을 들 수 있다. 아래에서 구체적인 내용을 열거해 보면 다음과 같다.

(1). 방목하는 가축의 먹이가 될 수 있는 식물 (*belcheer tejeeliin urgamal*)

botuul' (김의털); *höh yargui* (푸른색 할미꽃); *büngiin tsahildag* (붓꽃); *hazaar övs* (초록색 바탕에 분홍빛을 띤 풀 같은 식물); *hömöl* (몽골 양파); *taana* (야생의 백합과 식물); *bagluur* (소송나물); *hiag* (개밀); *shar tsargas* (자주개자리)

(2). 꽃과 풀 (tsetseg, övs)

ganga (층층이 꽃); *zambaga* (목란꽃); *nil checheg* (제비꽃); *serüün checheg* (수선화); *sarnai checheg* (장미); *tsahirm'in tsetseg* (난초); *honh tsetseg* (방울꽃); *hurgan zasaa* (양귀비); *has hatguur tsetseg* (오랑캐수선화); *udbal* (매발톱 속(屬) 식물); *gishüüne* (장군풀); *zegs* (갈 방울골); *gonid* (아니스; 미나리과 식물); *övs* (마른풀); *ölön övs* (사초); *tonh* (고추냉이); *had* (살쾡이밥); *halgai* (쐐기풀); *hamhuul* (떠돌뱅이 풀); *hunchir* (자운영풀); *agi* (쑥); *gaa* (박하); *tsagaan gaa* (생강); *gets* (겨자); *haluun övs* (후추); *hün orhoodoi* (인삼); *chiher övs* (감초)

(3). 과실나무와 열매 (*jims, jimsgene*)

alirs (월귤나무의 열매); *ners* (들쭉나무); *har ners* (검은색 들쭉나무); *had* (살쾡이밥); *ulaalzgana* (빨간색 건포도; 까치밥나무의 일종); *doloogono* (산사나무); *güzeelzgene* (땅딸기나무); *ühriin nüd* (까치밥나무); *alim* (사과); *altan zürj* (광귤

나무); *alimiin mod* (사과나무); *böörölzgönö* (딸기나무); *anar* (석류나무); *güils* (살구나무); *güzeelzgene* (땅딸기나무); *gürgem* (샤프란; 사과의 일종); *nembege* (레몬); *liir* (배); *toor* (복숭아); *usan üzem* (포도); *samar* (개잎갈나무 열매); *tuulain böör* (밤); *hushga* (호두); *üzem* (건포도); *üher büleergene* (검은양딸기); *shar mod* (매자나무열매)

(4). 버섯(*möög*)

tal'in tsagaan (흰색 초원버섯); *husandai* (갈색 자작나무 그물버섯); *hövdiin möög* (이끼 버섯); *sarhiag* (벌집 버섯); *dolgiont möög* (주름 버섯); *ünegen möög* (여우 버섯); *uliangar'in ulaan* (붉은색 당버들 버섯); *tsagaan möög* (흰버섯) *tsaivar hor* (독성이 있는 희미한 빛깔의 버섯); *yalaan'i hor* (독성이 있는 광대버섯)

(5). 독성이 있는 식물 (*hort urgamal*)

gol'in hor (흰색 꽃부리를 가지고 꽃차례와 꽃을 가진 초원의 식물); *zunshil tsetseg* (마이안티뮴꽃); *holtson tsetseg* (미나리아재비); *chandgan chih* (허브 페리 스풀); *har lantanz* (사리풀); *manchin* (바곳독초); *agshirgana* (베라트륨풀); *haraalch tsetseg* (제비고깔)

(6). 약초 (*emiin urgamal*)

emiin bambai (쥐오줌풀); *söd övs* (큰오이풀); *nohoin hoshuun* (야생 들장미); *altan tsegtsüühei* (하이페리큠풀); *tavan salaa* (질경이); *shüüdergene* (애기똥풀); *baluun* (히솝풀)

(7). 곡물 (*ür taria*)

arbai (보리); *buudai* (밀); *meheer* (메밀); *obiyeos* (귀리); *har taria* (호밀); *höh taria* (쌀; 주로 메밀을 가르킴); *shar budaa* (기장); *tsagaan budaa* (흰쌀); *serdene shish* (강냉이); *erdene shish* (옥수수)

(8). 채소 (*nogoo*)

baitsaa (배추); *gogod* (파 속의 식물); *gol* (가지); *mangir* (양파); *manjin* (홍당무우); *nishinge* (사탕수수); *songino* (파); *ulaan luuvan* (무우); *ulaan luul'* (토마토);

chihriin nishinge (사탕무우); *hemh* 혹은 *tarvas* (수박)[9]; *shar luuvan* (무); *sarmis* (마늘); *töms* (감자); *haliar* (야생 마늘)

(9). 나무 (*mod*)

hush (잣나무); *hus* (자작나무); *arts* (향나무); *bashir tsetseg* (술패랭이꽃나무); *burgaas* (버드나무); *gatsuur* (가문비 나무); *golt boriin tsetseg* (라일락); *doloogono* (산사나무); *jodoo* (전나무); *zag* (작나무; 고비지대에 서식하는 나무); *zandan* (백단나무); *moil* (구름나무); *nars* (소나무); *ömhii hobol* (딱총나무속); *sarhiag* (동백나무); *toshlog* (매자나무); *ulias* (사시나무); *hailaas* (느릅나무속); *ühriin hüd* (까치밥나무); *tsars* (참나무); *yalan mod* (뽕나무); *yargai* (섬개야광나무); *tengeriin dülii* (복균목의 일종); *chatsargana* (보리수나무과 식물); *zeergene mönh*(麻黃); *hargai* (시베리아 낙엽송)

위에서 기술한 식물과 관련된 어휘를 아홉 부분으로 민속분류하고, 세부적인 내용을 알아보았다. 우선 방목하는 가축의 먹이가 될 수 있는 식물 (*belcheer tejeeliin urgamal*)과 독성이 있는 식물 (*hort urgamal*)이 먼저 눈에 띈다. 가축이 먹을 수 있는 식물은 독성이 있는 식물과 비교하면서 다루어질 수 있다. 가령 가축이 먹을 수 있는 식물에 대한 어느 정도의 민간지식을 알고 있어야만 유목을 잘 운영할 수 있다. 한편 이와 비교해서 유목생활 속에서 독성이 있는 식물에 대한 나름대로의 민속지식도 필요한데, 이것은 가축뿐만 아니라 유목민들에게도 중요하게 취급되는 문제이다. 즉 가축을 방목하는 초원과 그 주변에는 가축이나 유목민이 자주 접하는 식물이 있으며, 이중에는 먹으면 해가 되는 종류도 있기 마련이다.

한편 리가(Ligaa, 1996)는 몽골에 자생하는 다양한 종류의 약초(*emiin urgamal*)와 이러한 약용식물이 몽골의 전통적인 민간의료에서 어떻게 이용되는지를 기술하고 있다. 예를 들어서 쥐오줌풀(*emiin bambai*)은 정신적 안정, 통증완화 및 열병에 효과가 있으며, 큰오이풀(*söd övs*)은 화상, 출혈, 폐결핵에 효능이 있다고

---

9) 현대 몽골에서는 중국에서 차용된 *shiigua*라는 용어도 사용되고 있다.

한다. 덧붙여서 애기똥풀(*shüüdergene*)은 장염, 복통, 감기, 장티푸스 등에 효험이 있는 것으로 몽골의 유목민들 사이에서 널리 사용되고 있다고 한다.

또한 몽골에서 사용되고 있는 식물과 관련된 어휘는 과실나무와 열매 (*jims, jimsgene*), 꽃과 풀 (*tsetseg, övs*), 버섯(*möög*), 나무 (*mod*) 등으로 민속분류 될 수 있다. 특히 과실나무와 열매 (*jims, jimsgene*), 꽃과 풀 (*tsetseg, övs*) 그리고 버섯(*möög*)에 속하는 식물군은 가축이나 유목민에게 먹을거리를 제공해 주며 그 종류도 많은 편이다. 한편 몽골의 유목민들은 주변에 자생하는 다양한 종류의 나무(*mod*)를 인식하고 있는데, 이것은 유목생활을 하는데 필요한 도구를 만들거나, 연료 그리고 종교적인 의례(儀禮)에서 나무가 중요하게 취급되기 때문이다.

3. 동식물 관련 어휘와 민속분류에 반영된 몽골의 유목문화

몽골의 동식물과 관련된 이상의 분류를 자세히 분석해 보면 그 속에 담겨있는 몽골의 민속문화를 제법 많이 찾아낼 수 있다. 크기가 작은 동식물에서부터 크기가 큰 동식물에 이르기까지 몽골의 유목민들은 일상적인 생활의 경험을 통하여 축적된 민간지식을 민속문화를 통하여 잘 보여주고 있는 것이다. 마치 미세한 생물체를 현미경으로 관찰하는 것과 같은 예리한 통찰력이 엿보이는가 하면 마치 물구나무를 서서 세상을 보는 것과 같은 동식물과 관련해서 다양한 시각을 볼 수 있는 것이다.

먼저 몽골의 동물을 민속분류 한 것 중에서 몽골의 대표적인 다섯 종류의 가축 (*taban hoshuu mal*)과 관련된 어휘에는 다음과 같은 유목문화가 들어 있음을 알 수 있다. 가령 예를 들어서 몽골의 대표적인 다섯 종류의 가축은 일상적인 유목생활에서 중요할 뿐만 아니라 살면서 겪게되는 몽골인들의 일생의례(一生儀禮) 속에서도 최상의 예물 혹은 일종의 화폐로써 중요한 기능을 가졌음을 알

수 있다. 예를 들어서 『몽골비사』에 보면 장차 칭기스칸이 되는 테무진(Temüjin)
은 신부감을 구하기 위하여 아버지인 에수헤이바아타르(Yesüheibaatar)를 따라서
혼지라드(Hongirad) 부족으로 가서 훗날 칭기스칸의 첫째 아내가 되는 보르테의
아버지인 데이세첸(Deisetsen)을 만난다. 혼인문제가 어느 정도 논의되자 에수헤
이바아타르는 약혼 예물인 신부대(新婦代)로 가지고 왔던 말(馬)을 데이세첸
(Deisetsen)에게 선사한다.[10] 전통적인 혼례와 관련된 이러한 몽골의 민속에서
대표적인 다섯 종류의 가축 (말, 염소, 낙타, 소, 양)은 최고의 예물로 가장 많이
사용되었음을 알 수 있다.[11] 또한 이러한 풍속은 후대에 오면서도 그대로 유지되
었는데 청(淸)의 정부는 몽골이 청(淸)의 통치하에 있었던 기간(1691~1911)에
신부대를 "말(馬) 두 마리, 소(牛) 두 마리, 양 스무 마리 미만"으로 제한하기도
했다고 한다.[12]

특히 몽골의 수수께끼를 보면 몽골의 대표적인 5대 가축과 관련된 내용이 많
은 편이다. 이 중에서 말(馬)과 낙타에 관한 내용을 살펴보면 가축이 가지는 세
세한 행동거지를 숨김없이 묘사하여 은유적으로 표현하는 유목민들의 날카로운
관찰력을 맛볼 수 있다. 예를 들어서 몽골의 말은 초원의 풀을 마구 먹는 습성
때문에 다른 가축들과 함께 방목할 때 각별히 주의를 가져야 한다. 다시 말해서
몽골의 말(馬)은 양과 염소 등의 다른 가축에 비하여 환경에 나쁜 영향을 주는
습성을 가지고 있는데, 이것은 말이 말굽을 가지고 목초지를 파괴하기 때문이
다. 따라서 가축을 사육하는 몽골의 유목민들은 양과 염소로부터 말(馬)을 일정
한 거리를 두고 분리 시켜서 주로 방목하는 편이다(박환영, 2002e). 이러한 몽골
말(馬)의 특징은 "작은 은색의 족집게와 검은색 다리미는? (말이 초원의 풀을
마구 먹는 것)"과 같은 수수께끼 속에 잘 반영되어 있다. 한편 낙타와 관련된
수수께끼 중에서 다음과 같은 내용이 있다. 가령, "쥐의 모양을 하고, 암소의
갈라진 발굽을 가지고, 호랑이의 가슴에 토끼의 입술을 가지고, 용의 목에 뱀의

---

10) 박환영(1999: 121).
11) 최기호(외) (1997: 151).
12) Jagchid and Hyer(1979: 91).

눈을 가지고, 말의 갈기에 양의 털을 가지고, 원숭이의 혹에 닭의 볏에 개의 넓적다리를 가지고, 돼지의 꼬리를 가지는 것은?(Taylor:1954:352)"과 같은 수수께끼인데 답은 "낙타"이다. 비록 몽골의 민간설화에서 낙타를 묘사한 내용에서 조금의 차이를 보이기도 하지만[13] 이와 유사한 내용이 몽골의 민간설화에도 등장한다.

한편 포유동물 (*höhtön am'tad*)과 관련해서 일부 포유동물은 전통적인 몽골 사회에서 가축 이상으로 중요하게 여겨졌음을 알 수 있는 대목도 있다.『몽골비사』에 보면 칭기스칸과 옹칸이 인위적인 친족관계인 호라이(*huurai*)[14] 관계를 맺는 상황을 묘사하는 기록이 있는데, 칭기스칸은 옹칸에게 검은담비(*har bulga*)로 만든 외투(*dah*)를 그 징표로 선사한다 (Gaadamba:1990:54). 이러한 사실은 당시 몽골사회에서 검은담비가 아주 소중하게 다루어졌음을 알 수 있다.

덧붙여서 조류, 양서동물, 곤충 등과 같은 동물의 민속분류와 관련해서 몽골의 수수께끼를 몇 개 예를 들어 보이고, 이러한 동물의 민속분류 속에 담겨있는 몽골의 유목문화를 조명해 보고자 한다. 일상적인 유목생활에서 볼 수 있는 몽골의 동물을 은유해서 만들어진 수수께끼를 들어보면 다음과 같다[15].

- 초원에 있는 것으로 털이 없고 얼룩무늬를 가지고, 짧고 옥은 다리에 천천히 걷는 것은? (개구리)
- 뒤에서 보면 마치 목에 줄무늬를 가진 낙타와 같고, 앞에서 보면 마치 길들여진 수컷 염소와 같은 것은? (여치류 메뚜기)
- 울창한 산림 속에 소리 없는 거위는? (이 즉 잇목(目)의 곤충)

---

13) 낙타가 재(*üns*) 위에서 뒹굴게 된 이유를 나타내는 설화를 보면 낙타의 몸이 열 두 마리 동물의 특징을 각각 반영하고 있음을 알게 해주는데 그 구체적인 내용은 다음과 같다. 즉 낙타는 쥐와 내기를 해서 지게 되어서 쥐의 귀(*hulgan chihtei*), 소의 배(*üher gedestei*), 호랑이의 발(*bar tavagtai*), 토끼의 코(*tuulai hamartai*), 용의 몸(*luu bietei*), 뱀의 눈(*mogoi nüdtei*), 말의 갈기 혹은 턱수염(*morin deltei* 혹은 *shilnii zogdortoi*), 양의 털(*honin noostoi*), 원숭이의 혹(*michin böhtei*), 닭의 볏(*tahin örövlögtei*), 개의 넓적다리(*nohoi guyatai*), 돼지의 꼬리(*gahai süültei*)등을 가지게 되었다는 이야기이다(Tserensodnom:1989:88).
14) Park(1997:141~143) 참조.
15) Taylor(1954) 참조.

- 왕의 모든 소 떼가 돌아왔는데, 검은색 암소와 얼럭덜럭한 암소는 남아 있는 것은? (까마귀와 까치)
- 헝클어진 머리를 가지고 부처와 같이 앉아 있으며, 낙타와 같은 색깔을 가지고 눈은 샛별과 같은 것은? (올빼미)

이상의 수수께끼를 자세히 들여다보면 유목생활에서 유목민의 주변에 항상 존재하는 동물의 형태, 색깔, 습성 등을 은유적으로 표현하기 위하여 역시 주변에서 흔히 보여지는 전형적인 가축의 이미지와 습관 등을 사용하고 있다. 결국 유목생활에 관여하는 몽골인들은 주어진 환경 속에 존재하는 동물의 종류와 특성에 대한 나름대로의 민간지식을 가지고 있는 셈이다. 아마도 몽골의 동물에 대한 민속분류도 몽골의 유목민들이 지속적으로 지녀온 이러한 자연과 환경에 대한 가치관을 잘 반영해 준다고 할 수 있다.

다음으로 몽골의 식물을 민속분류 한 것을 살펴보면 과실나무를 비롯해서 나무의 종류가 다양하게 분류되고 있음을 알 수 있다. 체렌소드놈(Tserensodnom, 1989)이 저술한 『몽골의 민간설화』에 보면 식물(*urgamal*)과 관련해서 *nars* (소나무), *hush* (잣나무), *zeergene mönh* (麻黃), *arts* (노가지나무), *gatsuur* (가문비나무), *zag* (무엽수나무), *hargai* (시베리아 낙엽송) 등이 언급되고 있다. 예를 들어서 소나무, 잣나무, 마황, 전나무, 노간주나무와 관련된 몽골의 설화는 어떻게 이들 나무가 영원히 푸르게 되었는가를 설명해 주고 있다. 한편 시베리아 낙엽송과 무엽수나무에 대한 몽골의 설화를 보면 시베리아 낙엽송 무엽수나무와 싸워서 이기게 되어서 물이 풍부하고 풀이 잘 자라는 비옥한 항가이(*Hangai*) 지역을 차지하고 무엽수나무는 물이 부족하고 척박한 고비사막 지역으로 내몰리게 되었다는 내용이다.

한편 우리의 "나무꾼과 선녀" 설화와 유사한 몽골의 "호리투메드 호릴다이 메르건 설화(*hor' tümed horidai mergenii domog*)"에 보면 아홉 마리의 백조 (*eson hun shuvuu*) 중에서 옷을 잃어버린 백조가 호리투메드의 아내가 되어서 11명의 자식을 낳고는 행복하게 살다가 잃어버린 옷을 찾고는 11명의 자식에게 이름을 지어주고 동북쪽 하늘로 올라갔으며, 그래서 부리야트 몽골의 샤먼은 무속의례를 행할 때 다음과 같은 노래를 부르게 되었다는 내용이 나온다. 여기에서 언급된 노래의 내용은 다음과 같다.

> *hun shuvuu garval min'* (나의 기원은 백조)
> *hus modon tsereg min'* (가축을 매어두는 나의 자작나무 오야(*uyaa*))
> *husan hüreet Hudar min'* (자작나무로 뒤덮여있는 나의 호다르강)
> *usan hüreet Oihon min'* (호수의 물로 둘러싸인 나의 오이혼섬)[16]

위의 노래를 들으면 마치 바이칼호수 지역에 주로 분포하는 부리야트 몽골인들의 일상적인 삶의 모습을 보여주는 듯 하다. 위의 노래 속에는 자작나무(*hus*)에 대한 언급이 두 번이나 나올 정도로 자작나무가 중요하게 취급되고 있다. 아마도 이러한 것은 몽골의 샤머니즘과 연계해서 설명할 수 있다. 즉 몽골의 샤머니즘에서 나무는 우주수(宇宙樹)라는 개념으로 종종 받아들여진다. 즉 지상의 신(神)은 나무를 통해서 내려온다고 믿는 것이다. 따라서 이 노래에 나오는 자작나무도 같은 맥락에서 볼 수 있는 것이다.

마지막으로 몽골 식물의 민속분류를 좀 더 구체적으로 고찰하기 위하여 식물과 관련된 몽골의 수수께끼를 몇 개 더 열거하고자 한다. 식물을 소재로 하는 몽골의 수수께끼는 동물을 소재로 하는 것보다는 상대적으로 적은 편이다. 그러나 그 나름대로 다양한 몽골의 식물을 대상으로 예리한 관찰과 식물의 특성을 너무나도 잘 반영해 주고 있다. 가령 이러한 몽골 수수께끼의 예를 들어보면 다음과 같다[17].

- 한 마리의 양이 아주 추운 겨울에 백 개의 외투를 가지고 있는 것은? (양파)
- 만(萬) 마리의 양이 껑충껑충 뛰는 것은? (기장을 불에 데우는 것)
- 이른 일곱 개 조각의 안장방석을 가진 한 마리 기운이 없는 흰색 말은? (자작나무)

---

16) 체렌소드놈(Tsrensodnom:1989:178).
17) Taylor(1954) 참조.

- 수천 명의 군인들이 문이 없는 집안에 있는 것은? (수박의 씨)
- 고독한 산에 있는 진기한 보석은? (깍정이가 있는 열매)

이상의 식물관련 수수께끼를 들여다보면 동물에 대한 은유에 뒤지지 않을 만큼 면밀한 관찰의 결과를 반영하는 수수께끼임을 알 수 있다. 몽골의 유목문화를 반영해 주듯이 식물과 연관된 수수께끼 속에도 식물이라는 대상을 다른 각도에서 묘사하기 위하여 몽골의 초원에서 흔히 볼 수 있는 가축을 빗대어서 은유적으로 표현하고 있는 수수께끼가 많은 편임을 알 수 있다. 결국 몽골의 유목생활은 동물과 식물이 구분되기도 하지만 서로 상호보완적인 형태로 묶여져 있음을 알 수 있게 해 준다. 즉 몽골의 유목문화는 자연생태계의 질서를 바탕으로 동식물의 조화 속에서 지속되는 가장 친환경적인 경제활동인 것이다.

4. 나오기

현대 몽골에는 동식물과 관련된 가지각색의 다양한 어휘가 사용되고 있다. 이러한 어휘는 한편으로는 동식물을 좀 더 세부적으로 구분해 주기도 하며, 다른 한편으로는 서로 관련이 있는 것끼리는 함께 묶어주기도 한다. 이러한 민속분류를 바탕으로 그 속에 담겨있는 몽골의 유목문화를 살펴보았다.

몽골의 동물과 관련된 어휘는 열 가지의 좀 더 구체적인 민속항목을 두어서 구분하였다. 이러한 민속분류 속에는 몽골의 유목문화를 적나라하게 보여주는 다양한 요소가 내포되어 있다. 예를 들어서 다섯 종류의 대표적인 몽골의 가축(*taban hoshuu mal*)은 유목문화의 중심을 이루고 있으며, 다른 동물은 간접적이거나 혹은 보조적인 형태로 유목민들에게 도움을 준다. 그러므로 다섯 종류의 가축은 실제적인 몽골의 유목생활과 밀접하게 연계되어서 가축의 나이, 성(性), 거세여부 등 가축의 상태나 성장과정을 나타내는 어휘가 두드러지게 많은 편이다.

한편 몽골의 식물에 관한 어휘는 아홉 가지의 세부적인 민속항목을 설정하여 구분하였다. 이러한 민속분류를 통하여 몽골의 자연환경을 숨김없이 반영해 주고 있다. 따라서 다섯 종류의 대표적인 몽골의 가축이나 기타 동물에 초점을 두지만, 식물의 중요성도 간과할 수 없는 유목문화의 특징을 잘 보여주고 있다. 예를 들어서 유목생활에서 가축이나 동물에게 절대적으로 필요한 방목하는 가축의 먹이가 될 수 있는 식물 (*belcheer tejeeliin urgamal*), 꽃과 풀 (*tsetseg, övs*), 과실나무와 열매 (*jims, jimsgene*), 버섯 (*möög*), 나무 (*mod*) 등의 어휘가 풍부한 편이다.

몽골의 동식물 관련 어휘와 민속분류는 몽골인들이 일상적인 생활을 영위하면서 꾸준하게 축적해 온 동식물과 관련된 다양한 몽골의 전통적인 유목문화를 그대로 간직하고 있는 셈이다. 필자가 부분적으로 다루었던 민간설화와 수수께끼 외에도 세시풍속, 생업, 민간신앙, 의식주 문화 등과 같이 좀 더 다양한 영역에서 몽골의 동식물 관련 어휘가 다루어진다면 언어 속에 내재되어 있는 몽골의 민속문화를 더 많이 찾아볼 수 있을 것이다.

6

몽골의 말(馬) 문화와 민속

1. 들어가기

몽골은 오늘날까지도 세계에서 얼마 남아있지 않은 유목문화를 잘 보존하고 있다(Carmichael, 1991). 따라서 몽골의 도시에서 조금만 밖으로 나가면 푸른 초원에 말, 소, 양, 염소, 낙타 와 같은 몽골의 대표적인 다섯 종류의 가축이 드넓은 대지에서 방목하고 있는 모습을 쉽게 볼 수 있다. 다시 말해서 과거의 전통이었던 유목문화가 현대에도 몽골인들에게는 중요한 하나의 생활방식이 되고 있는 것이다.

몽골의 유목문화와 관련해서 여러 가지 입장에서 몽골의 민속을 살펴볼 수 있는데, 그 중에서 말(馬)과 관련된 민속은 아마도 가장 중요한 부분을 차지한다고 해도 과언이 아닐 것 같다. 한 예로 몽골인들은 일상적인 생활의 중요한 한 부분인 화장실을 간다라고 이야기 할 때는 전통적으로 말(馬)과 관련한 인간의 생업활동을 통하여 표현하는데, 지금도 몽골의 시골에서는 이러한 표현이 여전히 사용되고 있을 정도이다. 다시 말해서 화장실을 갈 때 몽골의 남자들은 "말을 돌보러 간다(*mor' harah*)"라고 이야기하는 반면에 몽골의 여성들은 "암말의 젖을 짜러 간다(*güü saah*)" 혹은 "[가축의] 젖을 짜러 간다(*süü saah*)"라고 이야기한다

(Park:1997:137). 결국 몽골사회에서 말(馬)은 인간과 아주 밀접하게 연계되어 있음을 알 수 있다.

이 글에서 필자는 몽골의 말과 관련된 민속을 알아보기 위하여 유목생활, 민속놀이, 속담과 수수께끼, 설화 등 크게 네 가지로 나누어서 세부적인 내용을 검토하고자 한다.

2. 유목생활 속의 말(馬)

유목생활을 하는 몽골인들에게 말(馬)은 가장 필요한 가축이다. 즉 유목생활에서 말은 넓은 대지를 쉽게 이동하는데 도움을 주는 교통수단이 되기도 하며, 특히 여름철에는 대표적인 "하얀색 음식"[18]인 아이락(마유주)을 선사해주기도 한다. 한편 몽골인들에게 가장 널리 알려진 몽골의 시(詩)는 몽골의 대표하는 작가인 나착도지(Natsagdorj; 1906~1937)가 지은 "나의 모국(母國)"이라는 시(詩)인데, 여기에는 몽골을 대표하는 여러 가지 내용이 나온다. 물론 말(馬)에 대한 언급도 나온다. 예를 들어서, 이 시(詩)의 한 구절을 인용해 보면 다음과 같다.

사막과 고원을 사이에 두고 드넓은 할하(Halha)의 땅
(*hangaigoviin hoorond halh'in uudam nutag*)
우리가 젊은 시절 푸른 날들을 달렸던 그 땅
(*har baga nasnaas höndlön guld davhisan gazar*)
사슴과 늑대를 사냥할 수 있는 우뚝 솟아있는 산맥
(*göröös araatan avlasan urt urt shilüüd*)
그리고 수많은 말떼가 달리는 훌륭한 골짜기
(*hüleg morin uraldsan höndii saihan hooloinuud*)

---

18) 몽골에서 "하얀음식"이라 함은 가축의 젖으로 만든 유제품을 말한다(박환영, 2002e).

이것이, 이것이 나의 모국 (*ene bol mini törsön nutag*)
사랑스러운 나라 몽골 (*mongol'in saihan oron*) [19]

위 시(詩)에서도 볼 수 있듯이 몽골을 대표하는 가축 중에서 말(馬)이 빠질 수 없음을 알 수 있다. 나착도지(Natsagdorj)의 이 시(詩)에는 "다섯 종류의 가축"이라는 표현이 또한 나오기는 하지만 구체적으로 다섯 종류의 가축을 언급하고 있지 않다. 다시 말해서 몽골의 대표적인 다섯 종류의 가축 중에서 말(馬)만이 구체적으로 언급되고 있는 것이다.

한편『몽골비사』에 의하면 훗날 칭기스칸이 되는 테무진(Temüjin)은 그의 아버지인 에수헤이바아타르(Yesüheibaatar)에 의하여 장차 테무진의 신부감을 찾아서 혼지라드(Hongirad) 부족으로 가서 데이세첸(Deisetsen; 보르테의 아버지; 훗날 징기스칸의 첫째 아내의 아버지)를 만난다. 그리고 에수헤이바아타르는 테무진과 보르테의 약혼 예물인 신부대(新婦代)로 가지고 왔던 말(馬)을 선사한다.[20] 이러한 풍속은 몽골인들이 유목생활을 하면서 가장 중요하게 여기는 대표적인 다섯 종류의 가축인 말, 염소, 낙타, 소, 양 중에도 말이 약혼식과 같은 중대한 일에 예물로 가장 많이 사용되었음을 알 수 있다(최기호(외): 1997: 151). 또한 혼인식에서도 신랑측에서 산부측으로 전달되는 신부대(新婦代)는 주로 말, 소, 양 등과 같은 가축이나 의류, 귀금속, 돈 등인데 특히 말과 같은 가축이 가장 소중하게 취급되기도 하였다. 역사적인 문헌에 의하면 몽골이 청(淸)의 통치하에 있었던 기간(1961~1911)에는 청(淸)의 정부는 몽골인의 습속인 신부대를 "말(馬) 두 마리, 소(牛) 두 마리, 양 스무 마리 미만"으로 제한하기도 했다는 기록도 있다(Jagchid and Hyer:1979: 91).

반면에 몽골사회에서 보여지는 혼자금(婚資金)을 살펴보면 신부의 부모가 신랑의 부모에게 의류, 신발, 코 담배통(*hamrin tamhi*) 등을 주는 유형, 신부의 부모가 신부에게 귀금속, 의류 등을 주는 유형, 그리고 신부의 부모가 신부에게 "죽기

이전의 유산"(pre—mortem inheritance)으로 가축이나 돈을 주는 유형이 있다. 이중에서 마지막 유형은 말(馬)과 같은 가축이 주로 주어지게 된다(박환영:1999:122).

또한 몽골사회에는 말(馬)과 관련해서 다양한 용어가 사용되고 있다. 즉 말의 나이에 따라서 각각 구별되는 용어가 있는데, 이러한 분류는 일종의 민속분류(folk classification)인 셈이다. 우선 말과 관련된 다양한 용어를 몽골의 민속학자인 얌보(Yambuu:1991:47~48)가 제시한 것을 열거해 보면 한 살에서 여섯 살까지 나이에 의한 구분이 있고, 또한 수컷과 암컷의 구분도 있음을 알 수 있다. 예를 들어서 한 살배기 말은 *unaga*(수컷 말)와 *ohin unaga*(암컷 말)으로 두 살배기 말은 *sarbaa*(수컷 말) 혹은 *daaga*(수컷 말)와 *ohin sarbaa*(암컷 말) 혹은 *ohin daaga*(암컷 말)으로 각각 다른 용어가 있다. 한편 세 살배기 말은 *shüdlen*(수컷 말)와 *shüdlen baidas*(암컷 말)인 반면에 네 살배기 말은 *hyazaalan*(수컷 말)와 *baidsan güü*(암컷 말)으로 구분한다. 덧붙여서 다섯 살배기 말은 *soyeolon*(수컷 말)이고, 여섯 살배기 말은 *habchig soyeolon*(수컷 말)과 *büdüün güü*(암컷 말) 등으로 구별된다.

특히 다섯 살배기 말의 경우 수컷 말에 관한 용어는 나와 있지만 암컷 말에 대한 용어가 없는 것이 특징이다. 아마도 *soyeolon*의 사전적인 의미가 성(性)의 구분이 없이 다섯 살된 말(aduu), 소(üher), 양(honi), 염소(yamaa) 등의 가축에 공통적으로 사용되는 용어(Tsevel, 1966)이기 때문에 한 용어가 두 성(性)을 모두 나타낼 수 있는 것이다. 한편 돈도그(Dondog, 1994)는 일반적으로 말(馬)을 나타내는 *aduu*라는 용어 외에도 성장한 말(馬)을 나타내는 *azarga*(種馬 혹은 거세하지 않은 수컷 말), *mori*(수컷 말), 그리고 *güü*(암컷 말)등을 포함시키고 있다.

말(馬)을 나이에 따라서 민속분류를 하는 것은 가축이 시간의 흐름 속에서 어떠한 위치를 가지는 가를 반영해 준다(박환영, 2003). 예를 들어서 친자연적인 유목생활을 위해서는 가축의 수가 적절하게 유지되어야 하는데 "불까기"의 전통(박환영, 2002c)이 여기에 해당된다. 따라서 불을 깐 말과 불을 까지 않은 말의 구분은 필수적인 것이다. 예를 들어서 *azarga*는 종마(種馬) 혹은 거세하지 않은 수컷 말(馬)이라면, *mori*는 수컷 말인데 거세한 말임이 반영되어 있다. 즉 몽골의 유목문화 속에서 말이 성장하게 되면 수컷 말은 대부분 거세를 하기 때문에 거세한 말을 특별하게 부르는 용어는 없다고 볼 수 있다.

3. 민속놀이와 말(馬)

　몽골의 민속놀이를 몇 가지 살펴보기 위하여 몽골의 대표적인 축제인 나담(*naadam*)을 예로 들어보겠다. 나담(*naadam*)이라는 용어는 "놀이하고 경기한다"는 뜻을 가진 *naadah* 라는 말에서 유래하였다. 한편 이전에는 나담(*naadam*)이라는 용어에 단시그(*danshig*)라는 용어도 함께 사용되었다[21].

　몽골의 여름축제인 나담(*naadam*)을 일컫는 용어야 어떻든 나담 축제의 핵심은 대초원에서 펼쳐지는 몽골인의 민속놀이와 경기인 셈이다. 나담의 대표적인 경기는 말달리기(경마), 활쏘기, 씨름 등이다. 말달리기(경마)의 경우 나담 축제에서 빼 놓을 수 없는데 수컷 말만 참가할 수 있다. 일반적으로 몽골인들은 나담(*naadam*)을 "남자들의 세 가지 나담"(*eriin gurban naadam*)이라고 부르는데, 여기에는 말달리기(*mor' uraldah*), 활쏘기(*sur harbah*), 씨름(*böh barildah*) 등이 속한다.

　계절적으로 여름에 행하여지는 나담 축제(*naadam*)에서 말달리기의 경우 2세(*daaga*), 3세(*shüdlen*), 4세(*hyazaalan*), 5세(*soyeolon*), 6세 이상(*ih nas*), 종마(種馬; *azarga*), 그리고 측대보로 걷는 말(*joroo mori*) 등 일곱 종류의 경기가 있지만, 몽골인들이 주로 관심을 가지는 민속경기는 6세 이상(*ih nas*)의 말과 종마(種馬; *azarga*)와 관련된 것이다.

　한편 나담 축제의 꽃이라고도 할 수 있는 말달리기를 할 때 많은 관중들의

---

21) 예를 들어서 큰 의식에서 함께 행하여지던 운동경기를 나타낼 때 단식그 나담(*danshig naadam*)이라고 불렀다. 가령 *doloon hoshuu danshig naadam*(일곱 호쇼의 단식그 나담)라고 해서 19세기말까지 일곱 개의 호쇼(*hoshuu*; 행정 상의 단위)가 함께 하는 "큰 잔치"를 의미하였다(박환영, 2004).

기대와 성원 속에서 말을 탄 선수들이 등장하게 되며, 경기가 시작되기 전에는 투므니 에흐(*tümnii eh*: 문자 그대로의 뜻은 "만(萬) 즉 많은 무리 중의 첫 번째 혹은 우두머리")라는 몽골의 전통적인 민요가 불러진다. 이 민요와 관련해서 나담 때에 말달리기에 참가한 한 노인의 검은색 종마가 선두로 들어와서는 피를 토하고 죽었다는 몽골의 전설이 전해져 내려온다(이안나: 2001: 59).

한편 몽골의 민속놀이 중에서 샤가이(*shagai*) 놀이를 빼 놓을 수 없다. 샤가이 놀이는 몽골의 유목문화에서 대표적인 다섯 가지의 가축(*taban hoshuu mal*) 중에서 양(羊)의 복사뼈를 가지고 만들고, 놀이방법은 주로 손가락으로 튀기거나 손아귀에 넣어서 굴려서 논다. 양의 복사뼈는 각 면이 모두 4개인데 이것은 몽골의 대표적인 가축인 말(*mor'*), 낙타(*temee*), 양(*hon'*) 그리고 염소(*yamaa*) 등을 나타내는데, 지역에 따라서는 낙타 대신에 소(*üher*)가 들어가기도 한다. 몽골의 전통적인 민속놀이인 샤가이 놀이에서도 말(馬)은 지역에 관계없이 항상 중요하게 인식되고 있다. 특히 다양한 샤가이 놀이 중에서 샤가이를 각각 한 줄로 길게 늘어뜨려 놓고는 샤가이 하나를 말(馬)로 보고 빨리 가는 쪽이 이기는 경기도 있을 정도로 말(馬)은 몽골의 유목생활에서 필수적인 것임을 알 수 있다.

4. 속담과 수수께끼 속의 말(馬)

몽골의 속담과 수수께끼 속에는 전통적인 몽골의 유목문화가 많이 내재되어 있다. 몽골의 속담과 수수께끼를 살펴보면 여러 가지 다양한 내용이 들어 있겠지만 대표적인 내용은 일상적인 생활, 가족, 친족과 같은 공동체, 동물관련 내용이다(박환영, 2002b). 이러한 내용 중에서 말(馬)과 관련된 속담과 수수께끼는 주로 동물 관련 내용에 들어있다. 예를 하나 들어보면 "말 잃고 외양간 고친다(*buhand yabsan hun, unee tugalsnii daraa ireh*)" 라는 속담의 경우 유목생활과 관련해서 다른 가축에 비하여 말(馬)의 중요성을 알 수 있다[22]. 좀 더 구체적으로 말을 소재로 하는 몽골의 속담을 열거해 보면 다음과 같다[23].

- 한 무리의 말을 지키는 밤의 파수꾼으로서 자신의 아버지를 가르쳐라 (*aabdaa aduu manah'ig zaah*)
- 아버지가 살아 계실 동안은 많은 사람들과 알고 지내고, 말이 있으면 여러 지역을 여행하라 (*aab'in buid hüntei tanilts, agt'in buid gazar üz*)
- 말(馬)은 놓치면 잡을 수 있지만 말(言)을 하게 되면 다시 입안으로 넣을 수 없다 (*agt aldbal bar'j boldog, am aldbal bar'j boldoggüi*)
- 종마(種馬)가 없는 말들은 무리라고 말할 수 없고, 두목이 없는 거위들은 대오(隊伍)를 갖추었다고 할 수 없다 (*aduu azargagüi bol süreg bish, galuu tergüüngüi bol tsubaa bish*)
- 말의 무리에 따라서 휘파람을 불어라 (*aduun'ihaa hereer isgereh*)
- 죄 지은 사람은 아첨하고, 초조한 말은 곁눈질을 한다 (*gemt hün gelbelzeh dairt mor' dalbilzah*)
- 털이 덥수룩한 갈기를 가진 의기양양한 말 밑에서 (*daahin dor hüleg*)
- 어부의 말(馬)은 물없이 지낸다 (*zagaschn'i mor' usgüi*)
- 달아나기 쉬운 말은 올가미 밧줄로 잡고, 몹시 화가 난 사람은 재치를 가지고 달랜다 (*oroo moriig uurgaar omogtoi hüniig argaar*)
- 잘 달아나는 말은 같은 무리를 찾는다 (*oroo mor' ijlee*)
- 지치지 않는 말은 좋은 말이며, 낙담하지 않는 사람은 좋은 사람이다 (*sain mor' etsgüi sain er gutahgüi*)
- 좋은 말은 매질이 필요없다 (*sain morind tashuur hereggüi*)
- 말(言) 한마디는 영리한 사람에게 충분하고, 하나의 매질은 좋은 말(馬)에게 충분하다 (*sain hün neg ügend sain mor' neg tashuurand*)
- 죽은 말에게 편자는 필요가 없다 (*ühsen morind tah hereggüi*)
- 두 다리를 가진 사람만 넘어지는 것이 아니라 네 다리를 가진 말도 넘어진다 (*hoer höltei hün baitugai dörbön höltei adguus hal'tardag*)

---

22) 한국의 민속에서 보통은 농경문화와 관련해서 농우(農牛)의 중요성을 강조하는 "소 잃고 외양간 고친다"라는 속담이 일반적이지만 전통적인 한국사회에서 말(馬)도 중요했기 때문에 "말 잃고 외양간 고친다"라는 속담(이기문:1980:194)도 엿보인다.
23) 아래에 기술된 몽골의 속담은 아킴(Akim, 1995)에서 얻을 수 있었다.

- 말은 먼길을 타 보아야 알고, 사람은 오래 사귀어 보아야 안다 (*hol ayan hööböl morin'i chanar'ig medne honog ödör udbal hünii chanar'ig medne*)
- 모든 사람의 성격은 다르고, 모든 말의 걸음 거리도 다르다 (*hün hünii zan öör mor' morin'i yabdal öör*)

이상에서 살펴본 바와 같이 말과 관련된 몽골의 속담은 꽤 많은 편이다. 이러한 속담의 주요 내용은 유목생활 속에서 보여지는 말의 습성, 성질, 방목하는 방법 등에 관한 것이다. 오랜 경험과 축적된 생활의 현장에서 얻어진 몽골인들의 삶의 지혜가 말과 관련된 속담에 반영되어 있는 것이다.

다음으로 살펴볼 것은 몽골의 수수께끼 속에 나타난 말(馬)의 민속이다. 말과 관련된 몽골의 수수께끼는 일반적인 말(馬), 말과 관련된 도구, 말의 신체부위 등 다양하게 묘사되고 있는 것이 재미있다. 유목문화가 가지는 특성상 말(馬)과 밀접한 생활여건 속에서 말과 관련해서 세세한 부분이 수수께끼의 소재가 될 수 있는 것이다. 이러한 수수께끼를 열거해 보면 다음과 같다[24].

- 그는 아주 자신감 있게 걷고, 만 명의 시종을 가지고 있는 것은? (말과 말의 꼬리)
- 작은 은색의 족집게와 검은색 다리미는? (말이 초원의 풀을 마구 먹는 것)
- 땅의 아들도 놀라고 하나의 나무가 흔들리는 것은? (말을 잡기 위해서 막대기에 가죽으로 올가미를 붙인 도구인 *uurga*)
- 한 아버지에게 네 아들이 있는데, 세 아들은 순교자들이고, 한 아들은 자유로운 것은? (절름거리는 말의 다리)
- 앉아 있는 부처, 그리고 달리는 [마소용의] 밧줄은? (말과 타는 사람)
- 많은 것이 들어가고 하나만 나오는 것은? (말의 꼬리가 강에 들어가지 전과 후)
- 오소이(Osoi)와 소소이(Sosoi)가 새벽까지 반죽하는 것은? (말의 아랫 턱)
- 북쪽 호수의 갈대는 아름답고 남쪽 호수의 나래새속(屬)은 아름다운 것은? (말의 갈기와 꼬리)
- 고기의 산에 나무로 된 길이 있고, 쇠로 된 사다리와 털로 된 밧줄이 있는 것은?

---

24) 아래의 수수께끼는 테일러(Taylor, 1954)에서 얻을 수 있었다.

(말, 안장, 등자쇠, 밧줄)

- 움푹 파인 곳 밑으로 고기가 있는 것은? (말 어깨뼈 사이의 융기, 즉 기갑(鬐甲))
- 인생에 있어서 세 가지 귀찮은 것은? (사냥을 할 때 너무 원기가 왕성한 말, 이웃에게 너무나도 변덕스러운 여자, 여행 할 때 심하게 잔소리하는 동행자)
- 인생에 있어서 세 가지 빠른 것은? (초원을 달리는 말, 염불을 낭송하는 라마(불교승), 하늘을 나르는 새)
- 세상에서 세 가지 안에 들어 있는 것은? (배로부터 떨어져 나가면 바다 안에 있다, 화살통과 활로부터 떨어져 나가면 적들 속에 있다, 좋은 말로부터 떨어져 나가면 초원 속에 있다)
- 인생에 있어서 세 가지 노발대발한 것은? (남편에게 투덜거리는 여자, 복부 밑의 안장을 내던지는 말, 건초에 떨어진 불똥)
- 말(馬)이 가지고 있는 세 가지 결점은? (뿔이 없다, 쓸개가 없다, [소와 같이] 새김질을 할 수 없다)

이상에서 볼 수 있는 바와 같이 말(馬)을 소재로 하는 몽골의 수수께끼도 제법 많은 편이다. 특히 몽골의 말(馬)이 가지는 세세한 행동거지까지 예리하게 묘사하여 은유적으로 표현하는 몽골인들의 세심한 관찰력을 느낄 수 있다. 예를 들어서 몽골의 말은 다른 가축에 비하여 초원의 풀을 마구 먹는 습성 때문에 다른 가축들과 함께 방목할 때 주의를 가져야 한다. 예를 들어서, 몽골의 말(馬)은 양과 염소 등의 다른 가축에 비하여 환경에 나쁜 영향을 주는 습성을 가지고 있는데, 이것은 말이 말굽을 가지고 목초지를 파괴하기 때문이다. 따라서 가축을 사육하는 몽골의 유목민들은 양과 염소로부터 말(馬)을 일정한 거리를 두고 분리 시켜서 방목한다(박환영, 2002e). 이러한 미세한 특징이 "작은 은색의 족집게와 검은색 다리미는? (말이 초원의 풀을 마구 먹는 것)"과 같은 수수께끼를 통하여 잘 드러나 보인다.

5. 설화 속의 말(馬)

몽골의 설화 속에도 말과 관련된 많은 이야기가 전해져 내려온다. 이 중에서
몇 가지를 골라서 그 속에 담겨있는 말과 관련된 몽골의 유목문화를 살펴보고자
한다. 먼저 언급할 설화는 "말의 기원"과 관련된 이야기로 어떻게 몽골에 오늘날
과 같은 많은 수(數)의 말이 생겼는지에 대한 이야기이다. 예를 들어보면:

> 먼 옛날 어떤 호숫가에 암말 한 마리를 가진 사람이 있었다. 어느날 이 암말이
> 새끼를 낳았는데, 새끼는 일어나지 못하고 그만 호수에 미끄러져 빠져 죽었다.
> 그래서 어미 말의 젖이 불어올라 통증이 심해지자 주인은 직접 젖을 짜 모았다.
> 그 집안은 산에 사는 명상가에게 종종 공양을 했다. 주인은 명상가를 찾아가 물었다.
> "저에게 단 한 마리의 암말이 있었는데 그만 새끼가 죽어 버렸습니다. 제가 어미의
> 젖을 짜서 모았는데 이상하리 만큼 맛이 좋습니다" "젖을 가지고 오시오! 그것은
> 아이락(마유주)이오. 그리고 아무나 힘있는 사람이 나서서 나무에 올무를 메고
> 있으시오". 사람들은 명상가가 말한 대로 올무를 매 놓고 준비하고 있는데, 먼지가
> 피어 올라 안개가 되는가 싶더니 하늘에서 수많은 말들이 내려왔다. 사람들은 능력
> 이 되는 대로 몇 마리씩 말을 붙잡았다. 이렇게 해서 사람들은 말을 갖게 되었다.
> 사람들은 처음에 말을 무서워했기 때문에 '아이닥'(무서워하다)이라 부르다가 나중
> 에 '아도'(馬)라고 부르게 되었다. 이렇게 해서 '아도', 즉 말이 생겨났다(체렌소드
> 놈:2001:100).

"말의 기원"이라는 제목의 이 설화를 살펴보면 처음에는 암말과 갓 태어난
새끼가 있었는데 새끼 말이 죽자 암말의 젖이 부어 오르게 되고, 급기야 한 몽골
인이 그 젖을 짜서 모으게 된다. 이렇게 해서 말의 젖을 발효시켜서 만드는 아이
락(마유주)이 생겨나게 되었다는 내용이 들어 있다. 또한 원래 몽골인은 말(馬)
을 두려워했는데 이것은 몽골어로 말(馬)을 나타내는 "아도(*aduu*)"가 몽골어로
두려워하다는 "아이닥(*aidag*)"에서 기원했을 가능성을 제시해 주고 있다.

두 번째로 소개할 말과 관련된 몽골의 설화는 "말이 사람의 탈것이 된 이유"를
보여주는 설화이다. 즉 이 설화는 야생 상태의 말이 어떻게 유목생활에서 필수

적인 인간의 발 노릇을 하게 되었는지를 간단하지만 나름대로 잘 묘사해 주고
있다. 예를 들어서:

　　말이 아직 사람의 손에 길들여지지 않았던 시절에, 말은 초원을 돌아다니며
스스로 풀을 뜯어먹고 살았다. 그러던 중 한번은 사슴떼가 말의 풀을 계속 뜯어
먹었다. 화가 난 말은 사슴을 뒤쫓았지만 놓치고 말았다. 사슴을 놓친 말은 더욱
화가 나서 어떻게 하면 사슴에게 복수를 할 수 있을지 사람에게 그 방법을 물었다.
그러자 사람이 대답했다. "만약 네가 재갈과 조자이(재갈에 다는 둥근 쇠고리)를
감당할 수 있다면 내가 너를 타고 가서 네 원수를 갚아 주겠다". 사슴에게 복수한
다면 어떤 것도 상관없다고 생각한 말은 앞 뒤 가리지 않고 사람이 시키는 대로
안장과 굴레를 메었다. 그리고 나서 사슴에게 복수하려고 했지만, 말은 곧 자신이
사람의 탈것이 되었다는 사실을 깨닫게 되었다. 그리고 사람은 말에게 약속한 대
로 사슴에게 복수하기 위하여 사슴을 사냥하게 되었다 (체렌소드놈:2001:101).

　　위의 설화는 말을 길들이기 시작한 것과 관련되는 이야기이다. 사슴에게 복수
하기 위하여 말은 인간이 원하는 대로 입에 재갈을 물고, 인간을 위하여 안장과
굴레를 메게 된다. 결국 사슴에 대한 말(馬)의 복수심 때문에 말이 사람의 탈것
이 되어서 사슴 사냥에서 인간을 돕게 되지만 영원히 인간을 위한 하나의 소유
물로 전락하고 말았다는 이야기이다.

　　말과 관련한 몽골의 세 번째 설화는 "마두금의 기원"이라는 제목의 설화이다.
마두금은 몽골의 대표적인 민속악기로 호르(*huur*) 혹은 모린호르(*morin huur*)라고
부르는데, 말의 머리를 한 일종의 바이올린이다. 몽골의 이 민속악기가 언제부터
어떻게 만들어졌는지를 설명해 주는 설화이다. 설화의 주요 내용은 다음과 같다.

　　아주 오래 전 몽골의 동쪽 끝에 후훠남질이라는 한 의인(義人)이 살고 있었다.
그는 노래를 잘 불렀으므로, 그 고장에서 큰 명성을 얻었다. 때가 되어 후훠남질은
군역에 징발되어 몽골 서쪽 끝으로 가게 되었다. 부대장은 후훠남질에게 노역과
훈련 대신에 삼년 가까이 노래만 부르게 했다. 군대 생활을 하는 동안 그는 한
아름다운 공주를 알게 되었다. 다시 때가 되어 후훠남질이 병역의 의무를 마치고,

고향으로 돌아가게 되었다. 사랑하는 공주는 그에게 기념으로 '조농 하르'라는 명마(名馬)를 선사했다. 후훠남질은 그 말을 타고 고향으로 돌아왔다. 후훠남질은 '조농 하르'를 타고 몽골 서변으로 날아가거 사랑하는 공주를 만나고, 아침이면 말을 몰아 동변으로 돌아오곤 했다. 그런데 후훠남질 집 가까이에 한 부잣집이 있었고, 거기에는 중상 모락꾼 여인이 있었다. 그 여인은 '조농 하르'가 보통 말이 아니라는 것을 일찍부터 알고, 후훠남질에게 해를 입히고자 호시탐탐 기회를 노렸다. 어느날 모략꾼 여인은 남 몰래 '조농 하르'를 매 두는 곳으로 갔다. '조농 하르'가 착한 주인이 온 줄 알고 땅을 차며 양쪽 겨드랑이에 마력의 날개를 힘차게 폈고, 모략꾼 여인은 소맷자락에 가위를 숨겨 가지고 돌아와서는 '조릉 하르'의 날개를 싹둑 잘라 버렸다. 말은 마력의 날개가 잘리자마자 곧 죽었다. 후훠남질은 '조농 하르'가 바닥에 쓰러져 죽어 있는 것을 보고 깊은 슬픔에 잠겼다. 어느날 후훠남질은 '조농 하르'의 머리 모양을 본떠 나무를 깍아 잘 다듬어진 말머리에 긴 손잡이를 붙이고, 그 끝에 접시(마두금의 아래쪽 사각형 나무 부분을 가리킴)를 만들어 달고, 명마의 가죽으로 접시를 감싸고, 튼튼한 꼬리털을 쭉 펴서 세로로 놓고, 나무의 기름을 발랐다. 그런 다음 소리를 내보면서 '조농 하르'라는 말이 우는 소리, 걷는 소리, 달리는 소리를 그 악기에 담았다. 이렇게 해서 처음으로 마두금이 생겨난 것이다(체렌소드놈:2001:212-214).[25]

위의 설화는 말(馬)에 대한 몽골인들의 애틋한 사랑을 느끼게 해 준다. 특히 말은 주인을 위하여 언제 어느 때나 주인이 원하는 장소에 데려다 주는 역할을 충실히 수행하기 때문에 몽골에서 가장 믿음직스러운 가축임에 틀림없다. 다시 말해서 다른 가축에 비하여 몽골의 말은 주인을 위하여 지친 몸을 이끌고 먼 길도 마다하지 않고 달려야 하는 자기 희생적인 면이 돋보이는 가축이다. 말의 머리 모양을 가지고 있으며, 말의 꼬리털을 늘어뜨려서 소리를 내는 마두금(*huur* 혹은 *morin huur*)의 빠르고 경쾌한 음이나 조용하고 구슬픈 음 속에는 몽골의 말이 걷고, 달리고, 우는 소리 등을 적나라하게 표현한다고 해도 과언이 아니다. 즉 몽골에서 말(馬)은 일상적인 생활 속에서 항상 몽골인들과 함께 하는 것이다.

---

25) 한편 알탄게를(Altangerel:1988:37~40)과 이정희(2000:89~92)의 자료에 보면 대부분의 내용은 일치하지만 말을 가위로 죽이는 내용이 조금 다르다. 즉 말을 죽이는 자가 모략꾼 여인이 아니라 후훠남질의 부인으로 나와 있다.

6. 나오기

　몽골의 유목문화에서 말(馬)의 민속에 대하여 대략적으로 살펴보았다. 일상적인 생활문화 속에서 몽골의 말(馬)은 몽골인들의 삶과 정서를 잘 반영해 주는 대표적인 가축이다. 예를 들어서 몽골의 주거공간인 텐트(*ger*) 안에서는 샤가이(*shagai*) 놀이를 하면서 말(馬)이 등장한다. 또한 텐트(*ger*) 밖에서는 한가로이 풀을 뜯고 있거나, 주인을 기다리며 머리를 끄덕이고 휴식을 취하고 있는 말(馬)의 모습이 인상적이고, 해가 질 무렵이면 몽골의 여인네들은 말의 젖을 짜기 위해 분주하고, 한편에서는 처덜(*chödör*) 혹은 모린 처덜(*morin'i chödör*)이라고 부르는 말(馬)이 멀리 가지 못하도록 두 다리를 묶어 두는 세계의 연결된 링[26)]에 묶여있는 말(馬)의 모습이 유목문화에 기초를 둔 몽골의 전형적인 모습일 것이다.
　더욱이 몽골의 여름축제인 나담(*naadam*)이 되면 초원은 말달리기에 참가하는 다양한 복장의 말(馬)과 유목민들로 인산인해(人山人海)를 이룬다. 이렇게 몽골의 말(馬)은 몽골인들의 다양한 유목생활과 여가생활에서 중요한 역할을 하고 있는 것이다. 민속놀이 외에도 몽골의 속담, 수수께끼, 설화 등에도 말(馬)과 관련된 풍부한 내용이 들어있다. 특히 속담과 수수께끼 속에는 말(馬)과 관련해서 오랜 유목생활에서 나오는 노련한 삶의 지혜와 자연관이 잘 반영되어 있다. 즉 유목에서 몽골의 말(馬)이 가지는 독특한 습성을 정확하게 파악하여 날카롭게 은유적으로 묘사한 "작은 은색의 족집게와 검은색 다리미는? (말이 초원의 풀을 마구 먹는 것)"과 같은 수수께끼는 몽골의 유목문화가 가질 수 있는 특징을 잘 반영해 주고 있다.
　덧붙여서 몽골의 대표적인 민속악기인 마두금(*huur* 혹은 *morin huur*)과 관련된 설화는 몽골인들이 얼마나 말(馬)을 아끼고 사랑하는지를 잘 나타내어 준다. 말이 몽골의 넓은 초원을 달리거나, 천천히 걷거나, 아니면 우는 소리까지도 마

---

26) 처덜(*chödör*) 혹은 모린 처덜(*morin'i chödör*)은 세개의 연결된 링으로 이루어져 있다. 즉 두 개의 링은 말(馬)의 앞다리에, 그리고 나머지 하나는 말(馬)의 뒷 다리 중에서 왼쪽 다리에 맨다.

두금으로 연주할 수 있는 것은 마치 유목생활의 중간 중간에 경험하는 기쁘고, 슬프거나 혹은 보람을 느끼거나 무미건조한 일에 몽골인들에게 하나의 위안을 줄 수 있는 가축으로서 말(馬)의 존재를 다시 한번 부각시켜 주는 것 같다.

▶ 몽골의 시골에서 말(馬)은 중요한 교통수단이다.

▶ 몽골의 시골에서 말과 오토바이는 중요한 교통수단이다.

질병에 관한 언어민속

1. 들어가기

몽골의 유목문화와 민속은 몽골인들의 일상적인 생활 속에서 쉽게 찾을 수 있다. 특히 몽골인들이 사용하는 언어 속에는 다양한 문화가 내재되어 있는 경우가 많다. 이와 같이 언어 속에 나타난 문화를 분석하는 입장은 "사피어-워프의 가설 (Sapir-Whorf Hypothesis)"로 많이 알려져 있으며, 또한 이 방법을 "언어결정론 (linguistic determinism)"이라고 부르기도 한다[27]. 일상적인 생활 속에서 사용되는 언어의 분석을 통한 문화 보기의 중요성은 이미 여러 학자들에 의하여 제기된 바 있다. 예를 들어서 보아스(Boas, 1940)와 이반스-프리차드 (Evans-Pritchard, 1940), 워프(Whorf, 1956), 히컬슨(Hickerson:1980) 등이 대표적이다.

현대 몽골의 일상적인 언어와 문화와의 관계를 "사피어-워프의 가설 (Sapir-Whorf Hypothesis)" 혹은 "언어결정론 (linguistic determinism)"의 입장에서 고찰하기 위하여 여러 가지 관점에서 살펴볼 수 있을 것이다. 필자는 이중에서 특히

---

27) 한상복(외) (1993), 이광규(1994), 아야베 쓰네오(엮음) (1999), 박환영 (2003) 등 참조.

몽골 유목민들의 진솔한 삶과 생활방식을 적나라하게 반영하고 있는 질병과 관련된 어휘를 중점적으로 분석하여 몽골의 유목문화와 민속을 좀더 구체적으로 파악해보고자 한다.

또한 현대 몽골의 질병과 관련된 어휘를 다루면서 이 글에서 초점을 두고 주로 다루어질 내용은 사람과 관련된 질병이다. 다시 말해서 흔히 풍토병이라고 일컬어지는 몽골의 질병에서부터 일반적인 생로병사의 자연적인 순환체계에서 발생하는 질병에 이르기까지 가능하면 다양한 질병과 관련된 현대 몽골의 어휘를 민속분류를 통한 민속학적인 방법으로 분석하고자 한다.

2. 질병과 관련된 어휘의 민속분류

몽골에서 질병을 일컬을 때는 보통 *övchin* 혹은 *emgeg*로 표현한다. 일반적이고, 좀 더 포괄적인 의미에서 *övchin*이 질병을 나타낸다면 *emgeg*는 장기적이고 만성적인 건강의 문제 즉 질병을 나타낸다고 할 수 있다. 질병과 관련해서 현대 몽골에서는 *övchin*이 좀 더 많이 사용되고 있는 것 같다.

전통적인 몽골사회에서 질병은 나이가 들면서 주위의 자연환경이나 감염에 의하여 생기는 경우도 있지만 주로 나쁜 기운이나 부정한 행위의 결과에 의하여 발생한다고 믿는 경우가 많았으며, 따라서 샤먼에 의하여 질병을 퇴치하기 위한 적절한 의식이 행하여지기도 하였다(Jagchid and Hyer:1979:97). 역사적인 문헌이나 민속학적인 구비자료를 기준으로 몽골의 유목생활에서 자주 언급되는 질병의 종류는 대략적으로 열 한가지 정도이다. 예를 들어서 작치드와 하이어(Jagchid and Hyer, 1979)는 몽골의 유목문화 속에 보여지는 대표적인 질병으로 뇌졸증의 발작 (발작성 질환 혹은 간질), 천연두, 장티푸스, 콜레라, 말라리아, 페스트, 매독, 가축(말, 당나귀 등)의 전염병인 비저(鼻疽), 결핵 (특히 폐결핵), 고열 혹은 열병, 괴혈병 등을 제시하고 있다.

　　몽골의 유목문화 속에서 자주 언급되는 이러한 질병이 역사적인 문헌이나 민속학적인 구비자료에 보여지는 몇 가지 예를 살펴보면 다음과 같다. 우선 『몽골비사』의 272장에 보면 어그데이 한(Ögedei Haan)이 1231년에 히타드(*Hyatad*) 즉 진(Chin; 금나라)나라를 정벌하기 위한 군사원정 중에 뇌졸중의 발작을 일으켜서 입과 혀가 굳어지는 병에 걸렸다는 기록이 나오기도 한다. 더욱이 『몽골비사』의 기록을 보면 어그데이 한(Ögedei Haan)이 군사원정 중에 걸렸던 이 질병을 치료하기 위하여 샤먼이 개입하게 되었고, 샤먼은 병의 원인을 히타드(*Hyatad*)의 산과 강의 신들이 노했기 때문이라고 단정지었다는 내용이 들어 있다. 즉 당시 몽골의 샤먼은 몽골 원정군에 의하여 히타드의 영토가 파괴되는 것에 화가난 산과 강의 신들이 어그데이 한(Ögedei Haan)에게 전염병을 옮겼다고 해석하였던 것이다[28]. 또한 어그데이 한의 아들인 구육(Kuyuk)도 한(Haan)으로 선출된지 2년만인 1248년에 통풍(痛風)에 걸려서 갑작스럽게 운명을 달리하였다는 기록이 남아있다[29].

　　몽골의 수수께끼와 같은 민속학적인 구비자료 속에도 간혹 질병이 묘사되기도 한다. 가령 예를 들어서 다음과 같은 몽골의 수수께끼가 있다. "다섯 형제가 눈으로 하얗게 덮혀있는 산을 오르는데, 아마도 그것은 눈(雪)일 것이고, 아마도 그것은 비(雨)일 것이다. 이것은 무엇인가?" 정답은 "다섯 손가락으로 괴혈병에 걸린 머리를 긁는 것"이다(Taylor:1954:345).

　　또한 전통적인 몽골의 의료 관련 책에는 질병을 체계적으로 분류하고 있다. 가령 현존하는 몽골의 가장 대표적인 전통의료 책은 저자가 분명하지 않은 1679년에 저술된 『해부학을 통한 내과학의 기본원리』(*deerees togrtooson dursiin tus buriig burtgesen bichig*)라는 책이다. 이 책은 모두 6권인데, 전체적인 구성을 살펴보면 전체적으로는 1권에서 4권까지는 인간의 신체를 기준으로 몸 아래의 부분에 대하여, 그리고 5권과 6권은 몸 위의 부분으로 나누어져 있다. 그런데 이 책의 구성 중 대부분 (3권~6권)은 질병에 관한 내용이며, 주로 신체 부위에

---

28) Gaadamba (1990:243~244).
29) Saunders (1971:99~100).

따라서 발생하는 질병의 종류를 구체적으로 나열하고 있다. 예를 들어서 주요한 질병을 소개하고 있는 3권에서 6권까지의 대략적인 내용은 아래와 같다[30].

- 3권 : 모두 24개 조항으로 이루어진 머리와 *khii*(바람)의 질병에 관한 요약
  두통; 현기증; 눈의 통증; 눈의 두 번째 층; 눈의 세 번째 층; 눈의 층과 관련된 질병; 귀; 귀와 관련된 질병; 귀와 관련된 질병 중에서 특이한 경우; 코의 병 ; 코와 관련된 질병 중에서 특이한 경우; 치아를 포함한 입과 관련된 질병; 입과 관련된 질병 중에서 특이한 경우; 혀의 병; 혀와 관련된 병인데 특이한 경우; 인두와 입천장의 병; 치통; 편도선염; 질병을 유발하는 khii(바람)의 원인; 간질; 마비 혹은 중풍; 발작; 특이한 발작; 정신이상 혹은 정신착란

- 4권 : 모두 5개 조항으로 간, 담낭, 심장 그리고 소장에 관한 질병 요약
  간의 질병; 특이한 간의 질병; 담낭의 질병; 심장병; 소장의 질병

- 5권 : 모두 25개 조항으로 비장, 위, 대장, 신장 그리고 방관에 관한 질병 요약
  비장의 질병; 위장병; 트림, 식욕부진, 구토; 피를 토함; 위통 혹은 위 쓰림, 소화불량; 음식으로 인한 질병; 음식으로 인하여 생기는 특이한 질병; 복(구, 비)강의 질병; 허파 혹은 폐의 질병; 천식; 부종(浮腫), 수종; 폐의 섬유증; 특이한 폐의 섬유증; 복통을 포함한 대장의 질병; 대장과 소장의 복합적인 질병; 대장과 소장의 특이한 질병; 치질; 신장의 질병; 특이한 신장의 질병; 허리통증, 야뇨증; 팔과 다리의 질병; 방광의 질병; 오줌 관련 질병; 생식기 질병; 자궁의 질병

- 6권 : 모두 3개 조항으로 고열, 열병에 관한 질병 요약
  고열; 고열 중에서 특이한 경우; 발열 혹은 열병과 같은 전염병

몽골의 전통의학에서 다루어지고 있는 주요한 질병의 이러한 분류방법은 질병의 원인, 상태, 발병하는 신체부위 등 의학적인 입장에서 좋은 자료가 될 것이다.

---

30) 좀더 자세한 내용은 (Bold and Ambaga:2002:39~42) 참조.

또한 이러한 분류방법은 현대 몽골의 질병과 관련된 어휘 속에 나타나는 몽골의 유목문화와 민속을 살펴보기 위하여 민속분류(folk classification)를 할 때에도 유용하게 사용될 수 있다. 따라서 필자는 이러한 의학적인 분류를 참고하여 일상적인 몽골의 생활문화와 연관해서 현대 몽골의 질병과 관련된 주요한 170여 개의 어휘[31]를 분류하고자 한다. 필자가 현대 몽골의 질병을 나름대로 분류한 내용은 아래와 같다.

(1) 역사적인 문헌이나 민속자료 속에 자주 등장하는 전통적인 몽골의 질병

(페스트 혹은 일명 흑사병); *tembüü* 혹은 *tembüü yar* (매독); *balnad* 혹은 *gedesnii balnad* (장티푸스); *tsagaan tsetseg* 혹은 *tsetseg* (천연두); *süriyee övchin* (결핵)[32]; *bulchin zadrah tahal* (콜레라); *unah övchin* (발작성 질환 혹은 간질); *chiig bam* (괴혈병); *haluun övchin* (고열 혹은 열에 의한 병); *humhaa* 혹은 *chichreg övchin* (말라리아); *yam* (가축의 전염병)

(2) 일상적인 생활 속의 질병

tüühii (습진); *chon'in hörvösh* (두드러기); *sharhiraa* (류마치스); *ömön* 혹은 *hort havdar* (암); *muhar olgoi* (맹장염); *tülegdsen gazar* (화상); *tülenhii nüdnii üül* (백내장); *salhind tsohiuulah* (코감기); *haniad* (감기); *arhag huuch* 혹은 *ujig övchin* (만성질환); *baas hatah* (변비증); *boom* 혹은 *yar* (궤양); *galzuu* (광견병 혹은 공수병); *dotor'in övchin* (내부적인 혹은 정신적인병); *tolgoi ergeh* (어지럼증); *ar'sn' övchin* (피부병); *zürhiin övchin* (심장병); *aag hüiten* (임질); *ar's öngönii övchin* (성병); *menger* (만성기관지염); *menen övchin* (수막염); *salhin tsetseg* (수두); *tahal* 혹은 *haldvart övchin* (전염병); *ulaan esergene* (풍진); *uushigni hatgalga* (폐염); *ügdreh* (합병증); *havan* (부종); *hamuu* (옴); *hojgor üld* (헌데); *höhüülj hanialgah* 혹은 *bügshüüldeg haniad* 혹은 *arhag haniad*, (백일해); *tsusan suulga* (이질); *tsusan üjil* (패혈증); *tsusan ügüidel* (빈혈증); *tsusan huraldalt* (혈종); *davsag ürevseh* (방

---

31) 현대 몽골의 질병과 관련된 어휘는 최호성(1995)의 자료와 필자가 2002년 8월 몽골의 터브(Töv) 아이막*(aimag)*과 어브러항가이(Övörhangai)아이막에서 행한 현지조사에서 수집한 자료 그리고 현대 몽골어 사전 (Tsevel, 1966; Chedendamba, 1986; Hangin, 1986; Bawden, 1997 등)의 자료에 바탕을 두고 있다.
32) 결핵 중에서도 폐결핵 (*uushign'i süriyee övchin*)이 중요하게 취급되었던 것 같다.

광염); *dalain övchin* (배멀미); *uushgin'i ürevsel* 혹은 *hatgalgaa* (폐렴); *ulaanuud* 혹은 *ulaan burhan* (홍역); *gedeshii övchin* (복통); *tolgoin övchin* (두통); *saa* 혹은 *saa övchin* (중풍)

(3) 질병의 징후, 관련된 신체 및 신체의 증상

övchin baidal (증상); *am'sgaa* (호흡); *am'sgaa davhtsah* (숨가쁨); *am'sgal* 혹은 *bie sulrah* (연약성); *bööljih* (구토), *donsolgoo* 혹은 *tsochirdol* 혹은 *tsohilt* (쇼크); *gedes övdeh* (배아픔); *dagjih* (오한); *dogoloh* (다리를 절룩거리다); *dotroos hordoh* (중독); *idee beer* (고름); *muurch unah* (졸도); *noir* (잠); *saa* (마비); *sar'in yom üzegdeh* (월경); *solioroh* (잠고대 혹은 헛소리); *sorvi* (긁힌자리); *suulgah* 혹은 *güilgee* (설사); *sudas* (맥박); *üü* (작은 혹); *havdar* (부어 오르는 것); *hanah* 혹은 *tsus hurah* (출혈); *övchin edgereh* (병이 낫다); *hanialgaa* (기침); *hatgalga* (매서운 통증); *haluurah* (열이 오르는 것); *hool ideh dur* (입맛); *shalbarhai* (피부 살이 벗겨진 것); *sharhtah* (부상을 입다); *emhgüi boloh* 혹은 *üimeh* 혹은 *bujignah* (어지러워지다); *tatganah* 혹은 *salganah* 혹은 *chichreh* (경련); *idee* 혹은 *beer* (고름); *ideeleh* 혹은 *beerleh* (곪다); *uhaan medee aidah* (실신하다); *tsaivar* 혹은 *zevhii* 혹은 *tsonhigor* (창백하다); *bööljih* (토하다); *tolgoi ergeh övchin* (현기증); *guniharsan* 혹은 *gansraltai* 혹은 *uitgartai* (우울하다); *ever* 혹은 *holgodos* 혹은 *holguu* (물집); *sharh* 혹은 *sev* (상처); *am'sgaa* (숨)

(4) 치료약 및 질병환자

bööljüüleh (구토약); *noir hürgeh em* (수면제); *nuntag em* (가루약); *tuulga* (설사약); *ürel* (알로 만든 약); *övchön* 혹은 *emchlüülegch* (환자); *bööriin övchin* (신장병 환자); *galzuu hün* 혹은 *medreliin övchin* (정신병자); *galzuural, soliorol* (미치광이); *eremdeg* 혹은 *zeremdeg* (병신); *gereer emchlüülegch* (외래환자); *saa dairsan hün* (중풍환자)

(5) 기타

ariutgah kamer (소독실); *baga emch* (준의); *ih emch* (전문의사); *ar's öngönii övchin* (성병전문의사); *noirsuulagch emch* (마취전문의사); *hüühdiin emch* (산부인과의사); *mes zasal* (외과); *dotr'in emch* (내과의사); *suvilagch* (간호사); *em nairuulagch* (약제사); *medeegüi bolgoh* (마취); *sergiilelt* (예방); *tarilga hiih* (접종); *tun* (일회 복용량); *töröh* (해산); *haldvar* (전염); *üheh* (죽다); *ühel* (죽음); *haluun üzeh shil* (체온계); *har tamhi* (아편); *höl* (격리); *hüür* (송장 혹은 시체); *tsutgah* (주입); *tser* (습기); *haldalthor* (감염); *horih* (독); *tuuzan horhoi* (회충); *haldah* (감염되다); *haniad hüreh* (감기 걸리다); *am' bie* 혹은 *am' nas* (생명 혹은 수명); *spirt* 혹은 *arhi* (알코올); *oyun* 혹은 *oyun uhaan* 혹은 *oyun sanaa* (정신); *ühmeer* 혹은 *ayoultai* 혹은 *amind hüreh* (치명적)

이상에서 살펴본 바와 같이 현대 몽골에서 질병과 관련된 어휘를 분류해 보면 역사적인 문헌이나 민속자료 속에 자주 등장하는 전통적인 몽골의 질병, 일상적인 생활 속의 질병, 질병의 징후와 관련된 신체 및 신체의 증상, 치료약과 질병환자, 기타 등 대략적으로 다섯 가지로 나누어짐을 알 수 있다.

질병과 관련된 어휘에서 가장 많이 보여지는 단어는 역시 *övchin*이다. 그 외에도 *tsusan suulga* (이질), *tsusan üjil* (패혈증), *tsusan ügüidel* (빈혈증), *tsusan huraldalt* (혈종) 등에서 보여지는 것과 같이 *tsus* (피)라는 용어, *ulaan burhan* (홍역)과 *tsagaan tsetseg* (천연두) 등에서 보여지는 것과 같이 *ulaan* (붉은색)과 *tsagaan* (흰색)과 같은 색깔을 나타내는 용어, 그리고 *salhin tsetseg* (수두)와 *tsagaan tsetseg* (천연두)에서와 같이 *tsetseg* (꽃)라는 용어가 제법 많이 사용되고 있음을 알 수 있다.

한편 역사적인 문헌이나 민속자료 속에 자주 등장하는 전통적인 몽골의 질병의 경우는 자치드와 하이어(Jagchid and Hyer:1979:99~100)가 이미 언급한 바 있듯이 전통적인 몽골 사회에서 유목민들의 생활과 밀접한 연관을 가지고 있다. 몇 가지 예를 들어보면 페스트(*tarvagan tahal* 혹은 *tahal*)의 경우는 "서혜선종(鼠蹊腺腫) 페스트"라고 해서 몽골의 유목생활 속에서 자주 접하게 되는 다람쥐과의 설치동물인 타르바가(*tarvaga*)에 의해서 전염되는 질병으로 유명하다. 또한 결핵(*sür'yee övchin*)은 아이락(*airag*)이라고 부르는 몽골의 대표적인 흰색음식과 연관성을 가지고 있다. 즉 몽골의 민간의료에서는 아이락(*airag*)을 자주 마시면 결핵의 예방에 효과가 있다고 믿는다.

또한 일상적인 생활 속의 질병과 질병의 징후, 관련된 신체 및 신체의 증상과 관련된 어휘를 살펴보면 *galzuu* (광견병 혹은 공수병), *tahal* 혹은 *haldvart övchin* (전염병), *havan* (부종), *hamuu* (옴), *hojgor üld* (헌데), *haldalthor* (감염), *horih* (독) 등과 같이 한 곳에 정착하지 못하고 자주 이동을 해야하며 주어진 자연환경 속에서 적응하면서 생활해야 하는 유목민들의 열악한 생활환경을 부분적이지만 잘 반영해 주고 있다. 더욱이 질병의 징후, 관련된 신체 및 신체의 증상과 관련된 다양한 어휘는 몽골의 민간의료에서 다루어지는 질병의 진단과 징후의 상태와 과정이 얼마나 중요한지를 잘 보여주고 있다. 예를 들어서 나르수와 스튜어트(Narsu and Stuart:1988:7)에 의하면 몽골의 민간의료에서는 질병을 진단하는 세 가지 주요한 원칙이 있는데 그것은 관찰, 질문 그리고 느낌인데 좀 더 구체적인 내용을 기술하면 다음과 같다. 첫 번째는 환자의 오줌, 대소변, 피, 침(타액) 등을 환자 자신과 더불어서 관찰하는 것이고, 두 번째는 환자의 일상적인 생활과 생활방식 등에 관하여 질문하는 것이고, 세 번째는 환자의 맥박, 다양한 신체 부위, 그리고 통증이 있는 부위의 느낌이다.

3. 질병과 관련된 어휘 속에 반영된 유목문화와 민속

질병과 관련된 몽골의 유목문화와 민속은 그것을 바라보는 관점에 따라서 다양한 입장에서 고찰할 수 있다. 이 글에서는 이러한 입장 중에서 일상적인 생활의 현장에서 질병을 어떻게 인식하는지를 고찰하기 위하여 질병과 관련된 민간의료, 설화와 속담을 중심으로 그 속에 투영되어 있는 몽골의 유목문화와 민속을 살펴보고자 한다.

첫째로 몽골의 민간의료에는 몽골에서 자생하는 약초(*emiin urgamal*)를 가지고 질병을 다스리는 경우가 많다[33]. 특히 외부로부터 떨어져서 오랜 시간동안

---

33) 전통적인 몽골의 민간의료는 크게 두 가지 종류로 나누어 질 수 있다. 특히 14세기 이전의

여러 지역을 이동해야 하는 유목민들에게 주변에서 흔히 볼 수 있는 약초를 가지고 질병을 효과적으로 치료하는 일은 유목생활을 성공적으로 영위하기 위하여 꼭 필요한 일이다[34]. 리가(Ligaa, 1996)가 저술한 몽골의 약용식물에 관한 책에 보면 몽골에서 찾을 수 있는 다양한 약용식물에 대한 내용이 들어있다. 이 중에서 *emiin bambai* (쥐오줌풀), *söd övs* (큰오이풀), *shüüdergene* (애기똥풀)[35] 등에 관한 구체적인 내용을 살펴보면 쥐오줌풀의 경우에는 열병, 정신적인 안정, 그리고 통증완화에 효능이 있다고 하며, 큰오이풀은 폐결핵, 출혈, 화상 등에 효험이 있다고 한다. 또한 애기똥풀은 장티푸스, 장염, 위통, 복통, 감기 등에 특히 효과가 있다고 한다.

둘째로 몽골의 설화 속에는 질병에 대한 기술이 많이 나온다. 보통은 구체적으로 질병의 이름을 언급하기보다는 신체의 특정한 부위나 질병으로 인하여 생기는 증상을 통하여 질병을 나타내는 경우가 많다. 체렌소드놈(Tserensodnom:1989)이 기술한 자료에서 질병과 관련된 내용을 몇 가지 들어보면 다음과 같다.

ohin ingej ah'igaa uchir züggüi aashlahad tüünd gomdov. tegtel ah n' ter doroo muurch unaad shees n' haagddag övchtei bolson baina. (Tserensodnom:1989:150)

Chingisiin ohin'ig usnaas bolson övchind tustai, ürgüi hün ürtei boldog gej bas böö nar süseglej baiv. (Tserensodnom:1989:152).

몽골 민간의료는 고비 지역을 중심으로 민간의료적인 허브와 광물의 주요한 성분을 사용하는 하나의 방법과 몽골 북쪽의 산림지대를 중심으로 피부를 베거나 마비시키는 또 다른 방법이 있다 (Humphrey, 1984; Khaidav and Tserenchimed, 1974). 이 글에서는 이중에서 첫 번째 방법에 초점을 두고 약용식물을 민간의료와 연관시켜서 살펴보고자 한다.

34) 내몽골 지역의 몽골인들은 초원에 자생하는 다양한 곤충을 민간의료에 사용하기도 한다. 나르수와 스튜어트 (Narsu and Stuart, 1988) 참조.

35) 박환영(2005d)은 동식물과 관련된 어휘를 민속학적으로 분류하면서 약초(*emiin urgamal*)에 *emiin bambai* (쥐오줌풀); *söd övs* (큰오이풀); *nohoin hoshuun* (야생 들장미); *altan tsegtsüühei* (하이페리쿰풀); *tavan salaa* (질경이); *shüüdergene* (애기똥풀); *baluun* (히솝풀) 등을 들고 있다.

위의 내용은 몽골 최초의 여자 샤먼(*hamgiin anhn'i udgan*)과 다얀 데러흐 (Dayan Deereh)라는 샤먼(*böö*)에 대한 내용의 두 설화이다. 첫 번째 설화의 주요한 내용은 한 소녀가 몽골 최초의 샤먼이 되는 내용으로 솔개로부터 특별한 힘을 부여받은 한 소녀가 자신을 꾸짖는 오빠에게 증오하는 마음이 생기자 오빠는 "오줌을 누는데 장애가 생기는 병"(*shees n' haagddag övchtei*)에 걸리게 되지만 소녀에 의해서 다시 완쾌된다는 이야기로 이루어져 있다. 한편 두 번째 설화는 혼인을 앞둔 칭기스칸의 한 딸(공주)을 데리고 도망가던 다얀 데러흐 (Dayan Deereh)가 칭기스칸에게 잡히게되자 용서를 빌게되며, 용서에 대한 보답으로 영원히몽골을 보호하겠다는 맹세를 하게 된다. 이러한 일이 있은 이후부터 칭기스칸의 딸은 "물에서 얻어지는 병에 효험이 있고"(*usnaas bolson övchind tustai*), "자식을 낳지 못하는 사람의 경우 자식을 가지게 해주는" (*ürgüi hün ürtei boldog*) 역할을 한다고 몽골의 샤먼들은 믿게 되었다고 한다. 이상과 같이 몽골의 설화 속에 등장하는 질병의 경우는 전통적인 몽골 사회에서 볼 수 있는 바와 같이 샤먼의 역할이 중요하게 인식되고 있음을 알 수 있다.

세 번째로 몽골의 속담 속에도 질병과 관련된 내용이 제법 있는 편이다. 한편 속담은 고도로 압축된 은유와 상징이 들어간 언어적인 표현이므로 그 속에 들어있는 질병과 관련된 어휘가 실질적으로는 문자 그대로의 질병을 나타내지 않고, 다른 의미를 나타낼 수도 있다. 특히 속담은 간략하면서도 명확한 메시지를 전달하기 위하여 한편으로는 두운이나 각운 그리고 압운을 사용하기도 하며, 다른 한편으로는 대구, 대조, 비교 등과 같은 다양한 방식을 사용하기도 한다. 그럼에도 불구하고 속담 속에 들어있는 질병과 관련된 어휘를 살펴보고자 하는 것은 그래도 다른 어휘를 대신하여 질병과 관련된 어휘가 사용된 속담을 중심으로 그 속에 반영된 질병의 사회적이고 문화적인 암시를 단편적이겠지만 한번 고찰하기 위해서 이다. 아킴(Akim, 1995), 다쉬돈도브(Dashdondov, 1988) 그리고 다쉬도르지와 렌친삼보(Dashdorj and Renchinsambuu, 1964)가 정리한 자료에서 얻을 수 있는 질병과 관련된 몽골의 속담을 몇 가지 들어보면 다음과 같다.

- *övchingüi bol jargal* (질병이 없는 사람은 행복하다)
- *övchin tusahdaa töö töögöör irdeg, övchin edgehdee tun tungaar gardag* (질병은 한 뼘으로 왔다가 한 스푼의 약으로 나간다)
- *hor'ig horoor* (독은 독으로 제거하라)
- *yadrahad yar* (어려울 때 궤양에 걸린다)
- *em gashuun ch övchind tustai, üg hatuu ch yavdald tustai* (병에 강한 약은 입에는 쓰지만 병을 치료한다)
- *erüüliin jargal edleh saihan* (좋은 건강은 부(富)보다 낫다)
- *yomand uchir, modond möchir* (극단적인 모든 것은 해롭다)
- *övchtei hün ööriin erhgüi öttei yamaa öödleh argagüi* (질병이 있는 사람은 무기력하고 유충이 있는 염소는 잘 자라지 못한다)
- *övchtei hün emch golohgüi ömsgöltei hün huvtsas golohgüi* (질병에 걸린 사람은 의사를 거절하지 못하고 옷감을 가진 사람은 옷을 거절하지 못한다)
- *övchin zovlond örtüülj öngö züsiig muutgadah öödgüi amttai us'ig öörüöösöö hol zailuuldag* (질병의 통증을 감지할 때는 안색이 악화되는 것으로 알 수 있는 법이며 몸에 좋지 않는 맛있는 물은 자신으로부터 가능하면 멀리 치워버리는 법이다)
- *övchin baga bolovch ühliin shaltgaan budag baga bolovch öngiin shaltgaan buyan baga bolovch tuslah'in shaltgaan gal baga bolovch tülehiin shaltgaan* (질병은 약해도 죽음의 원인이 되고 물감(염료)은 조금이라도 색깔의 원인이 되고 종교적인 축복은 작아도 도움의 원인이 되고 불(火)은 작아도 불을 붙이는 원인이 된다)

이상의 자료를 통하여 살펴보면 몽골의 속담 속에 나오는 질병은 일반적인 형태이고, 단지 좀 더 구체적인 질병으로 궤양(*yar*)이 언급되는 것이 특징이다. 궤양을 나타내는 *yar*의 경우 용어 본래의 의미는 옴, 딱지, 종기, 헌데 등 다양하다. 또한 *yar*는 신체 부위 어느 곳에서나 발생할 수 있기 때문에 발병할 수 있는 부위에 제한이 없는 편이다. 다시 말해서 매독 (*tembüü*)의 경우도 *tembüü yar* 라고 표현하는 용례에서 *yar*의 범위가 포괄적임을 알 수 있다. 한편 속담 특유의 교훈적인 메시지가 질병과 관련되어 있는 몽골의 속담 속에서도 보여진다. 질병

없이 건강하게 사는 것이 무엇보다도 중요하며, 또한 자주 이동을 하다보면 과욕을 부리고 성급한 자세를 가지기 쉽지만, 자연의 섭리에 순응하면서 극단적이지 않고 적절하게 중용을 지키려는 노력과 긍정적인 마음자세를 통하여 질병을 예방하려는 유목민의 지혜도 이러한 속담 속에 엿보인다.

한편 유목생활 속에서 흔히 접하게 되는 가축인 염소를 인간과 대비시켜서 질병을 묘사하고 있는 "*övchtei hün ööriin erhgüi öttei yamaa öödleh argagüi* (질병이 있는 사람은 무기력하고 유충이 있는 염소는 잘 자라지 못한다)"과 같은 속담은 몽골의 유목문화를 잘 반영해 준다. 또한 *övchin zovlond örtüülj öngö züsiig muutgadah öödgüi amttai us'ig öörüöösöö hol zailuuldag* (질병의 통증을 감지할 때는 안색이 악화되는 것으로 알 수 있는 법이며 몸에 좋지 않는 맛있는 물은 자신으로부터 가능하면 멀리 치워버리는 법이다)과 같은 속담은 질병의 징후를 부분적으로 나타내고 있다. 다시 말해서 몽골의 유목민들이 일상적인 생활 속에서 사용하는 일부 속담 속에는 이렇게 질병의 징후와 진행상태를 시사하는 내용이 내포되어 있는 셈이다.

4. 나오기

현대 몽골의 질병과 관련된 어휘를 민속학적으로 고찰하기 위하여 나름대로 민속분류를 하였다. 이 분류에 의하면 현대 몽골의 질병과 연관되어 있는 어휘는 크게 다섯 가지 주제로 나누어질 수 있는데, 예를 들어보면 역사적인 문헌이나 민속자료 속에 자주 등장하는 전통적인 몽골의 질병, 일상적인 생활 속의 질병, 질병의 징후를 비롯하여 관련된 신체 및 신체의 증상, 치료약과 질병환자 그리고 기타 등이다.

이러한 민속분류에 근거하여 질병과 관련된 어휘를 자세히 들여다보면 "질병"을 의미하는 *övchin*이 들어간 용어가 절대적으로 많은 편임을 알 수 있다. 또한 일부 질병은 *tsus* (피)를 통하여 질병의 징후나 진행상태를 나타내거나, *ulaan* (붉은색)과 *tsagaan* (흰색) 혹은 *tsetseg* (꽃) 같이 질병의 모양이나 상태를 상징적으로 나타내기도 한다. 더욱이 일부 질병은 질병을 옮기는 매개체를 강조하면서 경계심을 높이는 경우도 있다. 예를 들어서 페스트(*tahal*)의 경우 몽골의 유목민들에게는 익숙한 타르바가(*tarvaga*)에 의해서 감염되는 질병임을 강조하면서 유목민들은 *tarvagan tahal* (문자 그대로 타르바가의 페스트)라고 부르기도 한다. 아울러서 결핵(*sür'yee övchin*)은 아이락(*airag*)이라는 말젖으로 발효한 음료를 마시면 예방할 수 있다는 민간 속신(俗信)이 오늘날까지 몽골의 유목민들 사이에서는 믿어지고 있다. 이것은 거친 주변의 자연환경과 다양한 질병에 대항하여 현명하게 대처하고 결국에는 이러한 난관을 지혜롭게 이겨낸 오랜 시간동안 축적된 유목민 나름대로의 생활방식인 것이다.

마지막으로 현대 몽골의 질병에 관한 어휘와 관련하여 시도할 수 있는 다양한 민속학적인 접근방법 중에서 민간의료, 설화와 속담 등을 중심으로 그 속에서 보여지는 유목문화와 민속의 내용을 살펴보면 다음과 같다. 전통적인 몽골의 민간의료에는 주변에서 흔히 볼 수 있는 초원의 약초(*emiin urgamal*)를 가지고 질병을 예방하고 치료하는 방법이 널리 통용되었고, 이러한 방법으로 다양한 질병을 다스릴 수 있었다. 그 만큼 몽골의 유목민들은 약초와 질병에 관한 체계적인 지식을 가지고 있었던 셈이다. 한편 몽골의 설화와 속담 속에도 질병에 관한 묘사나 언급이 자주 나오는 편인데 특정한 질병보다는 일반적이거나 신체의 어느 특정한 부위에 관한 질병인 경우가 많다. 특히 몽골 속담의 경우는 질병이라는 가장 위협적이고도 예외가 없는 일상적인 삶의 장애를 등장시켜서 오히려 역설적으로 올바른 삶과 긍정적인 마음자세를 길러주는 교훈적인 기능을 담당하기도 한다.

몽골의 시골에서 흔히 볼 수 있는 오보(oboo)

몽골의 오보(oboo)

▶ 높은 언덕위에 있는 몽골의 오보(oboo)

제4장

몽골의 축제,
세시풍속 그리고 귀신문화

8

몽골의 축제와 유래담

1. 들어가기

몽골인들에게 축제는 일상적인 삶의 한 과정 속에서 몽골의 독특한 유목문화를 면면히 전승시키는 기능을 하고 있다. 몽골에는 축제의 종류도 많아서 유목생활의 과정 속에서 축제는 일상적인 삶의 한 부분이 되어왔다[1]. 언제부터 이러한 축제가 생겨났으며 또한 이러한 축제가 몽골인들의 삶 속에서 어떠한 역할을 해 왔는지에 대한 내용은 잘 알 수가 없는 경우가 많다. 그러나 몽골인들이 전승하고 있는 이야기 속에는 이러한 축제의 유래와 변모양상 등을 나타내는 내용이 들어있는 경우가 많다.

몽골인들이 간직하고 있는 이러한 이야기는 입에서 입으로 전해진 경우가 많기 때문에 정확하게 언제부터 이러한 이야기가 만들어졌는지 불분명하다. 그러나 몽골인들에게 공감대를 형성하면서 때로는 덧붙여지기도 하고 다른 한편으

---

1) 몽골의 대표적인 주거공간인 텐트(*ger*)의 재료가 되는 펠트를 만들기 위해서 양털을 엮어내는 축제인 에스기 나담(*esgii naadam*)과 불교사원에서 정기적으로 행하여지는 일종의 불교축제인 샤시니 나담(*shashinii naadam*)에서와 같이 축제는 몽골의 일상적인 생활 속에 자리잡고 있는 셈이다.

로는 축약되기도 하면서 지금까지 전승되어 온 것은 그 만큼 몽골인들의 삶 속에서 중요한 영역을 담당해왔기 때문에 가능한 것이다.

몽골의 축제 중에서 가장 대표적인 축제인 나담(*naadam*) 축제와 관련해서 몽골인들에 의하여 전승되는 이야기는 이러한 관점에서 재미있는 소재가 될 수 있다. 다시 말해서 오늘날 몽골의 나담 축제가 지금의 형태로 정착하기 까지 어떠한 변화가 있었는지 그리고 왜 특정한 규칙이 몽골의 나담에서 정해졌는지에 대한 의문에 관한 부분적인 대답을 이러한 이야기는 반영해주고 있는 셈이다. 따라서 이 글에서 필자는 몽골의 대표적인 나담 축제와 관련된 유래담을 분석하여 몽골의 나담 축제와 그것을 배경으로 하는 이야기와의 상관관계에 대하여 논의해 보고자 한다.

2. 나담 축제와 유래담

몽골의 대표적인 축제인 나담(*naadam*)은 원래 '놀이하고 경기한다(*naadah*)'는 말에서 유래하였다. 또한 이전에는 이러한 축제를 나담이라고 부르지 않고 종교적인 큰 의식에서 함께 벌어지던 운동경기를 가리키는 단시그(*danshig*)라는 이름으로 부르기도 하였다. 따라서 일곱 호쇼의 단시그 나담(*doloon hoshuu danshig naadam*)이라는 표현과 같이 단시그는 19세기 말까지 일곱 개의 호쇼(*hoshuu*), 즉 일곱 개의 최고 행정 단위인 부(部)가 함께 하는 '큰 잔치'를 의미한 반면에 각 호쇼에서 행해지던 '작은 잔치'로서의 축제는 호쇼니 나담(*hoshuunii naadam*)이라고 불렀다. 몽골의 수도인 울란바타르(Ulaanbaatar)에서 벌어지는 제일 큰 규모의 나담을 통상적으로 올신 바야르 나담(*ulsiin bayar naadam*)이라고 하고, 몽골의 시골에서 작은 규모로 별도로 열리는 나담을 허드니 나담(*hödöönii naadam*)이라고 부른다.

또한 나담이라는 말은 몽골의 대표적인 여름 축제로 흔히 사용되고 있다. 그러나 여름 축제 외에도 다른 종류의 여러 가지 축제를 나타낼 때에도 나담이라는 용어를 넣어서 부르기도 한다. 예를 들어서 영화의 축제(*kinonii naadam*)와 같이 일반적인 축제를 표현할 때도 나담이라는 용어를 사용하기도 한다[2].

필자는 2002년 8월 6일부터 8월 15일까지 그리고 2006년 6월 8일부터 6월 14일까지 몽골의 터브 아이막(Töv aimag)과 힌티(Hentii aimag) 아이막[3]에서 직접 현지조사을 하면서 나담 축제와 관련한 민속조사를 행하면서 나담에 관련된 유래담을 비롯해서 나담과 관련된 자료들을 수집할 수 있었다. 현지조사에서 수집한 자료 중에는 나담과 관련된 몇 가지 금기(禁忌)도 포함되어 있는데, 예를 들어서 '나담에 참가하는 선수는 술을 먹지 않는다', '나담에 참가한 선수는 말다툼과 싸움을 삼간다' 등이다. 이런 금기가 생기게 된 배경에는 나담 축제가 단지 함께 모여서 놀고 즐기는 놀이의 의미보다는 더 넓은 초원에 가축을 자유롭게 방목하고 계속해서 이동을 가능하게 해 주며 또한 가축을 살찌게 만들어서 풍족한 유제품을 제공해 주는 대자연의 혜택에 감사하는 제의적인 의미가 부분적으로 내재되어 있음을 암시해 주고 있다.

덧붙여서 나담 축제와 관련해서 몽골인들이 자주 사용하는 속담도 몇 가지 있다. 예를 들어서 '나담이 많이 진행되면 나이를 먹게 되고, 가을에 비가 많이 오면 홍수가 난다', '나담이 많으면 일하는데 방해가 되고, 가을이 길면 잠자는데 방해가 된다', '나담에 축제가 있는 것은 좋은 것이고, 살구멍(腺)이 두꺼운 것은 좋다'[4] 등이 나담 축제를 소재로 하는 몽골의 대표적인 속담이다.

몽골의 여름축제인 나담을 일컫는 용어야 어떻든 나담 축제의 핵심은 대초원에서 펼쳐지는 몽골인의 민속놀이와 경기인 셈이다. 흔히 몽골의 나담은 '남자들의 세 가지 놀이'(*eriin gurban naadam*)라고도 부르는데[5], 여기에는 말달리기

---

2) Bawden, C, *Mongolian−English Dictionary*, Kegan Paul, 1997, 226쪽.
3) 아이막은 앞서 기술한 호쇼의 현대어로 행정단위를 가르킨다.
4) Rinchensambuu, G., *mongol züir tsetsen üg*, tergüün debter, Ulaanbaatar, 2002, 333쪽.
5) 전통적으로 나담 축제 때 행하여지는 주요 경기인 말달리기(*mor' uraldah*), 활쏘기(*sur harbah*), 씨름(*böh barildah*) 등이 남자들만을 위한 경기인지는 불분명하다. 아마도 이러한 경기에 참여하는 쪽이 대부분 몽골의 남성들이기 때문이다. 그러나 엄격하게 말해서 몽골의 여성들도 씨름을 제외한 말달리기와 활쏘기에 참여하기도 한다. 나중에 살펴볼 나담 축제와 관련된 한 유래담

(*mor' uraldah*), 활쏘기(*sur harbah*), 씨름(*böh barildah*)이 속한다. 나담 축제의 대표적인 경기가 바로 이러한 말달리기, 활쏘기, 씨름 등이다. 최근에는 몽골의 대표적인 민속놀이인 샤가이 놀이인 샤가이 하르바흐(*shagai harbah*)도 포함되고 있다. 샤가이 놀이는 몽골의 대표적인 다섯 종류의 가축(*taban hoshuu mal*)의 하나인 양(羊)의 복사뼈를 가지고 손가락으로 튕겨서 노는 몽골의 전통적인 민속놀이이다. 한편 타븐호쇼니말(*taban hoshuu mal*)은 문자 그대로 하면 '다섯 가지의 주둥이를 가축'이라는 뜻으로 말, 소, 양, 염소, 낙타가 이에 포함된다.

먼저 나담 축제에서 빼놓을 수 없는 말달리기 경주를 살펴보면 수컷 말만 참가할 수 있다. 또한 말의 나이에 따라[6] 2살의 다아가(*daaga*), 3살의 슈드른(*shüdlen*), 4살의 햐자아란(*hyazaalan*), 5살의 쇼에론(*soyeolon*), 6살 이상의 익흐나스, 종마인 아잘가(*azarga*), 그리고 측대보(側對步)로 걷는 말인 조로 모리(*joroo mori*) 등 일곱 종류의 경기가 있다. 측대보로 걷는 말의 경기는 경마라기보다는 일종의 묘기를 과시하는 경기이기 때문에 나담에서 펼쳐지는 경마의 종류는 모두 여섯 가지인 셈이다. 이 중에서 제일 인기 있는 것은 6세 이상의 말인 익흐나스 (*ih nas*)와 종마인 아자르가 (*azarga*)의 경기이다.

말달리기를 할 때 부르는 몽골의 민요인 투므니 에흐(*tümnii eh*)에는 말달리기에 참가한 한 노인의 검은색 종마가 선두로 들어와서는 피를 토하고 죽었다는 몽골의 전설이 담겨져 있다[7]. 투므니 에흐는 많은 무리 중의 첫째, 혹은 우두머리라는 뜻이다. 지금도 나담의 말달리기 경주가 시작되면 어김없이 전통 민요인 투므니 에흐가 대초원에 울려 펴진다. 필자가 몽골 현지에서 50대 후반의 몽골인으로부터 전해들은 나담의 말달리기에 대한 설화가 있다. 내용은 다음과 같다.

에서는 오래전부터 말달리기에 여성이 참여했음을 암시해주는 내용이 들어있다.

6) 몽골의 가축은 나이에 따라서 부르는 용어가 세분화 되어 있다. 박환영, 『몽골의 유목문화와 민속 읽기』, 민속원, 2005a, 65−66쪽.

7) 이안나(편저), 『몽골인의 생활과 풍속』, 울란바토르, 2001, 59쪽.

한 젊은이가 호쇼니 나담(*hoshuunii naadam*)에서 우승을 하여 너무 기쁜 나머지 조금 오만해졌고, 하루는 한 노인의 집에 들어가서 "이 지방에는 잘 달리는 말이 없다"고 건방지게 말했다. 그 노인은 지역의 나담인 호쇼니 나담에서 우승한 것이 뭐 그리 대단해서 그렇게 거만하냐고 하면서 내년 중앙 나담인 단시그 (*danshig*)에서 보자고 말했다. 단시그가 다가오자 노인은 자기 집에서 기르던 낙타를 한 마리 팔아 검은색 망아지와 흰색 암말을 구입했다. 그 지방 사람들이 이상하게 보았지만 노인은 아무 말을 하지 않고 열심히 단시그를 준비하였다. 이윽고 단시그가 열리자 노인은 2살짜리 망아지를 참가시켰고, 작년에 만났던 그 젊은이도 함께 경기에 참가하였다. 결국 노인의 2살짜리 망아지가 우승을 하였고, 건방진 젊은이의 말은 2등을 하였다.

이처럼 나담 축제에서 벌어지는 말달리기와 관련된 이러한 이야기를 통하여 "남자는 (아무리 나이를 먹은 노인이라도) 무시하지 말고, 바닷물이 얼마나 되는지 계산하기 위해 물을 퍼내지는 말라"는 몽골의 격언이 생겼다고 한다. 한편 이와 유사한 설화인데 내용이 조금 다른 몽골의 이야기가 전해지기도 한다. 예를 들어서 이정희 (2000)에 보면 나담 축제의 말 경주에 참가하는 못생긴 검정 털보 망아지에 대한 다음과 같은 이야기가 몽골에서 전승되고 있음을 알 수 있다.

옛날에 우이젠 이라는 왕자가 다스리는 지역에 곰보라는 가난한 목축인이 살았다. 그에게는 부지런하고 영리한 외동딸이 있었다. 마을 사람들은 모두 그 영리하고 의지가 강한 외동딸을 칭찬했다. 인근 지역에서 부자인 발바르가 이 외동딸에 대한 소문을 듣고 자신의 며느리로 맞이하게 되었다. 어느날 발바르의 며느리는 강 건너편 상인이 가지고 있는 못생긴 검정 털보 망아지를 남편이 구입하기를 원했다. 시어머니의 반대로 그 망아지를 살 수가 없자 며느리는 친정어머니를 설득하여 그 망아지를 구입하게 했다. 얼마 후 친정 부모님이 딸의 집에 왔다가 돌아갈 쯤에 발바르의 며느리는 남편에게 나담 축제의 말 경주에 참여하기 위해서 그 망아지를 구입하게 했다. 시어머니의 반대에도 불구하고 이번에는 남편이 장모로부터 그 망아지를 비싸게 구입했다. 세월이 흘러 겨울이 가고, 봄이 지나서 여름이 왔다. 나담이 다가오자 마을 사람들은 경주할 말을 훈련시키기 시작했다. 시어머니와 시아버지의 무관심 속에서 못생긴 검정 털보 망아지에게 아무도 관심을 주지 않았다. 드디어 나담이 시작되자 발바르의 며느리는 이웃에서 온 처녀에게 반지를 선물로 주며 그 망아지를 타고 경주에 나가도록 부탁했다. 경기에서 못생긴 검정 털보 망아지가 우승을 하자 모든 사람들이 그 못생긴 검정 망아지에 대해서 이야기 했다. 그 망아지는 차츰 나담에서 가장 잘 달리는 벨벳 검정말이 되었다. 그 후 20년 동안 나담에서 일곱 번이나 우승을 하였다. 어느덧 세월이 지나 다시 나담이 돌아왔을 때 늙은 말의 경주에 나간 그 벨벳 검정말은 발바르의 털보숭이 말에 뒤지다가 갑자기 큰 소리로 울더니 경쟁하는 말의 꼬리를 물고는 땅바닥에 쓰러졌다. 발바르의 며느리가 울부짖으며 머리를 쓰다듬어 주자 말은 마지막으로 큰 소리로 울더니 눈을 감았다. 군중들의 소원에 따라서 그 검정말에게 상이 주어졌고 그 말은 처음 나담 축제의 말 경주에서 우승하였던 초원에 묻히게 되었다. 그 후로 사람들은 우이젠 왕자의 땅인 그 초원을 "털보숭이 검정말"이라고 불렀다.

나담 축제의 말 경주와 관련된 이러한 이야기는 대체로 슬픈 이야기가 대부분이다. 그리고 어려운 역경을 잘 극복하고 나중에는 우승을 하는 이야기로 주어진 환경에 굴복하지 않고 꾸준하게 노력하면 좋은 결실을 가져다 줄 것이라는 교훈을 남기고 있다. 말 경주는 예측하기 힘든 경기인 만큼 누가 우승을 할지 알 수 없는 상황에서 이러한 이야기는 말 경주에 대한 관심과 흥미를 더욱더 유발시키는 기능을 하는 것 같다. 또한 말 경주에서 말의 선택이 중요한데 겉으로는 형편없으며 보잘 것 없어 보이지만 실제로 내실이 있고 유용한 것이 더욱더 가치가 있음을 강조하고 있다.

　나담 축제에는 말 경주에 못지않게 활쏘기도 중요한 경기 종목으로 사람들의 관심 속에서 시합이 펼쳐진다. 이전에 비하여 활쏘기가 많은 몽골인들의 관심을 끌지 못하고 있지만 오늘날까지도 면면히 전승되고 있는 몽골의 유목문화가 잘 반영된 민속경기이다. 특이한 점은 활쏘기 대회에 참가하는 사람들은 남성이든 여성이든 상관이 없지만 몽골의 전통의상인 델(del)을 반드시 입어야 한다는 것이다. 한편 활쏘기 경기에서 표적까지의 거리는 남자부의 경우에는 75m이고, 여자부의 경우는 60m이다. 표적은 버드나무와 가죽으로 만든 원통형 30개를 길게 이층으로 쌓아서 만든다.

나담 축제에서 행하여지는 활쏘기와 관련한 직접적인 유래담은 없지만 "활을 잘 쏘는 사람"을 뜻하는 메르건(*mergen*)을 소재로 하는 이야기는 많은 편이다. 즉 나담 축제의 활쏘기에서 우승한 선수는 메르건(*mergen*)이라는 칭호를 가지기 때문에 메르건과 관련된 이야기를 살펴볼 필요가 있을 것 같다. 메르건과 관련해서 가장 흔한 몽골의 이야기는 한국의 "선녀와 나무꾼" 이야기와 유사한 형태가 많은데 대표적인 것으로는 호리 투메드 호리다이 메르건 (*hor' tümed horidai mergen*) 이야기이다[8]. 그러나 이러한 이야기 속에는 활쏘기에 대한 구체적인 내용은 들어있지 않다. 그런데 이와 유사한 이야기로 에르히 메르건 (*erhii mergen*)이라는 이야기가 있다. 에르히 메르건 이야기는 활을 쏘면 백발백중인 에르히 메르건이라는 사람이 어떻게 타르바가(*tarvaga*) 동물이 되었는지에 대한 이야기이다. 좀 더 구체적으로 이야기를 요약하면 다음과 같다[9].

옛날에 이 세상에 7개의 태양이 나타나 심한 가뭄이 들게 되었다. 동물과 식물 그리고 사람들이 더위에 시달리면서 큰 고통을 겪게 되자 활을 잘 쏘는 에르히 메르건에게 가서 하늘에 떠 있는 태양을 쏘아서 없애줄 것을 부탁했다. 엄지손가락이 힘이 세고 용감한 에르히 메르건은 자신이 활을 잘 쏘는 것에 자만하여 "일곱 개의 태양을 일곱 개의 화살로 하나씩 쏘아 맞추지 못하면 엄지손가락을 잘라 버리고 남자이기를 포기할 것이며, 물도 마시지 않고 건초도 먹지 않는 타르바가(*tarvaga*) 동물이 되어서 어두운 구멍 속에서 살겠다"고 맹세하였다. 그리고는 화살을 가지고 하나 씩 여섯 개의 태양을 쏘아 없애고, 마지막 일곱 번째 태양을 쏘기 위해 활시위를 당기는데 제비가 그 사이로 들어와서 방해를 하는 바람에 태양이 아닌 제비의 꼬리를 쏘아서 제비의 꼬리가 둘로 나누어지게 되었다. 에르히 메르건은 약속한 대로 엄지손가락을 잘라 버리고 타르바가(*tarvaga*)가 되어서 어두운 구멍 속에서

---

8) 배원룡, 『나무꾼과 선녀 설화 연구』, 집문당, 1993. 장장식, 「한몽 '나무꾼과 선녀 설화'의 비교 연구」, 『민속학연구』, 9호, 국립민속박물관, 2001. 장장식, 「한국과 몽골 설화의 비교연구」, 『비교민속학』, 비교민속학회, 2007. 박환영, 「몽골 유목문화 속의 성(性) 민속에 대한 연구」, 『강원민속학』19집, 강원도민속학회, 2005c.

9) 이안나(편저), 『몽골인의 생활과 풍속』, 울란바토르, 2001. 이정희(역), 『재미있는 몽골 민담』, 백산자료원, 2000.

살게 되었다. 타르바가의 발가락이 네 개인 것은 이러한 이유 때문이라고 한다. 에르히 메르건이 어떻게 타르바가(*tarvaga*) 동물이 되었는지를 설명해 주는 이 이야기는 피상적으로 보면 타르바가 동물의 발가락이 왜 네 개인가를 설명해 주는 동물기원 설화의 성격을 가지고 있다. 그러나 좀 더 심층적으로 들어가 보면 마치 몽골의 전통적인 유목문화 속에서 가축과 가족 그리고 친족 구성원들을 위협하는 야생동물이나 다른 외부의 위험에서 활쏘기는 아주 중요한 요소였음을 반영해 주고 있다. 이러한 유형의 설화는 말 경주에서 너무나도 지나친 자만은 금물이듯이 활쏘기에서도 겸손의 미덕을 암시해 주는 이야기이기도 하다. 또한 이 이야기 속에는 유목문화에서 한번 행한 약속은 반드시 지키는 것과 마찬가지로 경기의 결과에 깨끗하게 승복하는 진정한 유목민의 정신이 엿보이기도 한다.

몽골의 씨름은 나담 때는 물론이고 평상시에도 몽골인이 가장 즐겨하는 민속놀이 중의 하나이다. 말달리기와 활쏘기의 경우에는 여자들이 간혹 참가하는데 비하여 몽골의 씨름은 남자들만이 참가할 수 있다. 남자만 씨름대회에 참가할 수 있는 것은 경기에 참가할 때 입는 독특한 복장 때문이다. 나담의 씨름경기에 참가할 때는 몽골 남자들은 혼례와 같은 의례적인 행사에 주로 쓰는 잔진 말가이(*janjin malgai*)라는 장군 모자를 쓰고, 앞부분이 열려져 있는 조끼 형태의 조독(*zodog*), 짧은 팬티인 쇼닥(*shuudag*) 그리고 몽골의 전통 장화인 고탈(*gutal*) 등을 반드시 착용해야 한다[10]. 상체를 대부분 노출시키는 조독이라는 복장 때문에 여성이 씨름에 참여할 수 없게 된 것에 대해 몇 가지 이야기가 전해져 내려온다. 다음의 이야기도 그 중 하나이다.

나담에서 우승한 유명한 씨름 선수가 있었는데, 그의 여동생은 힘이 대단한 장사였다. 어느 해 오빠가 갈비뼈를 다쳐 씨름 경기에 출전할 수 없게 되자, 여동생이

---

10) 몽골의 씨름은 크게 서부형과 동부형으로 나눌 수 있다. 서부형의 씨름은 상의를 벗은 상태에서 머리를 아래로 향한 채 허리에 맨 띠를 잡고 경기를 시작하는 반면에 동부형 씨름은 잔진 말가이(*janjin malgai*)라는 모자, 조끼 형태의 조독(*zodog*), 짧은 팬티인 쇼닥(*shuudag*), 전통 장화인 고탈(*gutal*) 등을 착용하고 손과 발을 모두 이용해서 상대방을 넘어뜨리는 경기이다. 오늘날 몽골의 나담 축제에서 행하여지는 씨름은 거의 대부분이 동부형에 속한다. 박원길, 「몽골축제: 할흐 몽골의 씨름에 대하여」, 『중앙민속학』9호, 한국민속학연구소, 2001b, 55-56쪽.

남자인 오빠로 가장해 경기에 출전한다. 한 경험 많은 노인의 눈에 경기 중에 남자 선수와 달리 숨을 가쁘게 쉬고, 모양새도 이상한 한 선수가 눈에 띄었다. 노인은 그 선수가 남자 선수가 아니라고 생각하여, 불러서 조사해 보았더니 유명한 씨름 선수의 여동생이었다. 그 이후 선수들에게 가슴을 노출한 상의를 입게 했다고 한다.[11]

위의 이야기에서 보는 바와 같이 몽골의 씨름은 나담 축제에서 벌어지는 여러 경기 중에서도 가장 남성적인 것으로 여겨진다. 나담 축제뿐만 아니라 일상적인 생활 속에서도 몽골의 씨름이 남성들에 의해서 자주 행해지는 것은 몽골의 씨름이 드넓은 초원에서 유목생활을 하는 몽골의 남성들에게 강인한 체력과 끈끈한 정신력을 심어주는데 꼭 필요한 요소이기 때문이다[12]. 몽골의 씨름은 상대방의 어깨나 무릎이 땅에 닿아야 이기기 때문에 손이 땅에 닿아도 경기는 계속 진행된다. 몽골의 씨름은 경기 시간의 제한이 없기 때문에 다소 느긋한 분위기 속에서 씨름이 진행되지만 승패가 결정되는 순간은 박진감이 넘친다.

한편 몽골의 씨름이 전통적으로 남성들의 놀이로 간주되는 이유 중의 하나는 아마도 말달리기나 활쏘기와는 달리 서로가 직접 몸을 맞대어서 경기를 함으로 해서 상대방과 끊임없는 신체적인 접촉이 불가피하기 때문이다. 또한 몽골의 씨름은 승부가 날 때까지는 마치 한 치의 양보도 없이 거칠어서 힘이 많이 소모되는 놀이이기도 하다. 이러한 이유로 인하여 몽골의 씨름이 주로 남성들 사이에서만 행하여졌음을 보여주는 내용이 몽골의 민담 속에서도 발견된다. 예를 들어서:

"애야, 도대체 저 아이는 남자냐 여자냐?" "원, 어머니도 무슨 그런 말씀을 하십니까! 물론 남자지요". "그렇다면 저 아이에게 이 말에다 열다섯 마리의 노루고기를 한 번에 들어다 실으라고 해 봐라. 남자 같으면 그리 할 수 있겠지만 여자 같으면 그리 못할 것이니라". 청년은 어머니의 분부대로 자기의 친구를 시험해 보았다. 그 처녀는 거뜬히 해치웠다. 노모가 아들에게 시험해 본 결과가 어떠했느냐고 물었다.

---

11) 이안나(편저), 『몽골인의 생활과 풍속』, 울란바토르, 2001, 56쪽.
12) 몽골의 유목문화 속에서 남성은 가축의 거세와 도살을 전문적으로 다루게 되면서 가축과 힘을 겨루어 가축을 넘어뜨리는 일에 익숙해져 있으며 이러한 생업환경 속에서 씨름은 자연히 남성들의 놀이로 발전되어 왔다.

"어머니는 쓸데없는 걱정을 하셨던 거예요. 그 친구는 전혀 힘든 기색 없이 고기를 들어다 자기 말에 실었어요". "허 참, 놀라운 일이구나! 그럼 이번에는 씨름을 하자고 해 봐라". 그래서 청년은 자기의 친구와 씨름을 해보았다. 그러나 역시 힘이 비슷하였다. 저녁이 되어서 노모는 아들에게 물었다. "그래 씨름을 해봤느냐?" "그럼요. 하지만 이번에도 어머니 생각이 틀렸어요. 그 친구는 진짜 남자예요". 이정희:2000:116).

위의 민담은 좀 더 구체적으로 왜 나담 축제 때 행하여지는 씨름에서 참가자들은 잔진 말가이(*janjin malgai*)라는 모자와 앞부분이 열려져 있는 조끼 형태의 조독(*zodog*), 짧은 팬티인 쇼닥(*shuudag*) 그리고 몽골의 전통 장화인 고탈(*gutal*) 등을 반드시 착용해야 하는지를 잘 반영해 주고 있다. 즉 단지 힘겨루기의 한 형태로 씨름을 해서 남성과 여성을 구별할 수 있다면 열다섯 마리의 노루 고기를 한 번에 실을 수 있는 것과 차이가 없다. 물론 씨름은 앞에서도 언급한 바와 같이 서로 신체의 접촉을 통하여 벌어지는 격렬한 운동이기는 하지만 그것을 가지고 남성과 여성을 구분하기는 한계가 있는 셈이다. 따라서 여성의 가슴이 드러나 보일 수 있는 특별한 의상이 필요한 것이다.

그렇다면 나담 축제에서 행하여지는 민속놀이 중에서 유독 씨름에서 여성들이 배제되었던 이유는 무엇일까? 아마도 이것은 이상에서 살펴본 여러 가지 유래담 속에 나타나는 몽골사회의 젠더(gender) 구조를 통하여 부분적이지만 설명할 수 있을 것 같다.

가령 일반적으로 몽골의 유목문화 속에서 두드러진 것 중의 하나는 남성과 여성의 생활공간과 생업공간이 분명하게 구분되어 있다는 사실이다. 예를 들어서 몽골의 텐트(*ger*) 속에서 서쪽은 남성들의 공간이라면 동쪽은 여성들의 공간이 된다. 즉 텐트 속의 구조는 화로가 중심에 위치하고 있으며 문(門)은 남쪽으로 그리고 텐트 내부의 북쪽 공간은 상석(上席)으로 연장자나 스님이 집을 방문했을 때 앉을 수 있는 자리이며, 문(門)의 방향에서 좌우로 방향을 설정해 두는데 왼쪽인 서쪽은 남성들의 공간이며, 오른쪽인 동쪽은 여성들의 공간이다. 따라서 텐트 내부의 공간은 젠더(gender; 性)에 의하여 체계적으로 질서정연하게 구분되어 있으며, 따라서 생업과 관련한 도구들도 각각 젠더에 의하여 구분되어져서 놓여져 있는 것이다.

또한 앞에서도 몇 번이나 언급한 바와 같이 몽골인들은 "화장실에 간다"는 표현을 남성의 경우에는 "말(馬)을 돌보러 간다"라고 이야기 하는 반면에 여성은 "말 젖을 짜러간다"라고 이야기 하는 경우가 일반적이다. 유목생활을 영위하는 몽골의 남성과 여성은 모두 말(馬)을 포함해서 양, 소, 염소, 낙타 등과 같은 가축과 밀접하게 연계되어 있다. 그러나 가축을 상대로 하는 생업현장에서 남성과 여성의 역할분담이 조금씩 차이를 가지고 있는 것이 사실이다. 이것은 몽골의 유목사회에서 요구되는 바람직한 남성과 여성의 모습을 보여준다. 같은 맥락에서 몽골의 민속놀이도 남성과 여성의 영역이 있기 마련인데 가장 분명하게 드러나는 것이 바로 몽골의 씨름인 셈이다.

이상에서 살펴본 바와 같이 나담 축제와 관련된 몽골의 이야기는 제법 있는 편이다. 그것은 아마도 나담 축제가 몽골인들의 생활 속에서 가장 중요한 축제의 하나로 지속되어 왔기 때문이다. 그리고 나담 축제는 지역적인 행사를 지나서 국가적인 행사로 몽골인들이 모두 참여하는 대대적인 축제로 자리매김해 왔기 때문이기도 하다.

몽골의 시골에서는 나담을 준비하기 위하여 어린이들에서부터 어른에 이르기까지 열심히 말(馬)을 살찌우고, 마유주를 준비한다. 다시 말해서 나담 축제의 말 경주에 나갈 말(馬)을 선택하고 마유주를 준비하면서 몽골의 시골은 나담이 시작되기 한 달 전인 6월부터 분주해지기 시작한다. 또한 몽골의 시골 마을에서는 몽골의 수도인 울란바타르의 나담에 참가하는 대표를 선발하기 위하여 나담이 시작되기 몇 주 전부터 일종의 지역예선을 벌이기도 한다. 따라서 몽골의 나담과 관련된 유래담은 조그만 시골의 마을에서부터 시골의 중심지 그리고 도시에 이르기 까지 광범위하게 분포되어 있기도 하다. 즉 나담 축제를 준비하는 과정에서 혹은 나담 축제에 참가하면서 나담 축제와 관련된 전승되는 이야기가 자연스럽게 참석하는 사람들 사이에서 전해지기 때문이다. 때로는 이야기의 형식이 조금씩 변형되기도 하고 또한 때로는 이야기의 내용도 바뀌어 지기도 하지만 이야기의 핵심적인 내용은 대체로 그대로 전승되어 오면서 오늘날까지 전해져 올 수 있었던 것 같다. 아마도 이것은 이야기를 구술하는 입장에서 혹은 이야기를 듣는 입장에서도 몽골의 유목문화를 반영한 이야기가 대부분이기 때문에 그러한 정서에 맞게 이야기가 전달되는 것이다.

만약 나담 축제가 이러한 유래담이 없이 오늘날까지 전승되었다면 어떻게 되었을까? 아마도 나담 축제에서 행하여지는 몽골의 씨름에서 흔히 보여지는 조끼 형태의 조독(*zodog*), 짧은 팬티인 쇼닥(*shuudag*) 그리고 몽골의 전통 장화인 고탈(*gutal*) 등도 엄격하게 잘 지켜지지 못했을 가능성도 있으며 따라서 여자도 씨름 경기에 참여했을 것이다. 또한 활쏘기에서 전통적인 몽골의 복장을 하지 않고 현대에 맞는 복장을 한 채 경기를 진행할 수도 있었을 것이다. 그리고 말 달리기에 항상 등장하는 몽골의 전통적인 민요인 투므니 에흐(*tümnii eh*)도 나담 축제와 관련된 유래담이 있기 때문에 더욱더 생동감 있게 나담 축제의 한 부분이 될 수 있는 것이다. 한편 나담 축제와 관련된 일부 몽골의 설화는 직접적으로 나담 축제와 연결되어 있지는 않지만 몽골의 유목문화와 나담 축제에서 행하여지는 경기종목이 가지는 연계성을 암시해 주기도 한다. 즉 몽골의 나담 축제가 유목민들의 대표적인 축제요 그리고 여름축제라는 점은 유목생활에서 여름이 가장 풍족한 계절이며 이것은 농경문화권에서 추수와 수확의 계절인 가을에 행하여지는 축제와 견주어서 살펴볼 수 있다.

몽골의 나담 축제와 관련된 유래담은 나담 축제의 전승력을 높이는데 일조한 것은 분명하다. 축제는 제의적인 요소뿐만 아니라 노래, 춤, 놀이 등과 같은 총체적인 종합예술의 요소를 가지고 있기 때문에 축제의 구조도 복잡하며 따라서 대다수 민중들의 공감대를 형성하지 못하면 그 전승력이 약화되기 쉽다. 한편 축제에 비하여 축제와 관련된 유래담은 입에서 입으로 전승되기 때문에 이야기의 구조도 간단하며 이야기 속에 숨어있는 핵심적인 모티프(motif)도 대부분 가지고 있다. 따라서 구비전승 되는 이야기는 오랜 시간이 흘러도 이야기의 주된 내용은 그대로 전승될 수 있기 때문에 나담 축제와 관련된 유래담은 나담 축제를 이전의 전통을 그대로 유지한 채 더욱더 오랫동안 지속시켜줄 수 있는 동기를 부여해줄 수 있는 것이다.

▶ 서울 광진구 광장중학교에서 열린 2008년 몽골 나담 축제

▶ 서울 광진구 광장중학교에서 열린 2008년 몽골 나담 축제에 참가한 몽골의
씨름 선수

2008년 서울 광진구 광장중학교에서 열린 몽골의 나담 축제

2008년 서울 광진구 광장중학교에서 열린 나담 축제에서 씨름경기를 하고 있는
몽골인들

3. 설화 속의 내기놀이에서 축제 속의 민속놀이로

몽골의 민속문화 속에 보여지는 내기를 걸어서 어떠한 일을 결정할 때 하나의 방법으로 씨름을 하는 것은 한국의 설화 속에도 자주 등장한다. 특히 도깨비와 관련된 설화를 보면 도깨비가 씨름으로 내기를 거는 경우가 이야기의 소재로 자주 등장한다. 예를 들어서 한국의 민담에 나타나는 도깨비는 키가 크고 씨름을 하자면서 나타나는 경우가 많은데, 도깨비와 씨름해서 이기려면 왼다리를 감아서 넘어뜨려야 한다고 전해진다(김형주:2002:160). 또한 도깨비는 이렇게 왼다리가 약한 약점에도 불구하고 씨름을 하게 되면 힘은 장사인 경우가 대부분이며, 사람이 도깨비와 한참 씨름하다가 깨어보면 도리깨, 빗자루, 부지깽이로 변해 있기도 한다 (김열규, 2004). 한국의 민속문화 속에서 씨름은 이렇게 민중들의 이야기 속에서 꾸준하게 전승되고 있다.

몽골의 경우도 내기를 할 때 자주 등장하는 씨름에 대한 내용이 몽골의 구비서사시에도 잘 나타나고 있다. 예를 들어서 박종성(2004)이 분석한 몽골의 구비서사시인 『장가르』에 보면 주인공이며 영웅인 장가르가 내기를 하면서 씨름을 하는 장면이 잘 묘사되어 있다.

> 황금 구레그 칸의 나라는 한 해에 3000명의 젊은 여자와 3000명의 젊은 남자를 후데르 노란 망구스에게 제물로 바치는 풍습이 있어 그 해도 노란 망구스 칸의 사람들이 와서 구레그 칸을 협박하기를, 6000명의 남녀를 보내지 않으면 노란 망구스의 씨름 선수와 한판을 벌이게. 이기면 세를 안내고 지면 죽는 것이다. 이렇게 해서 남녀를 모집하던 중 장가르가 구레그 칸을 찾아가서 대신에 씨름 선수와 한 판을 벌이겠다고 하였다. 그는 씨름에서 이겨 구레그 칸의 총애를 얻어 은빛이라는 이름의 아들의 신하가 되었다 (박종성:2004:185).

몽골의 영웅서사시인 『장가르』에 보면 씨름은 남성들의 힘을 겨루는 상징으로 어떠한 문제를 해결하고 결정하는데 중요한 기능을 한 것을 알 수 있다. 한편 유원수(2003)의 몽골민담에도 몽골의 민속문화 중의 하나로 내기를 한다든지 어떠한 일을 판가름지을 때 씨름을 하는 내용이 들어 있다. 이러한 내용을 담고 있는 "북두칠성"이라는 몽골의 민담에 보면 의형제를 맺은 일곱 형제들이 까치 임금과 겨루기를 하면서 활쏘기, 씨름, 달리기를 하는 내용이 들어있다. 예를 들어서,

"아무튼 내일 그들과 시합을 해서 능력을 시험해 보고 나서 받아들이든지 말든지 하지!" 임금에게서 전령이 와서 소식을 전했다. "자 지금 임금님께서 납시었다. 너희들과 산을 쏘아 내기를 하시려 한다. 준비를 하고 있도록!" 둘째 형이 활을 쏘았더니 산 다섯 개를 관통하고 여섯 번째 산에서 화살이 멈추었다. 임금님이 첫 번째 내기에서 진 것이다. 대궐로 돌아온 임금과 왕자는 내일은 그자들과 씨름을 하자고 의논을 정했다. 그는 씨름을 시작하자마자 까치 임금의 씨름꾼을 한번에 눌러 땅바닥에 쓰러뜨려 버리고는 뒤돌아 나무를 뽑으며 달려 원래 있던 곳으로 돌아왔다. 임금이 "또 내기에 졌다"며 돌아갔다. 임금은 내일은 달리기 내기를 시키기로 정하고는 달리기 잘하는 '작은 흰 노파'라는 노파를 불러다 대령시켜 놓고 잠자리에 들었다. 임금이 잘 달리는 노파를 데려와 곧 두 사람을 달리게 했다. 두 사람이 함께 달리다가 노파가 먼저 숨이 차서 쓰러져 버렸다 (유원수:2003:20－22).

위의 몽골민담 속에서 내기를 하는데 등장하는 경기는 오늘날의 나담 축제에서 행하여지는 남성들의 세 경기와 유사해 보이지만 민담 속의 달리기는 말달리기가 아니라 사람들이 직접 참여하는 장거리 달리기라는 것에서 조금의 차이가 난다. 그리고 민담 속의 달리기에서 까치 임금은 잘 달리는 노파(老婆)를 출전시켰다고 기술하고 있어서 씨름에 비하여 여성들의 참여도 가능했음을 간접적으로 알 수 있다. 한편 몽골의 민담 중에는 일종의 보은설화이며, 여우를 살려준 가난한 젊은이를 여우가 돕는 내용을 담고 있는 "여우의 은혜 갚기"가 있는데 이 민담 속에도 젊은이와 사자가 사나이의 세 가지 놀이인 활쏘기, 씨름, 말달리기를 통하여 이긴 쪽이 진 쪽을 잡아먹자는 제안을 하는 내용이 들어있다. 예를

들어보면,

> 어느날 젊은이는 들쥐, 다람쥐를 잡으러 다니다가 사자와 맞닥뜨리고 말았다. 사자가 말했다. "너를 잡아 먹겠다." 젊은이는 깜짝 놀랐지만 태연한 척 이렇게 말했다. "자 둘이 사나이의 세 가지 놀이(씨름, 말달리기, 활쏘기)로 겨루어 이긴 쪽이 진 쪽을 잡아먹기로 하자!" (유원수:2003:61).

이상에서 살펴본 바와 같이 몽골의 유목문화 속에는 중대한 결정을 하기 위하여 힘과 용기 그리고 지혜를 겨루어서 이긴 쪽의 결정을 진 쪽이 따라야만 하는 풍속이 널리 행하여졌음을 알 수 있으며, 이러한 겨루기에서 오늘날 몽골의 대표적인 민속놀이가 중요한 역할을 담당했던 것이다. 즉 설화 속에서 남아 전해지는 내기 혹은 겨루기와 관련된 전통은 몽골의 유목문화를 지속시키는 필수적인 요소로서 유목민의 일상적인 생활 속에서 이야기의 소재가 되어 왔으며 오늘날 축제 속에서 민속놀이로 전승되어서 전해지고 있는 것이다.

4. 나오기

몽골의 나담 축제와 유래담을 연계해서 살펴보면 우선 나담 축제에서 행하여지는 주요한 경기 종목과 관련해서 성(性)의 문제가 등장하기도 한다[13]. 즉 몽골의 나담을 흔히 '남자들의 세 가지 놀이'(*eriin gurban naadam*)라고 부르기도 하는데 이러한 배경을 나담 축제와 관련된 유래담을 통하여 고찰해 볼 수 있다. 즉 나담 축제에서 보여지는 다양한 민속문화를 해석하는 하나의 방편으로 유래담이 중요하게 다루어질 수 있는 것이다. 몽골의 나담 축제에서 여성이 말타기

---

13) 박환영, 「몽골 유목문화 속의 성(性) 민속에 대한 연구」, 『강원민속학』19집, 강원도민속학회, 2005c.

와 활쏘기에는 참여할 수 있지만 씨름에는 참여할 수 없는 것이 몽골의 씨름에
서 보여지는 독특한 복장 때문이라는 이야기를 통하여 몽골의 민속문화 속에서
여성의 영역과 남성들의 영역이 정해져 있음을 알 수 있다. 즉 몽골의 전통적인
민속 중에서 남자는 텐트의 왼쪽(서쪽)에 여자는 오른쪽(동쪽)에 고유의 영역이
있듯이, 그리고 몽골의 남자들만이 짐승을 잡을 수 있으며, 여성들은 짐승을 도
살할 수 없는 금기를 가진다. 같은 맥락에서 본다면 씨름과 같은 경기도 다른
경기에 비하여 상대방과의 신체적인 접촉뿐만 아니라 상대적으로 위험하기 때
문에 여성들에게는 제한되었을 가능성이 크다.

나담 축제와 관련된 유래담이 씨름과 같은 일부 민속놀이 종목에서 여성의
영역을 제한하기도 하지만 좀 더 넓은 시각에서 보면 나담 축제를 통하여 기존
의 유래담을 중심으로 다양한 이야기가 만들어 지고 많은 유목민들에게 전승된
다. 따라서 이동을 하는 유목의 습성 때문에 이러한 이야기가 한 곳에서 지속적
으로 전승되지 못할 것 같지만 전체적인 유목의 이동 영역 내에서 전승될 수
있기 때문에 남녀노소 모든 연령층에 고루 전승될 수 있는 것이다.

특히 나담 축제는 몽골의 대표적인 축제이며 몽골에서 가장 풍족한 계절인
여름을 상징하는 축제의 성격을 가진다. 또한 유목생활은 주어진 자연환경을
이용해서 주기적으로 이동을 하게 되며 그 결과로 생겨나는 다양한 구성원들과
의 계속적인 만남과 헤어짐 속에서 하나의 네트워크를 형성하기도 한다. 따라서
몽골의 나담 축제는 유목민들 사이의 정체성을 고취시켜주며 대초원에 흩어져
있는 유목민들을 하나로 뭉치게 하여 유목 환경이 만들어 준 인적 네트워크를
더욱더 공고히 해 주는 기능을 한다.

이러한 관점에서 나담 축제와 관련된 유래담은 나담 축제를 통한 가시적인
네트워크를 네트워크가 설정되어 있지 않는 더 넓은 공간으로 확대시켜 준다.
다시 말해서 나담 축제와 관련된 유래담은 시간과 공간을 초월하여 전승되기
때문에 시기적으로 여름에 국한된 나담 축제가 가질 수 있는 일시적인 단절성을
극복하고 지속적으로 몽골인들의 가슴 속에서 항상 간직될 수 있도록 만들어
주는 핵심적인 매개체의 역할을 하는 것이다.

다양한 기교를 엿볼수 있는 몽골의 비엘게(bielgee)춤

몽골의 대표적인 민속악기인 모린호르를 연주하면서 후미(höömi) 노래를 부르는
몽골의 예술인

▶ 소똥을 줍는 유목민의 삶을 소재로 하는 몽골의 민속춤

▶ 몽골의 전통적인 곡예공연

몽골의 유목문화와 세시풍속

9

1. 들어가기

몽골은 가축의 방목을 중심으로 더 넓은 주변 환경을 지혜롭게 운영하는 대표적인 유목문화를 가지고 있는 세계에서 몇 안되는 지역 중의 하나이다[14]. 이러한 유목문화를 고찰하기 위하여 다양한 접근방법을 동원하여 많은 연구가 진행되어 왔다. 이러한 연구들은 주로 유목문화와 관련한 사회조직, 생업, 민간신앙(특히 무속신앙), 구비전승(특히 설화), 가축, 음식, 복식, 주거공간 등 다양한 영역에 걸쳐 있다고 볼 수 있다. 그럼에도 불구하고 유목문화를 이해하는 데 기초적인 자료를 제공해 줄 수 있는 시간의 구분과 그것에 따르는 다양한 의식과 의례인 세시풍속에 대한 연구는 상대적으로 빈약한 편이다. 이러한 연구 중에서 몇 가지를 살펴보면 다음과 같다.

몽골의 세시풍속에 대한 최근의 연구로 김이숙(1998)은 구체적으로 몽골의 세시풍속에 대하여 논의하고 있지만 주로 겨울의 세시풍속인 비툰(*bitüün*)과 봄의 세시풍속인 차간살(*tsagaan sar*) 축제와 여름의 세시풍속인 나담(*naadam*)축

---

14) Singer(1991:10) 참조.

제에 초점을 맞추어서 기본적인 소개를 하고 있다. 한편 박원길(1998b)은 유목문화 속에서 주기적이고 반복적으로 행하여지는 오보제를 체계적으로 다루고 있는데 넓은 의미에서 세시풍속의 영역에서 오보제를 중점적으로 분석하고 있다. 또한 박환영(2003)은 인류학에서 사용되는 시간을 다루면서 "생태론적인 시간"의 구분과 "구조적인 시간"의 구분으로 이분하여 몽골의 유목문화 속의 시간 민속을 고찰하고 있다[15].

이러한 연구 외에는 본격적으로 몽골의 세시풍속에 대한 민속학적인 접근은 많이 없는 것 같다. 몽골의 유목문화와 세시풍속과의 관계는 아주 밀접하다고 할 수 있다. 특히 몽골의 유목문화와 관련해서 세시풍속은 일상적인 생활의 공간에서 생겨나서 지속되고 유지되기 때문에 다양한 생활의 민속을 담고 있다. 따라서 몽골의 세시풍속을 제대로 이해하기 위해서는 유목문화에 대한 좀 더 체계적이고 총체론적인 접근이 필요하다. 다시 말해서 몽골문화 속의 세시풍속이 다른 문화권의 세시풍속과 구별되는 것은 몽골 특유의 유목문화 속에서 만들어지고 전승되기 때문이라서 세시풍속의 생성을 가능하게 하는 몽골의 유목문화에 대한 체계적인 이해를 통하여 세시풍속을 고찰해 보는 것이 좀 더 구체적으로 몽골의 세시풍속을 분석하는 작업인 것이다.

아마도 농경문화권에서 중요하게 인식되고 있는 세시풍속은 유목문화 속에서 잘 드러나 보이지 않을 수도 있다. 다시 말해서 한 곳에 정착을 하면서 노동집약적인 농경문화 집단에 비하여 여러 곳을 옮겨 다니는 유목문화 집단은 구성원들 사이의 강한 결속이 필요하지만 눈에 잘 보이지 않으며 주로 암묵적인 그리고 가변적인 네트워크에 의하여 이루어지는 편이다. 이러한 이유로 인하여 유목문화 속에는 공동체 구성원들이 지속하고 전승하고 있는 세시풍속이 잘 드러나 보이지 않을 수 있는 것이다. 그럼에도 불구하고 유목문화는 흩어져 있는 여러 집단이 서로 연계하여 하나의 네트워크로 묶여질 수 있는 가능성을 항상 가지고 있으며 좀 더 넓은 의미에서 보면 공동체 구성원들 끼리 서로 공감대를 형성할

---

15) 이상의 연구 외에도 부분적이지만 신현덕(1999), 장장식(2002), 이안나(2005)는 몽골의 세시풍속에 대한 내용을 구체적으로 기술하고 있다.

수 있는 시간의 구분과 그것을 기억하고 구별하기 위한 의식과 의례를 가지고 있다. 이 글에서는 이러한 초원에서의 시간구분과 그러한 시간의 연결 시점에서 이루어지는 다양한 의례와 의식인 세시풍속을 크게 세 가지 입장에서 다루어 보고자 한다.

첫째는 역사문헌자료에서 보여지는 세시풍속에 대한 고찰이다. 다양한 역사 문헌자료가 있지만 이 글에서는 대표적인 몽골의 역사문헌자료인『몽골비사』를 중심으로 분석해보면서 역사문헌자료 속에 몽골의 유목문화와 관련한 세세풍속을 고찰하고자 한다.

둘째는 문학작품과 민화 속에 나타나는 세시풍속에 대한 고찰이다. 몽골의 문학작품과 민화는 생활문화 전반에 걸쳐서 다양한 소재와 내용을 담고 있어서 몽골의 유목문화를 적나라하게 반영해 주고 있다. 이러한 문학작품과 민화 속에 묘사된 혹은 주요한 소재로 다루어진 세시풍속을 분석해봄으로써 몽골인들이 받아들이는 세시풍속에 대한 기본적인 요소와 내용을 살펴보고자 한다.

셋째는 구체적이고 실제적인 고찰로 일상적인 생활 속에서 다루어지는 세시 풍속을 살펴보고자 한다. 즉 세시풍속은 일상적인 생업의 현장과 밀접하게 연계 되어 있는 경우가 많다. 지역적인 차이와 시대적인 변이양상도 있지만 여전히 전승되고 있는 일상적인 생활문화 속의 세시풍속을 고찰해봄으로써 살아서 움 직이는 유목민들의 세시풍속을 고찰해 보고자 한다.

2. 역사문헌 자료 속의 세시풍속

몽골의 세시풍속은 역사문헌자료 속에서도 찾아볼 수 있는데 몽골의 대표적 인 역사문헌자료인『몽골비사』의 내용 중에도 세시풍속과 관련된 기술이 제법 보여진다. 역사문헌자료에 나타나는 세시풍속과 관련되어 있는 이러한 내용은 구체적인 내용이기 보다는 부분적인 내용이며 전체적인 세시풍속에 대한 내용이기 보다는 정치와 사회경제 그리고 외교 등 당시의 시대적인 상황을 설명하기 위한 부수적인 내용으로 볼 수 있다. 그럼에도 불구하고 몽골인들이 시간을 구분하고 자신들의 생업환경을 유목환경에 부합되는 시간의 분류 속으로 맞추어서 인식하고 있음을 시사하고 있기도 하다. 우선 『몽골비사』에서 직접적으로 혹은 간접적으로 세시풍속과 연관되어 있는 내용을 기술하고, 다음으로 이러한 내용을 분석하여 역사문헌자료 속의 세시풍속을 고찰하고자 한다[16].

19절

어느 봄날, 겨울에 잡아 저장해 두었던 양을 삶고, 벨구누테이, 부구누테이, 보고 카타기, 보카토 살지, 보돈차르 바보 이 다섯 아들을 나란히 앉게 하고는 화살 한 대씩을 꺾어 보라고 주었다.

(havr'in negen ödör honin'i hatsan mah chanaj Belgünütei, Bügüntei, Buha hatagi, Buhatu salji, Bodonchar munhag tavan hövüündee idüüleed tedniig zeregtsüülen suulgaj, hün bürd nejeed mösiig hugal gej ögvöl amarhan hugachij orhiv).

27절

봄이 되었다. 오리들이 올 시기에 매를 굶겨 날렸다.

(havar bolj, nugas ireh tsagt hartsagaa soij taviad galuu, nugas oln'ig arj, idej ül barah shuvuu ölgösön n' yalzrahad hürchee)

28절

보돈차르는 그 사람들 쪽으로 매를 날려 놓고 가서 낮에는 말젖술을 걸러 마시고, 밤에는 제 풀막에 와서 지내는 것이었다.

(Bodonchar, hartsagaa tavin ödör bür ter irgend ochij tsegee guij uugaad, shönö övsön embüül gertee irj honoh bülgee).

---

16) 『몽골비사』의 몽골어 원본은 Gaadamba(1990)을 참조하였고, 한국어 번역본은 유원수(1994와 2004)를 참조하였다.

그 해 봄 암바가이 카한의 카톤들이 우르베이와 소카타이가 주관하여 조상들의 묘역으로 제사를 지내러 갔다. 후엘룬 우진은 늦게 도착하였다 해서 아무것도 주지 않았다.

(ter havar Ambagai haan'i hatan Orbai Sohatai hoër ihsiin gazar tailg'in idee örgöhöd Öelün üjin hojdoj ochson tul tailg'in ideenii huvaarias hotsrogdov).

81절

여름의 첫 달 열엿새, 붉은 만월의 날 타이치오드가 오난 강의 기슭에서 잔치를 하다가 해가 떨어지자 흩어졌다.

(zun'i tergüün sar'in arvan zurgaan'i ulaan tergel ödör taichuud Onon'i ereg deer hurimlaj, nar shingehed tarav)[17].

85절

...집의 표시는 밤새 젖을 부어 가며 말젖술을 젓는 소리였다. 그 말젖술 젓는 막대기 소리를 따라 찾아가서 그의 집에 이르니...

(...shönö tursh üür tsaital süü samarch eseg airagee büleh bülgee. ter temdgiig barimtalj, bülüüriin chimeeg chiglej ochood gert n' orvol...)[18].

118절

테무진과 자무하가 서로 우애하기를 1년하고도 이듬해가 반쯤 지났을 어느 하루, 그 살던 목영지에서 이동을 하기로 되어서 여름의 첫 달 열엿새, 붉은 만월의 날에 이동을 했다.

(Temüjin Jamuha hoër yanag nairtai baij, negen jil hagas hamt suuj, negen ödör ter nutgaas nüüe geltsej, zun'i tergüün sar'in arvan zurgaan'i ulaan tergel(dügreg sartai) ödör nüüv).

---

17) 음력 4월 16일 낮으로 추정됨. 또 다른 "여름의 첫 달 열엿새, 붉은 만월의 날"은 『몽골비사』의 118절과 193절에도 등장한다.

18) 말젖술을 젓는 소리는 주로 몽골의 여름을 상징할 정도로 몽골의 유목문화 속에서 시간의 구분을 간접적으로 반영해 준다고 볼 수 있다.

그렇게 정나미가 떨어진 것을 자무하가 눈치채고 돼지해(1203년)의 봄에 자무하, 알탄, 코차르, 그리고 카르다킨, 에부게진, 노야킨의 수게에테이, 토오릴, 카치온 베키가 한 생각들이 되어, 제제에르 고지 북쪽 베르케 사막에 있던 닐카 셍굼에게로 이동해 갔고…

(tegj durgui bololtsson'ig Jamuha medej, gahai jiliin(1203) havar Jamuha, Altan, Huchar, Har hyatad'in övögjin noëhon, Sübeedei, Tooril, Hachiun behi nar eelden niileldej nüügeed Jejeer öndriin hyar'in Berhe Eleted ochij Nyalha—Sengümtei uulzaad…).

'봄이 되었다. 우리의 가축이 여위었다. 각자 가축을 돌보자'고 이유를 대어 보내자!고 하였다. 그래서 보카타이와 키라타이만 약혼 잔치를 먹으라고 해서 보내고 칭기스칸은 뭉릭 아버지의 집에서 돌아왔다.

(odoo havar bolov. bidnii aduu turanhai baina. aduugaa targalmagts och'ë gej shaltaglaj, ene hergiig hoish tavibal yamar? gesend Chingis haan, tüünii ügiig avch ööröö ochsongüi, Buhatai, Hiratai hoër'ig Bagalzuur id gej yavuulaad Chingis haan, Menlig etsgiin gerees butsav).

그 겨울 당신을 나의 진영 내로 들어오게 하여 모셨지요. 겨울을 나고, 여름을 나고, 그 가을 메르키드 사람들의 톡토아 베키에게 출정하여…

(ter övöl övöljij zun öngörööd namar n' mergidiin Togtoa behiig baildahaar mordoj…).

케레이드 백성을 그와 같이 폐망 시키고 그해 겨울을 아브지가 쿠테게르에서 났다.
(Hereid irgeniig sönööj ter övör, Abjia hüdger gedeg gazar övöljiv).

쥐해 여름의 첫 달 열엿새, 붉은 만월의 날(1204년 음력 4월 16일) 군기에 술 뿌려 제사 지내고 출정하는네…

(hulgana jil(1204)iin zun'i tergüün sar'in arvan zurgaan'i ulaan tergel ödör tugaa tahij…).

그 쥐해 가을, 카라 달의 발원에서 메르키드의 독토아 베키와 칭기스칸이 싸워 톡토아를 쫓아내고 사아리 초원에 있는 그의 백성과 나라를 약탈했다.

(mön hulgana jiliin namar Har tal'in üzüür gedeg gazar mergidiin Togtoa behitei Chingis haan baildaj, Togtoag diileed hööj Saar' heer gedeg gazar mergidiin aimag oln'ig daguulan avav).

칭기스칸이 추격하여 알타이의 남쪽에서 겨울을 나고 소해(1205년) 봄에 아라리 고개로 넘어갔는데…

(Chingis haan nehej, Altain övöljij, üher jil(1205)iin havar Arain davaagaar davj odvol…).

거기서 칭기스칸은 발라를 데리고 알탄 개울의 산등성이에 있는 술탄의 여름 궁전에서 여름을 나며 툴로이에게 사자를 보냈는데…

(tend Chingis haan, Bala noën'ig hüleej, Altan gorhin'i nuruund Sultan haan'i zusland zusaj, Toluid elch ilgeej helüülsen n'…).

칭기스칸이 거기서 돌아오다가 도중에 에르디시에서 여름을 나고 원정 7년째 되는 해인 닭의 해(1225년) 가을에 토올라의 강의 카라 툰(검은 숲)에 있는 행궁에서 묵었다.

(tendees Chingis haan, butsah zamdaa Irchis mörönd zusaj, doloodugaar on tahia jil(1225)iin namar Tuul gol'in Har shuguid ih ordoo zasaj buuv).

265절

... 개해(1226년)의 가을에는 칭기스칸이 탕오드(탕구트) 사람들에게 출정했다. 카툰들 가운데 예수이 카돈을 데리고 갔다. 가는 도중에 겨울이 되었고, 아르보카에 이르러 그곳의 수많은 들말을 사냥하게 되었다.

(...nohoi jil(1226)iin namar Chingis haan, tangud irgentei baildahaar mordov. hatdaas Esüi hatn'ig avch yavav. zam'in zuur övöl, Arbuhad olon hulan avlahad Chingis haan, zost bor moriig unaj yavav).

266절

칭기스칸이 차소토 산 위에서 여름을 나고, 아샤 감보와 산에 올라 저항하던 모직 장막을 가진, 낙타 짐을 가진 탕오드들을 군대를 보내 의도한 바 대로 전멸할 때까지 약탈했다.

(Chingis haan, Tsast uuland zusaj, tsergee yavuulj, Asha hambvig dagaj uuland dutaan bügsen terem gerten, temeen achaatan tangud'ig huraan ezelj avav).

이상의 내용은 시간의 구분에 관한 몽골의 유목문화적인 전통을 잘 보여준다. 예를 들어서, 『몽골비사』의 기록을 보면 어떠한 역사적인 시간을 기술할 때는 12띠 동물의 상징을 통하여 해(年)를 나타내고 있으며, 좀 더 구체적인 시간은 봄, 여름, 가을, 겨울이라는 시간의 구분을 하고 있다. 또한 여기에서 좀 더 세부적인 시간은 어떠한 특정한 계절의 몇째 달(月)인가로 표시하고 있으며, 여기에 만월(滿月)과 같은 달(月)의 변화를 통한 구체적인 날(日)을 보여주고 있다. 즉 역사적인 사건을 기술하면서 전통적인 몽골의 시간구분도 여기에 반영되어 있는 셈이다.

　몽골의 유목문화 속에서 오랜 시간 동안 전승되어 온 이러한 시간의 구분은 오늘날에도 몽골의 유목민들이 사용하고 있을 정도로 중요한 생활문화이며 삶의 지혜인 것이다. 특히 "여름의 첫 달 열엿새, 붉은 만월의 날"은 『몽골비사』의 81절, 118절, 193절 등 모두 세 곳에 기술되어 있다. 이 날은 음력으로 4월 16일을 나타내는데 이것을 풀어서 설명해 보면 다음과 같다. 즉 몽골의 유목문화를 보면 한 해 12달을 4계절로 나누고 각 계절을 다시 시작, 중간, 끝으로 나누는 시간구분의 전통이 몽골의 유목문화 속에서 보여지는데[19], 여름의 첫 달은 음력으로 4월이고, 열엿새 붉은 만월의 날은 16일인 것이다.

한편 여름이 시작하는 날은 한 해가 시작하는 설날과 마찬가지로 유목문화에서 중요한 시간이다. 마치 농경문화권에서 농사를 시작하는 때가 중요하듯이 몽골과 같이 가축을 중심으로 생업을 영위하는 유목문화권에서는 여름의 시작이 중요한 것이다. 즉 여름은 가축이 나머지 기간을 견디어낼 수 있을 정도의 충분한 영양을 섭취하는 계절이며 유목민들 또한 가을, 겨울, 봄까지의 유제품을 준비해야 하기 때문에 유목민들에게 가장 바쁘고 중요한 시간인 셈이다. 따라서 여름의 첫째 달과 풍성함을 상징하는 보름달이 되면 한 해의 번영과 가족과 가축의 건강 그리고 좋은 기후변화로 인하여 질 좋고 많은 양의 유제품이 생산되길 기원했던 것이다. 이러한 중요성으로 인하여 일부 학자들은 『몽골비사』에 자주 기술되고 있는 음력 4월 16일을 당시 몽골의 실질적인 설날일 가능성을 제기하기도 한다[20].

한 해가 시작되는 봄은 4계절 중에서도 『몽골비사』에서 가장 많이 보여지는 계절적인 기술로 볼 수 있다. 즉 유목문화 속에서 봄은 여전히 겨울의 연장으로 변덕스러운 기후변화로 유목민들에게 어려운 계절이다. 그러나 한 해가 시작되는 시점에서 한 해의 무사안일(無事安逸)을 위하여 자연의 신이나 조상신에게 제의를 올리는 때이기도 하다. 특히 『몽골비사』의 19절과 70절은 봄에 행하여지는 세시적인 의례로 각각 가족과 친족집단의 잔치와 제의를 잘 묘사해주고 있다.

3. 문학작품과 민화 속에 반영된 세시풍속

여러 장르의 문학작품과 민화 속에도 몽골의 세시풍속에 대한 내용이 많이

---

19) 박환영(2005a:67−69) 참조.
20) 박원길(1998b:133) 참조.

들어있다. 역사문헌자료 속에 보여지는 세시풍속이 역사적인 사건의 기술을 위한 부수적인 내용이었다면 문학작품과 민화 속에 보여지는 세시풍속은 중심적인 소재로 기능을 담당하고 있다. 즉 몽골의 전통적인 세시풍속이 주제와 소재가 되어서 다양한 문화예술의 영역 속에 투영되어 있다고 볼 수 있다.

먼저 문학작품 속의 세시풍속을 살펴보기 위하여 세시풍속을 소재로 다루고 있는 몽골의 대표적인 문학가인 나착도지(Natsagdorj)[21]와 초오돌(Tsoodol)[22]의 시(詩)를 부분적으로 분석해 보고자 한다. 유목문화 속의 세시풍속과 관련해서 나착도지(Natsagdorj)의 "나의 모국"이라는 시(詩) 중에서 일부를 인용해 보면 다음과 같다.

겨울에는 모든 것이 눈과 얼음으로 덮여있는 대지
여름에는 유리와 수정(水晶) 크리스털과 같이 반짝이며
모든 것이 온갖 종류의 꽃으로 수놓아져 있는 대지
그리고 남쪽의 먼 곳으로부터 온 노래하는 수많은 새
이것이 나의 모국, 사랑스런 나라, 나의 몽골

위에서 인용한 나착도지의 시(詩)는 몽골의 유목민이 가지고 있는 주기적이고 반복적인 주위의 자연환경 속에서 겨울과 여름의 이분법적인 시간의 구분을 반영해 준다. 즉 몽골의 유목문화 속에서 시간의 구분은 우선 온 세상이 하얗게 얼어붙어 있으며 강한 겨울바람을 동반한 강렬한 추위를 떠올리게 하는 겨울과 파란 풀과 가지각색의 꽃과 약초로 덮여있는 더 넓은 대초원에 가축이 떼를 지어서 한가롭게 풀을 뜯어먹고 있는 풍성한 여름으로 이분될 수 있다. 그만큼 몽골의 유목문화 속에서 겨울과 여름은 다른 계절에 비하여 중요한 의미를 가지고 있는 것이다.

---

21) 나착도지(D. Natsagdorj: 1906－1937)는 몽골문학의 선구자로 몽골에서 몽골의 문화와 자연환경을 가장 잘 표현한 대표적인 작가이다.
22) 몽골의 시인 초오돌(D. Tsoodol)은 1944년에 태어났으며 1960년대부터 활발한 문학활동을 하고 있는 몽골의 시인이다.

한편 초오돌(Tsoodol)이 지은 "나담(*naadam*)"이라는 제목의 시(詩)는 여름의 대표적인 몽골인들의 명절인 나담(*naadam*)[23]을 잘 묘사하고 있다. 마치 몽골의 나담(*naadam*)을 눈 앞에서 보는듯 모든 영역에서 자세하게 기술하고 있다. 예를 들어서, 시(詩)의 일부를 부분적으로 인용해 보면 다음과 같다.

겔(*ger*)로부터 흘러나오는 아름다운 음악과 노래 소리
지금 초원의 모든 사람들은 위대한 산으로 기꺼이 이동한다
붉은 깃발이 휘날리고 기쁨으로 충만한 겔(*ger*) 앞으로 사람들이 모이고
아른거리는 명주로 만든 조독(*zodog*). 보아요, 보아요! 씨름 선수들이 와요!
명랑한 말안장 위에서 움직이지 않고 침착하게 관람하고 있는 소녀들
기수(騎手)들에게 소녀들은 언덕과 같이 아름답습니다.
관심을 빼앗기 위하여 승마자들은 혀로 딸각거리는 소리를 내고, 소녀들은 즐거워
하지요
그러나 친구를 사귀고자 갈망하는 기수(騎手)들의 얼굴은 조용하고 냉정하지요
화살을 쏘기 위하여 활에 균형을 유지하고, 모든 사람들은 즐거워하지요
세 가지 경기를 보면서 가슴은 뛰고 즐거워지지요
지금 관중들로 가득 찬 초원의 경기장으로 마유주(*airag*)를 가져옵니다
마치 바다와 같이 수많은 기수(騎手)들이 말을 달립니다
여름의 중간에 사랑이 태양과 같이 빛날 때
나는 선택할 수가 없지만 기쁨으로 충만한 날에 참여하기 위하여 달려간다

이상의 시(詩)를 보면 나담(*naadam*)에서 행하여지는 대표적인 세 가지 몽골의 민속놀이인 씨름, 말달리기, 활쏘기에 대한 내용이 잘 기술되어 있다. 또한 초원의 모든 유목민들이 함께 참여하고 즐기는 축제인데 특히 유목생활을 하면서 자주 이동을 하면서 서로 만날 기회가 많이 없는 젊은 남녀들이 함께 모이는 날이기도 하다. 이렇게 몽골의 유목문화는 나담(*naadam*)을 통하여 한 해의 절반

---

23) 몽골의 나담(*naadam*)은 원래는 "놀이하고 경기한다"는 나닥흐(*naadah*)에서 유래한 말로 큰 의식을 행하면서 함께 벌어지는 운동경기를 가리키는 단시그(*danshig*)라고 불리기도 하였다. 그러므로 19세기말 까지만 하더라도 "일곱 호쇼의 단시그 나담(*doloon hoshuu danshig naadam*)"이라고 불리기도 하였다(박환영:2007:3).

을 확인할 수 있는 시간구분을 하고 있는 셈이다.

다음으로는 민화 속의 세시풍속을 살펴보기 위하여 몽골의 전통적인 유목문화를 가장 잘 반영해 주고 있는 민화를 분석해 보고자 한다. 몽골의 유목문화를 잘 반영하고 있는 몽골의 대표적인 민화는 몽골의 화가 샤라브(1869－1939)가 그린 작품이 대부분이다. 샤라브의 민화는 몽골의 유목문화와 관련해서 다양한 분야에 걸쳐서 초원에서 보여지는 일상적인 생활문화를 잘 보여준다. 특히 계절별로 생겨나는 다양한 생업의 현장이라든지 의례를 담고 있어서 유목문화 속에 녹아있는 세시풍속을 고찰하는데 중요한 자료가 될 수 있는 것이다.

샤라브의 민화 중에서 "마유주의 축제"라는 제목의 민화는 여름의 세시풍속을 적나라하게 보여준다. 몽골의 유목문화에서 마유주(말젖술)는 가장 중요한 음식 중의 하나로 여름에 만들어지는 유목민들의 필수적인 유목 음식인 셈이다. 따라서 마유주 축제는 여름에 처음으로 마유주를 만들면서 한 해 동안 가축의 건강과 번식 그리고 대지와 자연환경의 풍족함을 기원하는 수확의례의 하나로 볼 수 있다. 다시 말해서 영양이 풍부하고 풍성한 마유주를 만들기 위해서는 초원의 푸른 풀과 약초, 나무, 물 등이 풍족해야 하는데 이것은 적절한 강수량, 기후, 일조량 등 자연환경과 밀접하게 연계되어 있다. 그리고 질 좋고 풍족한 마유주를 만들려면 말 젖이 풍부해야하는데 그렇게 하려면 자연환경에 못지않게 말(馬)의 건강과 번식도 중요한 요인이 되는 것이다.

4. 일상적인 생활 속의 세시풍속

몽골 유목문화 속의 세시풍속은 주어진 시간을 적절하게 생활에 맞추어 가면서 생겨나는 생활문화인 셈이다. 세시풍속과 관련해서 몽골 유목문화 속의 시간은 크게 세 가지로 나눌 수 있다. 첫째는 여름에 행하여지는 나담(*naadam*) 축제이고, 둘째는 겨울의 마지막 날인 비툰(*bitüün*)[24]이며 셋째는 봄의 첫날에 행하여지는

차간살(*tsagaan sar*)[25] 이다. 여름에 행하여지는 나담(*naadam*)이 만물의 성장뿐만
아니라 유목생활에서 필수적인 가축의 성장과 초원의 풍요로움을 기원하는 공동체
적인 축제라면 겨울의 마지막 날에 행하여지는 비툰(*bitüün*)과 봄의 첫날에 행하여
지는 차간살(*tsagaan sar*)은 각각 한 해를 마감하면서 지난해를 정리하고 또한
새로운 시작을 하면서 앞으로 진행될 시간 동안의 건강과 행복 그리고 풍족한
생활을 축원하는 공동체의 구성원들이 모두 함께하는 시간으로 볼 수 있다. 몽골
유목문화 속의 세시풍속 중에서 대표적인 것은 여름의 나담, 겨울의 비툰(*bitüün*),
봄의 차간살 등인데 이러한 세시의례와 놀이를 중심으로 유목문화와 밀접한 관계가
있는 세시풍속을 각 계절별로 구분해서 살펴보면 다음과 같다.

첫째로 봄에 행하여지는 세시풍속을 살펴보면 우선 차간살(*tsagaan sar*)이 대표적
이다. 몽골의 차간살(*tsagaan sar*)은 문자 그대로 "흰색 달(月)"이라는 뜻이다.
몽골의 대표적인 겨울축제인 흰색 달(月)은 태음력과 불교력에 기초하기 때문에
매년 다르지만 대개는 1월말이나 2월초 혹은 2월 중순경에 시작된다. 다시 말해서
차간살(*tsagaan sar*)은 몽골의 전통적인 새해의 첫 달인 셈이다. 마치 흰색이 순수하
고, 때묻지 않은 것과 마찬가지로 새해 첫 달은 말 한마디라도 조심해야함을
나타낸다. 한번 단추를 잘못 끼우게 되면 연속적으로 단추가 어긋나듯이 한 해의
성공여부도 한해의 시작을 상징하는 흰색 달 즉 첫째 달에 많이 좌우되는 것이다.

몽골인은 차간살(*tsagaan sar*) 때 "흰색" 음식을 즐겨 먹는 것 같다. 흰색 달에
다양한 유제품, 국수 그리고 만두와 같은 흰색 음식을 먹으면 한 해가 흰색과

---

24) 비툰(*bitüün*)은 한 해의 마지막 날로 몽골인들은 주변의 환경을 정리하고, 마음을 정리하고,
음식을 준비한다고 한다(이안나:2005:91−92). 한 해를 정리하고 또 다른 한 해를 준비하고 시작
하는 시점에서 비툰(*bitüün*)은 "중간적인" 시간으로 볼 수 있다. 즉 비툰(*bitüün*) 자체로도 중요
하지만 차간살(*tsagaan sar*)을 준비하는 시간으로 역시 중요한 의미를 부여할 수 있는 것이다.
25) 봄이 시작하는 첫날을 차간살(*tsagaan sar*)로 정하게 된 것은 13세기부터라는 견해가 있다. 즉
1206년에 테무진이 봄의 첫날에 대왕으로 추대된 것을 기념하여 몽골인들에게 중요한 날이 되
었다는 것이다(이안나:2005:96). 그러나 봄은 4계절 중에서도『몽골비사』에서 가장 많이 보여지
는 계절인 것은 분명하다. 아마도 이것은 한 해를 시작하면서 변화를 예측할 수 없는 대초원에
서의 삶에 대한 희망과 염원을 표출할 수 있는 시간적인 구분일 수 도 있어서 한 해의 순조로운
진행을 위하여 자연의 신이나 조상신에게 제의를 올리는 적절한 때이기도 한 것이다.

같이 부정이 없고 평안하다고 믿는다. 또한 흰색 달에는 가까운 친척뿐만 아니라 멀리 있는 친척을 방문하고, 선물을 교환하기도 한다. 이 때가 되면 대부분의 몽골인들은 친척들을 만나기 위하여 도시에서는 시골로, 시골에서는 도시로 분주하게 이동을 하게 된다. 그러므로 몽골의 여름축제인 나담(*naadam*)과 더불어서 1년 중에서 몽골인들이 가장 분주하게 움직이는 날이기도 하다.

한편 흰색 달에 친척이나 이웃 사람들을 만나면 졸곡흐(*zolgoh*)라고 부르는 전통적인 몽골의 예법으로 서로 새해 인사를 하게 된다. 즉 서로가 두 손을 펼쳐서 연소자(年少者)의 손이 연장자(年長者)의 손 밑으로 가서 양자(兩者)의 손이 서로 포개어 지는데, 마치 연장자를 연소자가 밑에서 떠받치듯이 인사를 나누는 방식이다. 차간살(*tsagaan sar*)이 되면 몽골의 시골에서는 말을 타고 가다가도 잠시 멈추어서 말을 탄 채로 이렇게 인사를 나누는 모습을 흔히 볼 수 있다.

몽골의 겨울 축제인 차간살(*tsagaan sar*)은 깨끗하고 오염되지 않은 흰색처럼 새롭게 시작하는 의미를 가지고 있으며, 순수하고 정화된 흰색 달과 같은 몽골인의 심성이 또한 잘 반영되어 있는 축제다. 다시 말해서 정기적으로 옮겨 다니는 유목생활 속에서 지나친 집착과 욕심을 버리고 대자연의 순환질서 속에 순응하고자하는 자세뿐만 아니라 지난날의 어려움과 오해를 청산하고 오염된 속세의 온갖 잡념을 떨쳐 버리고 새롭게 한해를 시작하려는 유목민의 강한 의지를 엿볼 수 있는 것이다.

둘째로 여름의 세시풍속은 다양한 유목문화를 반영해 주는데 몽골의 유목문화 속에서 여름의 대표적인 세시풍속으로 나담(*naadam*)을 들 수 있다. 오늘날 몽골의 나담(*naadam*)은 하나의 국가적인 행사로 매년 양력 7월 11일부터 삼일간(7월 11일부터 7월 13일까지)에 걸쳐서 열린다. 이것은 1921년에 몽골에 사회주의 정부가 들어서면서 매년 양력 7월 11일에서 13일까지 삼 일간을 몽골의 나담 축제일로 정하게 되면서부터 이다. 몽골의 수도인 울란바타르에서 행하여지는 제일 큰 규모의 나담을 통상적으로 올신 바야르 나담(*ulsiin bayar naadam*)이라고 하고, 몽골의 시골에서 작은 규모로 별도로 열리는 나담을 허드니 나담(*hödöönii naadam*)이라고 부른다.

전통적으로 몽골의 나담(*naadam*)은 일 년 중에서 유제품이 가장 풍성한 여름에 지역의 구성원들이 함께 모여서 말달리기, 활쏘기, 씨름 등과 같은 몽골의 민속놀이를 즐기며, 다양한 유제품을 나누어 먹는 몽골의 대표적인 명절이다. 가축을 중심으로 여러 곳을 옮겨 다니지만 유목민들은 나름대로의 인적 네트워크를 가지고 있다. 이러한 인적 네트워크는 유목민에 따라서 규모가 큰 경우도 있고 규모가 작은 경우도 있다. 그러나 어떠한 경우라도 언제든지 필요할 때 서로 도움을 주고받을 수 있기 때문에 유목생활을 성공적으로 영위할 수 있는 것이다. 나담(*naadam*)은 이러한 인적 네트워크를 가진 사람들이 다시 만나서 결속을 다질 수 있는 기회를 제공해 주며 지역의 구성원들끼리 향후 새로운 인적 네트워크를 맺을 수 있는 가능성을 제시해주기도 한다. 다시 말해서 몽골의 나담(*naadam*)을 외면적으로 보면 마치 농경문화권에서 흔히 볼 수 있는 추수감사제의 성격과 비슷하게 풍성한 유제품과 가축의 번성을 기원하지만 내면적으로 보면 앞으로 진행될 더 넓은 초원에서의 인적 네트워크를 재정립하는 시간으로도 중요한 기능을 한다고도 볼 수 있는 것이다.

셋째로 몽골의 가을은 여름의 연장으로 겨울을 준비하는 시기로 혹독한 추위와 열악한 겨울의 자연환경을 이겨 내기 위하여 몽골인들에게는 중요한 시기인 셈이다. 지역에 따라서 조금의 차이는 있지만 가을에 행하여지는 세시풍속으로는 여름 기간 동안 깎은 양털을 가지고 펠트를 만드는 의례가 있다. 즉 펠트를 만드는 의례는 유목생활의 근간을 이루는 몽골 겔(*ger*)의 주요한 재료가 되는 양털로 이루어진 에스기(*esgii*)를 만드는 의례인 셈이다. 몽골의 여러 지역에 따라서 조금의 차이는 있지만 보통 양털은 양이 살찌는 여름 기간 동안에 깎고 펠트는 가을에 만드는 경우가 많다. 펠트를 만드는 구체적인 의례에 대하여 살펴보면 다음과 같다.

펠트를 만드는 장소와 시간은 바람이 없고 따뜻한 날로 잡고 불교 승려를 불러서 액막이를 하기도 한다. 좋은 펠트를 만들기 위하여 마유주를 뿌리기도 하고 좋은 펠트가 되도록 "뼈보다 튼튼하고 눈보다 희게 되라"고 축원을 올리기도 한다.

또한 펠트를 만들 때 남자는 작은 칼을 여자는 가위를 사용하는데 이것은 남자와 여자를 상징하는 생업 현장의 민구이기 때문이다. 펠트를 만드는 작업은 많은 노동력이 필요하기 때문에 잔치를 열고 함께 수고한 사람들에게 통째로 삶은 양고기를 대접하기도 한다[26].

펠트를 만드는 의례는 주로 가을에 행하여지지만 양의 털을 깎고 준비하는 과정을 포함시키면 펠트를 만들기 위하여 여름부터 줄곧 준비를 해야만 하는 것이다. 몽골의 대표적인 주거공간인 겔(*ger*)의 주요한 재료가 되는 펠트를 만드는 시간은 긴 겨울을 준비하는 과정이기도 하다. 다시 말해서 펠트를 만드는 의례는 여름의 풍성함을 뒤로하고 겨울을 준비하기 위한 계절인 가을에 "뼈와 같이 단단하고 눈 같이 흰 펠트"를 준비하여 혹독한 추위를 이겨내고[27] 다시 새로운 여름을 맞이하기 위한 준비과정에서 생겨난 세시풍속으로 볼 수 있다.

넷째로 몽골의 유목문화 속에 반영되어 있는 겨울의 세시풍속을 살펴보면 몽골의 설날인 차간살(*tsagaan sar*)이 되기 바로 전날에 해당하는 비툰(*bitüün*)이 대표적이다. 우리의 섣달그믐에 해당하는 비툰(*bitüün*)은 한 해를 마감하고 새해를 맞이하는 중간에서 일 년 중에서 가장 바쁜 날이기도 하다. 그래서 차간살(*tsagaan sar*)의 하루 전날은 큰 의미를 두며, 비툰(*bitüün*)이라고 부른다. 비툰(*bitüün*) 때까지는 한 해 동안 빌린 돈이나 물건을 돌려주어야 한다. 그리고 새로운 한 해를 맞이하기 위하여 집을 깨끗하게 청소하는 일도 빠지지 않는다. 또한 차간살(*tsagaan sar*) 때 손님을 맞이하기 위하여 다양한 종류의 음식을 장만하느라고 밤늦게까지 음식 준비를 한다. 특히 비투러그(*bitüüleg*)라는 음식을 장만하는데, 이것은 양의 엉덩이 부분을 삶은 오오츠(*uuts*)와 밀가루로 만든 보오브(*boov*), 그리고 다양한 종류의 흰색 유제품을 함께 올려놓은 것이다.

---

26) 楊海英(1999:46−47) 참조.
27) 돌람(S. Dulam)이 지은 "하얀 펠트 텐트"라는 몽골의 시(詩)를 보면 몽골의 텐트(*ger*)에 펠트를 잘 두르는 것은 세 계절의 강풍을 막기 위한 것으로 묘사되고 있다 (Altangerel:1989:344). 그만큼 몽골의 유목문화 속에서 추위를 막는데 펠트는 중요한 재료인 것이다. 아마도 여기서 세 계절은 여름을 제외한 봄, 가을 그리고 겨울인 것 같다.

5. 나오기

　몽골의 유목문화 속에 내재되어 있는 세시풍속은 몽골인들의 일상적인 생활문화를 있는 그대로 보여주고 있다. 특히 몽골의 세시풍속은 대표적인 몽골의 오축(五畜)을 중심으로 하는 가축을 중심으로 하는 생업활동과 유목생활을 통하여 이루어지는 다양한 의례를 포함하고 있다. 봄, 여름, 가을, 겨울과 같이 사계절로 이루어진 일반적인 시간의 구분과는 달리 몽골의 세시풍속은 우선 여름과 겨울이라는 이분법적인 시간구분을 중심으로 좀 더 세분하면 여름이라는 따뜻하고 모든 것이 풍족한 시간과 봄, 가을, 겨울이라는 기후 변화가 심하고 강풍이 몰아치며 춥고 상대적으로 모든 것이 부족한 시간으로 구분되기도 한다. 특히 겨울과 봄의 중간에 놓여있는 겨울의 마지막 날인 비퉨(*bitüün*) 의례와 봄의 첫날인 차간살(*tsagaan sar*) 축제를 통하여 몽골의 유목민들은 한 해를 보내는 동시에 또한 한 해를 맞이하면서 새로운 생업활동을 시작하게 되는 것이다.

　몽골의 세시풍속은 역사문헌자료뿐만 아니라 문학작품과 민화 속에도 내재되어 있으며, 일상적인 생활문화 속에서 여전히 전승되고 있다.『몽골비사』와 같은 역사문헌자료를 보면 봄에 대한 기술이 많은 편이며, 그 다음으로는 여름에 대한 기술이 많은데 특히 "여름의 첫째 달 열엿새, 붉은 만월의 날"에 대한 기록이 많이 보인다. 이 날은 음력으로 4월 16일에 해당되는데 여름을 시작하고 보름달이라는 의미에서 유목문화권에서 중요한 명절이었음을 알 수 있다.

　한편 문학작품과 민화 속에 반영되어 있는 세시풍속은 주로 여름에 집중되어 있는 편이다. 여름과 대비되는 겨울에 대한 기술도 볼 수 있지만 주로 여름의 나담(*naadam*) 축제와 마유주 축제가 세시풍속과 관련하여 눈여겨 볼만한 부분인 것 같다. 덧붙여서 일상적인 생활문화 속의 세시풍속은 여름의 나담(*naadam*) 축제 외에도 봄의 차간살(*tsagaan sar*)축제, 겨울의 비퉨(*bitüün*)의례 그리고 가을의 펠트를 만드는 의례 등 계절별로 다양한 세시의례를 볼 수 있다. 이러한 몽골의 세시풍속은 몽골 특유의 자연환경을 통하여 만들어지고 오랜 시간동안

몽골 유목민들의 삶의 현장에서 다듬어지고 축적된 유목문화를 그대로 반영해
준다고 할 수 있다.

▶ 몽골 유목민의 텐트에 모셔져 있는 불교신들

▶ 몽골의 대표적인 불교사원인 간단사원

▶ 간단사원에서 볼 수 있는 불교 장식

▶ 간단사원에서 염원을 올리는 몽골인들

▶ 몽골의 대표적인 불교 춤인 참(tsam)

▶ 몽골의 옛 수도인 하라호름에 있는 에르덴조 불교사원

10

몽골의 귀신

1. 들어가기

　몽골귀신에 대한 연구는 다양한 영역에 걸쳐서 밀접하게 연계되어 있다. 이 중에서 가장 중요한 부분은 샤머니즘이다. 즉 몽골의 샤머니즘은 삶과 죽음의 문제뿐만 하늘의 세계와 땅의 세계 그리고 극락과 지옥을 폭 넓게 다루고 있으며 또한 사람을 비롯한 동물의 몸과 영혼 그리고 귀신관에 이르기 까지 온 우주의 문제를 포함하고 있는 몽골인들 사이에서 믿어지는 민속종교의 하나이다.

　몽골의 귀신과 관련해서 샤머니즘 외에도 몽골의 설화나 현대 문학작품을 보아도 일상적인 생활 속에서도 몽골인들이 귀신을 어떻게 이해하고 있는지를 알 수 있다. 필자는 몽골의 귀신에 대한 민속학적 고찰을 하면서 샤머니즘부터 속신과 설화에 이르기까지 포괄적인 몽골의 귀신을 분석한 적이 있다[28]. 몽골의 귀신에 대한 이전의 연구와 비교해서 본 연구는 몽골의 귀신과 관련한 좀

---

28) 박환영(2006a) 참조.

더 본질적인 문제인 몽골의 샤머니즘에 보여지는 귀신관과 다양한 형태의 몽골 귀신이 어떻게 몽골인들의 생활문화 속에 투영되어 있는지에 초점을 맞추어서 다루어 보고자 한다. 특히 설화와 같은 민속문학에서 시작하여『몽골비사』와 같은 역사문헌 자료 및『동방견문록』과 같은 여행기 그리고 현대의 몽골 문학작품에 이르기까지 다양한 자료를 통하여 몽골의 귀신에 대하여 분석하고자 한다.

2. 몽골의 샤머니즘에 투영된 귀신

몽골의 샤머니즘은 인간과 동물 그리고 자연에 대한 우주관을 잘 보여준다. 특히 인간의 입장에서 보면 삶과 죽음의 문제뿐만 아니라 현세와 내세 그리고 좀 더 자세하게 보면 육체와 정신 그리고 영원한 정신(精神)과 일시적으로 존재하는 정신(精神)에 이르기까지 다양한 측면을 보여주고 있다.

몽골의 샤머니즘과 유사한 만주의 샤머니즘이 가지는 특징 중에는 이러한 우주관이 잘 드러나 있다. 이러한 우주관을 몇 가지 살펴보면 첫째로 일반적으로 사람은 생명혼(生命魂), 의념혼(意念魂), 전생혼(前生魂; 다시 태어나는 혼)과 같이 삼혼(三魂)을 가진다고 믿는다. 그리고 우주는 상(上), 중(中), 하(下) 등과 같이 크게 세계의 세상이 있어서 이것을 삼계(三界)라 한다. 즉 상계(上界)는 신령들이 거주하며 순결하고 자애로운 세상이며. 중계(中界)는 인간이 사는 세상이며, 하계(下界)는 유암신(幽暗神)과 여러 종류의 요괴와 귀신 들이 거주하는 곳이다(朱在憲:2000:382－383). 즉 만주의 샤머니즘에 의하면 요괴와 귀신들이 거주하는 곳은 하계(下界)인 셈이다. 그런데 이러한 만주의 샤머니즘이 가지는 특징과 비교해서 몽골의 샤머니즘은 공통점과 부분적인 차이점을 가지면서 좀 더 분명하고 구체적으로 나타난다.

예를 들어서 몽골의 샤머니즘에 의하면 모든 인간은 세 가지의 정신(精神)을 가진다고 믿는데 이 중에서 두 개는 일시적인 것이며 나머지 하나는 영혼불멸의 것이다. 또한 상징적인 측면에서 분석해 보면 몽골의 샤머니즘에 보여지는 인간이 가지는 세 가지 신령(神靈) 혹은 영혼(靈魂)은 세 가지 종류가 있는데 첫째는 모계(母系)로 살과 피와 관련되어 있고, 둘째는 부계(父系)로 뼈와 연계되어 있으며 셋째는 하늘의 영혼이다. 그러므로 사람이 죽으면 일시적인 영혼은 개인의 신체 속에 3년 동안 남게 되는데 가령 부계의 상징은 골반의 뼈 구멍 중심에 남아 있게 된다. 세월이 흘러서 이 뼈가 마지막으로 사멸하게 되면 일시적인 신령 혹은 영혼은 모두 없어지거나 사라지게 되며 결국에는 영혼불멸의 신령 혹은 영혼도 하늘로 올라가게 된다(Rinchen:1965:11). 몽골학자 린친(Rinchen)의 견해는 몽골의 고대 샤머니즘에 나타나는 아버지 쪽에서 나오는 "흰색" 씨는 뼈를 만들고 어머니 쪽에서 나오는 "붉은색" 씨는 피와 살을 만들어서 인간이 가지는 두 종류의 정신을 형성한다는 입장[29]과 같은 맥락으로 볼 수 있다.

이와 유사하게 몽골의 검은색 샤머니즘에 반영된 인간의 영혼(靈魂)과 정신을 보면 세 가지 주요한 정신이 있는데 이것은 살, 뼈 그리고 마음의 정신(精神) 등이다. 이러한 세 가지 요소를 좀 더 자세하게 설명하면 첫 번째 정신은 모계(母系)를 상징하는 살과 피의 정신인데 사람이 생존하는 동안 신체의 모든 기관(器官)에서 심장에 이르기까지 옮겨 다니면서 존재한다. 그리고는 사람이 죽으면 이 정신은 죽은 시체의 심장과 함께 곧 사라진다. 두 번째는 부계(父系)를 상징하는 뼈의 정신으로 이것은 살아 있는 동안 신체의 모든 뼈를 통하여 옮겨 다니며 존재한다. 그리고는 사람이 죽으면 시체의 골반 뼈와 함께 사라진다. 마지막으로 세 번째 정신은 일명 "생명이 깃든" 정신으로 일컬어지는데 태아의 왼쪽 반지[네 번째] 손가락을 통하여 아기 엄마의 자궁으로 들어오고 출산 후에는 골수, 뇌 그리고 맥박을 통하여 옮겨 다닌다. 그런데 사람이 죽게 되면 정신은 목 척추골의 머리를 떠받치는 제 1 경추(頸椎)인 환추(環椎)와 제 2 경추(頸椎)인 축추(軸椎) 사이에 자리를 잡아서 머문다. 나중에 시체가 완전히 부

---

29) Yongsiyebu(1984:25) 참조.

패하여 분해되면 그 정신은 영원한 생존을 위한 어두움 속으로 올라간다 (Purev:2002:139−140).

이상에서 알 수 있는 바와 같이 신체의 피와 살에 못지않게 뼈는 몽골에서 아주 중요하게 여겨졌던 것이다. 따라서 많이 알려진 몽골의 속신(俗信) 중에는 집에 살이 없는 골반 뼈를 두지 않는 것이 있는데[30] 이것은 위에서도 언급한 바와 같이 세 번째 혹은 불멸의 정신이나 죽은 사람 그리고 죽은 동물의 정신이 들어올 수 있기 때문이다. 또한 길을 가다가 길에서 골반 뼈를 발견하게 되면 그 뼈를 완전히 부러뜨려 놓거나 최소한 골반의 구멍을 부셔놓기도 한다. 몽골의 샤머니즘에서 죽은 후의 영혼은 몸이 부패하여 살과 피가 없어지더라도 뼈 속에서 존재한다고 볼 수 있다. 이러한 영혼과 관련한 뼈에 대한 관념은 몽골인들이 뼈를 소중하게 다루는 풍속[31]과 밀접하게 연관되어 있다.

3. 설화 속에 보여지는 귀신

몽골의 설화 속에서 귀신에 대한 내용을 찾는 것은 그렇게 어렵지 않다. 설화 속에 묘사되는 몽골의 귀신은 인간에게 재앙을 가져오기도 하지만 단순하고 우둔한 경우가 많아서 현명한 주인공이 잘 이겨내는 내용이 많은 편이다. 다시 말해서 몽골의 귀신은 인간 세상에 대한 미련과 아쉬움 때문에 인간에게 해(害)를 가져오지만 인간들이 잘 극복하는 내용이 대부분이다. 설화의 내용 중에서 귀신이 나오는 몽골의 설화 하나를 요약해 보면 다음과 같다.

사내가 아무 말 없이 일어나 밖으로 나와 다섯 그루의 황금 사시나무가 있는 곳에 와서 그 아래 앉아 있는데, 사시나무 위의 둥지에서 두 마리 새가 이런 말을

---

30) Purev(2002:140) 참조.
31) 박환영(2001) 참조.

주고받고 있었다. "이 젊은이가 내일 아침 일찍 일어나서 달려가면 일곱 귀신들이 둥글고 검은 모자를 가지고 서로 자기가 가지려고 다투는 것을 보게 될 거야. 그러면 그 일곱 귀신에게 경주를 하게 해서 '일등을 한 자가 이것을 가져라! 내가 가지고 있겠다'고 꾀를 내어 그것을 써버리면 귀신들이 그를 볼 수가 없게 될 거야. 그러면 이 젊은이는 자기가 바라는 일을 이루 수가 있을 텐데". 다음 날 아침 젊은이는 아주 일찍 일어나 길을 가다가 인적이 없는 외딴 곳에 이르렀다. 사람인지 뭔지 잘 알 수 없는 흰 물체가 초원에서 경주를 하고 있었다. 어쨌던 가보아야겠다고 생각하고 가서 그것이 뭔가 보았더니, 거기에 일곱 사람이 있었다. "당신들은 뭡니까?" "우리는 사람이오". "당신들은 뭘 하며 이렇게 달리고 있는 겁니까?" "우리는 부처님의 모자를 얻었소. 이것을 어떻게 나누어 가질 수 있겠소?" "제가 당신들의 심판을 보겠습니다! 우리 형과 동생이 됩시다. 당신들은 무엇이 무서운가요?" "우리들은 가시 있는 하르간, 매끄러운 얼음 그리고 소똥을 무서워 한다오". "당신은 무엇을 무서워 하시오?" "나는 쟁반에 든 빵과 주전자에 든 차 그리고 삶은 양의 허벅지가 무서워요. 이제 내가 당신들의 심판을 보아드리겠어요. 내가 이 모자를 가지고 있을 테니, 당신들은 걸어서 경주를 하고 오세요! 가장 먼저 들어오는 사람에게 이것을 드리겠습니다". 그들은 시합을 하기 위해 갔다. 그 사이에 젊은이는 가시가 있는 하르간 속으로 들어가버렸다. 그러자 그들은 "이 사람이 무엇을 무서워한다고 했지?" 하며 주전자마다 차를 부어 넣고, 쟁반마다 그득히 빵이며 삶은 양의 허벅지를 갖다 놓았다. 젊은이는 그것을 먹고 마시며 나뭇가지 속에 앉아 있었다. 그러자 귀신들은 어쩔 도리가 없게 되어 차간살(설날) 전날인 섣달 그믐날 저녁에 복수를 하겠다며 가버렸다(체렌소드놈:2007:234−235).

위의 설화는 「갈 올랑 왕」이라는 제목의 몽골 설화이다. 이 설화 속에 등장하는 몽골의 귀신은 인간과 잘 어울리는데 너무 순진하면서도 솔직하며 또한 우둔한 편이다. 그러나 인간에게 속임을 당하고 물러나지만 다시 복수하러 오겠다고 벼르는 것도 재미있는 부분이다. 이와 유사한 내용을 담고 있는 몽골의 설화가 하나 더 있다. 예를 들어서,

왕의 아들 곰버가 공고르를 깨워 이제 빨리 가지고 재촉했다. 그들은 동쪽으로 달려가다가 도중에 게르의 격자 벽체의 나뭇조각 하나를 발견했다. 그것을 가지고 길을 가서 마법의 지팡이를 서로 빼앗으며 다투고 있는 입곱 귀신에게로 갔다. "당신들은 무엇을 가지고 그렇게 서로 다투고 있습니까?" "우리가 마법의 지팡이를 발견했다오. 그래서 그것을 서로 차지하려고 하는데, 누구도 갖지 못하고 이러고 있는 거요". "그렇게 다투고만 있으면 당신들 중에 누구도 그것을 가질 수가 없어요. 여러분 모두 달리기 경주를 하고 오세요! 가장 먼저 들어오는 분께 이 지팡이를 드리겠어요!" 왕의 아들 곰버의 말에 귀신들은 경주를 하고 돌아왔다. 그러자 곰버와 공고르는 우승한 귀신에게 게르 격자벽의 나무를 손에 쥐어주고 가버렸다. …이 말을 들은 곰버는 공고르를 데리고 귀신들이 다투는 곳으로 갔다. 도중에 어떤 집터에 굴러다니던 밑창이 없는 구두를 주워 기지고, 일곱 귀신이 있는 곳으로 갔다. "당신들은 무엇을 가지고 그렇게 서로 빼앗으며 다투는 겁니까?" "우리는 마법의 구두를 서로 빼앗으며 다투고 있는데, 누구도 이것을 차지하지 못하고 있소". "그렇다면 모두 가서 달리기를 하고 오세요! 먼저 들어온 분이 이 구두를 가지시면 되지 않겠어요?" 그러자 일곱 귀신들은 그의 말에 따라 달리기 경주를 하기 위해 갔다. 곰버와 공고르는 먼저 들어온 귀신에게 밑창 없는 구두를 쥐여주고 가버렸다. 그 말을 들은 곰버는 공고르를 데리고 귀신들이 싸우는 쪽으로 달려갔다. 도중에 좋지 않은 토오르척(둥근 모양의 모자) 모자가 땅에 버려진 것을 주워 가지고 갔다. 일곱 귀신이 있는 곳으로 갔더니 정말 모자 하나를 가지고 서로 빼앗으며 다투고 있었다. "당신들은 또 무얼 빼앗고 있는 건가요?" "우리는 쓰면 보이지 않게 되는 마법의 모자를 서로 가지려고 다투고 있는데, 아무도 차지하지 못하고 있다오". "그러면 가서 달리기를 하고 오세요! 우승한 분께 드리겠어요!" 그러자 일곱 귀신들이 그러자고 하며 달리기를 하러 갔다. 곰버와 공고르는 선두로 들어온 귀신의 머리에 가지고 갔던 토오르척 모자를 올려놓고, 대신 자기들이 마법의 모자를 쓰고 달아나버렸다 (체렌소드놈:2007:273-276)

이 설화는 「왕자 곰버와 평민의 아들 공고르」라는 제목의 몽골 설화이다. 이 설화 속에도 앞에서 살펴본 「갈 올랑 왕」설화와 비슷하게 순진하면서도 우둔한 몽골의 일곱 귀신이 등장한다. 그런데 이 설화 속에서는 한 번도 아니고 세 번씩이나 현명하고 지혜로운 인간에게 똑 같은 손해를 반복해서 보는 몽골의 귀신이 묘사되고 있기 때문에 두렵고 위협적인 존재라기보다는 인간과 어우러져서 내 기도 하고 장난을 치는 장난꾸러기와 같은 성격을 반영해 주는 것 같다[32]. 한편 몽골의 설화 속에는 붉은 여우로 변장한 악귀가 등장하기도 하는데「왕자 곰버와 평민의 아들 공고르」설화와 「왕치그치 왕」설화가 대표적이다. 두 설화 모두 붉은 여우로 묘사되는 악귀가 왕비로 변장하여 왕과 왕자에게 해를 가하려고 하지만 지혜와 용기를 가진 친구와 공주의 도움으로 위기를 모면하고 악귀를 물리친다는 내용이 들어있다. 붉은 여우로 묘사되는 몽골의 악귀는 특히 여자로 변신하여 사람에게 재앙을 가져다주는 것으로 기술되어 있어서 영악하고 무서운 대상이기도 한 것 같다.

몽골의 설화에 나오는 몽골의 귀신을 좀 더 체계적으로 분석하기 위하여 명나라 말부터 청나라 초기에 이르기까지 몽골족의 발상지이자 조치카사르의 분봉지였던 코르친 부의 거주지역으로 이동해 들어온 만주의 삼림계통의 부족인 어원크(鄂溫克)족[33]의 오보의 기원과 관련된 설화 속에 묘사되고 있는 귀신에 대하여 살펴보고자 한다.

어느 겨울날 한 청년이 강변에 있는 얼음구멍으로 물을 길러 갔다. 그가 물을 뜨려하자 얼음구멍 속에서 머리를 산발한 소녀의 머리가 떠올랐다. 청년은 놀라서 물통을 내버리고 마을로 도망쳤다. 얼마되지 않아 하늘이 어둡게 변하고 큰 눈이 내리기 시작했다. 또 회오리와 같은 북풍이 일어나 눈을 사방에 흩뿌리며 청년이 사는 작은 마을을 덮치기 시작했다. 눈은 삼일동안 밤낮으로 내렸으며 마을 사람들은 집을 덮쳐오는 눈을 치우기 위해 사력을 기울렸다. 나흘째 되던 날 드디어 태양이 비추고 눈이 멈추었다. 이후에도 이 소녀의 머리는 여러번 출현했고 그때마다 마을에 재앙이 닥쳤다. 이로 인해 마을 사람들은 점점 가난해졌다. 어느 비바람이 부는 한밤에 마을 노인이 건장한 청년 몇몇을 불러놓고 말하기를 "산발한 소녀의 머리는 요괴가 마술을 부려 변신한 것이다. 요괴는 오랜 세월 동안 이곳에서 배회

---

32) 몽골의 설화에는 우둔한 도깨비에 대한 내용도 들어 있다. (Lattimore:1987:211-213) 참조.
33) 박원길(1998a:400).

하고 있다. 우리들의 모든 재난이 바로 그 요괴에서 비롯된 것이다. 요괴를 없애면 우리들은 안락한 생활을 누릴 수 있다"라고 했다. 청년들은 노인의 분부를 받들어 비가 억수같이 쏟아지는 한밤에 요괴를 잡으러 출발했다. 그들은 마을 서쪽에 있는 산기슭에서 마술을 행하고 있는 요괴를 붙잡았다. 다음날 마을 사람들은 많은 소와 말을 희생용으로 도살하였다. 그리고 저녁 때가 되자 큰불을 지펴놓은 뒤 귀신을 쫓는데 영험한 능력을 가진 샤만을 모셔왔다. 샤만이 마을 사람들에게 말하기를 "이 마을에 억울하게 죽은 처녀가 있다. 그는 죽은 뒤 요괴로 변했다. 현재 그는 이곳에 돌아왔으며 너희들로부터 떠나가려 하지 않는다. 너희들은 먼저 그를 잘 대접한 뒤 풀더미를 쌓아놓고 그 시신을 태워라. 그리고 불이 꺼지면 뼈를 한 점이 라도 버리지 말고 잘 추슬러 마을 서쪽에 있는 높은 곳에다 매장하되 반드시 큰 돌로 눌러 매장하라"고 했다. 사람들은 샤만의 말에 따라 시신을 화장했다. 그리고 모두 타오르는 불 앞에 무릎을 꿇고 말하기를 "우리들은 이미 많은 소와 말을 죽여 서 너를 큰어머니로 접대했다. 우리들의 샤만은 이미 법의(法衣)를 입었고 머리에 는 동면(銅面)을 쓰고 있다. 샤만은 네가 이미 배부르게 먹었다는 것을 알고 지금 우리들로 하여금 너를 불 속에 집어넣게 했다. 너의 붉은 피가 불과 함께 타오르도 록 기구하며 너의 영혼이 밤하늘 위로 올라가 빛나는 별이 되기를 바란다. 우리들 은 너희 하얀 뼈가루를 마을 서쪽에 있는 바위 밑에 눌러 두었다. 원하건데 이후 우리들에게 재난을 가져다 주지 말 것이며 우리들을 나무처럼 번성하게 하고 또 가축들이 들판의 풀처럼 번창하게 하여라"라고 했다. 이후 법의(法衣)를 입고 동면 (銅面)을 쓴 샤만은 떠나갔다. 사람들은 뼈가루를 잘 추려 마을 서쪽에 있는 바위 밑에 두었다. 그러나 사람들은 그녀가 다시 나타나 또 다시 괴롭힐 것을 두려워했 다. 그래서 요괴의 뼈를 확실히 누르기 위해 집집마다 돌맹이를 가져다 그 위에 쌓았다. 얼마 후 이렇게 쌓인 돌무더기는 작은 산 모양을 이루었다. 또 산 정상에서 한그루의 아름다운 소나무가 자라났다. 사람들은 이 작은 산 모양의 돌무더기를 오보라고 불렀다. 그러나 아직도 사람들은 그녀가 살아날까 안심이 되지 않았다. 그래서 매년 4-5월에 길일(吉日)을 잡아 제사를 거행하면서 그녀에게 1년의 비가 알맞게 내리고 모든 것이 평안하도록 빌었다. 제사가 끝난 후에는 모든 사람들이 오보의 앞에 모여 말경주나 활쏘기, 씨름 등의 놀이를 거행했다. 온 마을 사람들과 외래인들이 한곳에 모여 고기와 술을 먹고 노래를 부르며 춤을 추었다. 사람들은 이러한 제사를 오보제라 불렀으며 이후 오보제는 모든 사람이 모여서 즐기는 오락 활동이 되었다 (박원길:1998a:400-401)

위의 내용에서 알 수 있는 바와 같이 이 설화 속에서 요괴로 묘사되는 귀신은 억울하게 죽은 처녀의 영혼이 변하여 된 것이다. 그러므로 샤먼이 등장하여 시신을 수습하여 죽은 처녀의 영혼을 잘 대접해주고 시신을 화장 하여 뼈가루를 서쪽에 있는 바위 밑에 눌러둠으로써 다시는 처녀의 영혼이 인간에게 나와서 해를 끼치지 못하도록 하였고 이러한 풍습이 오보제로 이어졌다는 유목민들의 축제인 오보제와 관련한 유래담이다.

한편 한국의 구비문학 속에도 결혼하기 못하고 죽은 처녀의 혼(魂)이 저승으로 가지 못하고 이승에서 떠돌아 다니며 원혼귀가 되는데 죽은 원한을 풀어주기 위하여 사람들이 많이 다니는 곳에 평토장(平土葬)으로 해서 묻게 한다는 내용이 들어 있다[34]. 즉 남자를 모른 채 죽은 여인은 저 세상으로 갈 수가 없기 때문에 사람들이 많이 다니는 곳에 평토장으로 매장하는 것이다.

이상에서 살펴본 바와 같이 몽골의 설화를 통하여 나타난 몽골의 귀신은 일상적인 생활공간에서 자주 인간과 만나고 부대끼고 있다. 때로는 지혜로운 인간에게 순진하고 우둔하게 묘사되기도 하지만 붉은 여우로 묘사되는 악귀는 영악하고 사악한 성격으로 등장한다. 또한 몽골의 오보제와 관련해서 몽골 주변 만주의 어윈크(鄂溫克)족의 설화 중에는 억울하게 죽은 처녀의 원귀(寃鬼)가 요괴로 그려져 있다. 결국 맺힌 오해와 원한을 풀어주고 화장(火葬)을 해서 큰 바위로 눌러주는 것은 몽골의 샤머니즘에 내재되어 있는 피와 살, 뼈 그리고 영원한 정신과 관련한 영혼관 중에서 뼈의 중요성이 잘 드러나 있다고 할 수 있다.

4. 『몽골비사』와 『동방견문록』에 보여지는 귀신

『몽골비사』는 몽골에서 가장 중요한 역사문헌 중의 하나인데 그 이유는『몽골비사』속에는 역사적인 내용뿐만 아니라 당시 몽골의 전통적인 문화와 민속에

---

34) 손진태(2000:79).

대한 내용도 많이 들어 있기 때문이다. 학자들에 따라서 조금의 차이는 있지만 『몽골비사』는 13세기경에 집필되었다는 의견이 지배적이다[35]. 한편『동방견문록』은 마르코폴로의 여행기록을 중심으로 원나라 때의 몽골의 문화민속을 잘 묘사하고 있는 여행기이다. 먼저 13세기 몽골의 문화와 민속에 대하여 좋은 자료를 제공해줄 수 있는『몽골비사』에 보여지는 신체와 영혼 그리고 귀신과 관련된 내용은 다음과 같다.

> 텝[텡거리]을 놓아 둔 텐트의 천장을 막고, 문을 눌러 사람이 [접근 못하도록] 지키게 하자 사흘째 되던 날 밤, 날이 누렇게 밝을 무렵에 잡의 천장을 열고 몸과 함께 나갔다. 확인해 보니 확실히 그 텝[탱그리]임이 거기서 확인되었다. 칭기스 카한은 "텝 텡그리가 내 아우에게 손발을 댔기 때문에, 하늘이 아니 사항하여, 제 목숨이 몸과 함께 떠나게 되었다"고 했다 (유원수:204:247).

> ...토끼해(1231)에 우구데이 카한이 키타드 사람들에게 출정하면서 제배를 전위로 보냈다. 키타드의 군대를 제압하여 썩은 나무가 쌓이듯 도륙하고 차브치얄을 넘어 각 방향으로 그들의 성들, 도시들을 공격하러 군대를 보내고 우구데이 카한은 시라 덱투르에 주둔했다. 거기서 우구데이 카한이 병이 나서 입과 혀가 마비되어 견딜 수 없게 되자 여러 무당, 점쟁이들을 불러 무꾸리를 하였다. 무꾸리를 해 보니 "키타드 사람들의 땅과 물의 귀신들이 자기네 백성이 약탈당하고 성들, 도시들이 피괴당하자 단단히 달라붙는다. 백성과 속민, 금과 은, 가축과 식량을 그 대신으로 주마 했으나 풀어지기는 커녕 더 단단히 달라붙는다. 친척을 바치면 되겠는가" 하고 물으니 카한이 눈을 뜨고 물을 청하여 마시고, "무슨 일이냐?" 하고 물었다. 무당들이 "키타드 사람들의 땅과 물의 귀신들이 자기네 땅과 물이 파괴당하고, 백성과 속민이 약탈당하자 단단히 달라붙습니다." "다른 무엇이라도 대신으로 주마!"하고 했으나 더욱 심하게 혼미해지셨습니다. '친척으로 되겠는가?'하고 물으니 풀어집니다. "이제 분부를 알게 하소서!" 하고 아뢰었다. "곁에 아들들(대왕들) 가운데 누가 있느냐?"고 물으니 톨로이 아들(대왕)이 곁에 있었다. ... "무당들은 재앙을 빌어라! 저주하라!"고 하였다. 무당들이 저주하자 저주의 물을 톨로이 아들(대왕)이 마셨다.

---

35)『몽골비사』의 성립연대는 1228년, 1240년, 1252년, 1264년 등으로 의견이 분분하지만 보통은 1240년으로 본다(유원수:2004:10). 여하튼 『몽골비사』는 13세기에 집필된 것은 분명하다.

잠시 있다가 "취했습니다. 제가. 내가 취한 것이 깰 때까지 고아가 된 어린 조카들, 과부가 된 계수를 마음이, 지혜가 자랄 때까지 카한 형께서 돌보아 주실 것을 약속 하소서! 할 말을 다 했습니다. 저는 취했습니다, 저는" 하고 잘못된(죽은) 사연은 그와 같다 (유원수:2004:285-288).

첫 번째 내용은 몽골의 샤먼이 죽은 후 신체와 영혼이 함께 텐트를 나가서 사라 지는 내용이 들어 있다. 마치 탈혼(脫魂)하여 지상의 세계와 지하의 세계로 이동 하는 동북아시아의 샤먼과 같이 볼 수 있지만 샤먼의 영혼뿐만 아니라 신체도 함께 이동한 것이 재미있다. 비교민속학적인 입장에서 『삼국유사』에 들어있는 욱면비(郁面婢) 설화[36]를 보면 욱면비가 불심(佛心)이 가득하여 법당의 지붕을 뚫고 서방정토로 날아갔다는 내용이 나온다. 즉 『몽골비사』에 나오는 샤먼인 텝 텡거리의 신체와 영혼이 텐트의 천장을 통하여 하늘로 올라간 부분과 비교해 서 분석해볼만 하다.

한편 두 번째 내용은 귀신이 사람의 몸에 붙는 즉 나쁜 신이 몸에 붙어서 병이 생기는 경우를 잘 보여주고 있는데 인간의 정령뿐만 아니라 자연 즉 물과 땅의 귀신에 대한 내용이 나온다. 몽골의 샤머니즘에서 샤먼이 소통하는 정령은 인간에 국한된 것이 아니라 동물을 비롯한 자연도 포함되어 있음을 알 수 있는 부분이다.

또한 몽골의 혼인풍속 중에는 결혼하지 못하고 죽은 처녀와 총각을 죽은 후에 맺어주는 영혼결혼의 풍속이 있다. 영혼결혼은 귀신결혼(ghost marriage)이라고 도 부르기 때문에 몽골의 귀신을 고찰하는데 포함될 수 있을 것 같다. 다음은 『동방견문록』에 보여지는 내용 중에서 영혼결혼에 대한 내용을 요약해 보면 다 음과 같다.

---

36) 장덕순(1995:40).

한쪽이 아들을, 다른 쪽이 딸을 저마다 어렸을 때라든가 또는 결혼할 만한 나이에 잃은 두 어버이가 죽은 아들과 딸을 결혼시켜 양가족이 사돈 관계를 맺는 일이다. 이 경우 그들은 실제 그대로 죽은 딸을 죽은 아들의 새색시로 하여 주고 결혼은 계약서를 작성한다. 그런 뒤에 그들은 이 계약서를 태워 버리는 것인데 그때 「하늘에 피어오르는 연기는 틀림없이 저승의 아이들에게 닿으니 그것으로 양인은 결혼 사실을 알고 서로 부부임을 자각하는 것이다」라고 말한다. 이어 그들은 성대한 결혼식과 잔치를 베풀어 음식 일부를 여기저기에 뿌린다. 이렇게 함으로써 음식이 저승의 아이들에게 닿는다고 믿기 때문이다. 그들은 또 이어 노복(奴僕)의 모양을 한 인간, 말, 의류, 화폐 그 밖의 갖가지 물품을 종이에 그려 태운다. 그들이 그려 태운 여러 가지 물건이 모두 저승의 아이들의 소유물이 된다는 신념에서이다. 이러한 절차를 전부 끝내면 그들은 서로 사돈이 되었다고 믿고 마치 아들딸이 살아 있는 양 이 사돈 관계를 존중한다 (마르코폴로:1976:122).

이상에서 살펴본 바와 같이 몽골의 혼인풍속 중에는 조금 특수한 경우이긴 하지만 영혼결혼 혹은 귀신결혼은 이미 죽은 처녀와 총각을 사후에 결혼 시키는 것으로 이것은 죽은 후에도 영혼이 남아서 현세의 삶에 영향을 준다는 믿음에 기초를 두고 있다. 즉 자신의 명(命)을 다하지 못하고 죽은 경우이거나 결혼하지 못하고 죽은 경우에는 현세에 대한 미련과 아쉬움이 남기 마련이다. 그러므로 죽은 후에도 이러한 미련과 아쉬움은 없어지지 않고 계속해서 죽은 영혼을 괴롭히기 때문에 사후에도 영혼결혼을 올려주는 것이다

몽골민속촌에 있는 몽골 무당의 복식

▶ 몽골의 무당이 사용하는 북

▶ 몽골역사박물관에 전시되어 있는 몽골의 무당

5. 현대 문학작품 속에 반영된 귀신

몽골의 귀신은 몽골의 현대 문학작품 속에도 간혹 보여진다. 그렇게 많은 경우는 아니지만 전통적인 몽골의 유목문화(특히 샤머니즘)와 관련해서 여전히 몽골의 귀신은 몽골인들에게 나름대로의 의미를 지니고 있는 셈이다. 다시 말해서 몽골의 귀신은 죽은 생명체의 뼈에 깃들어 있는 영혼과 밀접한 관계를 가지고 있는데 주로 현세에서 좋은 삶을 살지 못한 경우 죽어서 현세에서 이루지 못한 미련 때문에 사람들에게 해를 주는 귀신이 되기도 한다. 아래에서 요약할 문학작품은 몽골의 대표적인 작가인 담딘수렌(Damdinsuren)이 1945년에 발표한 「두 가지 흰색 물체」라는 작품이다. 곰보(Gombo)라는 한 청년이 가축을 괴롭히기로 유명했는데 특히 말을 채찍질하는 것으로 악명이 높았다. 가축을 괴롭혔던 곰보는 채찍질을 하다가 말의 한쪽 눈을 멀게 하기도 했다. 어느날 그는 한쪽 눈을 잃은 회색빛 늙은 말을 타고 가다가 말이 한쪽 눈을 잘 볼 수 없어서 절벽에서 발을 잘못 디뎌서 절벽 아래로 떨어져 억울하게 같이 죽게 되었고 그로부터 아직까지도 곰보와 함께 죽었던 말의 뼈가 절벽 아래에 남아있다는 이야기이다. 이 이야기의 일부분을 요약해 보면 다음과 같다.

푸른 물과 녹색의 풀 그리고 산에 있는 바위 사이의 흰색 돌은 너무나 아름다운 풍경이었고 하나의 아름다운 디자인과 같았다. 갑자기 나는 마치 나의 슬픈 마음이 기뻐지고 나의 지루해졌던 기분이 좋아져서 상대적으로 가볍고 즐거운 느낌이 들었다. 그곳으로 곧장 가는 것은 불가능 하였다. 만약 우리가 발을 잘못 디디면 수직선으로 깍아내리는 듯한 절벽이 아래에 놓여 있었다. 그러나 나는 그 협곡을 돌아가서 호수와 바위에 안전하게 도달할 것 같았다. "호수로 올라갑시다". 나는 늙은이에게 소리쳤다. 그 늙은이는 나의 소리에 성가시다는 표시로 주먹을 꼭 쥔 표시를 하면서 내가 호수로 넘어가는 것을 금하였다. 그리고는 대답도 하지 않고 입으로 무엇인가를 중얼거렸다. 나에게는 그가 종교적인 주문을 되풀이하는 것 같았다. 나는 이러한 종교적인 늙은이에게 어떠한 것이라도 요구하지 않는 것이 좋겠다고 이해했다. 나는 그 호수에 혼자라도 가고 싶다고 생각했지만 그곳으로 가는 길을 찾지 못하였다. 그래서 다른 선택이 없어서 그 늙은이를 따라갔다. 아주 위험한 길을 가까스로 지나가면서 나는 세 가지의 아름다운 광경(푸른 물, 녹색의 풀, 흰색 돌)을 목격할 수 있었다. 바로 그 순간 두 개의 흰 물체를 보았는데 하나는 둥근 모양이고 다른 하나는 타원형의 모양이었다. 둥근 물체는 호수의 가장자리 근처에 있었고, 타원형 물체는 조금 위쪽에 조금 비스듬하게 있었다. 만약 자세하게 관찰한다면 두 개의 흰색 물체로부터 빛이 반짝이는 것으로 보였다. 내 생각으로는 "거기에 어떠한 비밀이 숨겨져 있는 것 같다. 사실 여기 주변에 보물이 있다. 그렇기 때문에 늙은이는 침묵을 지키고 내가 보물을 보지 못하도록 멀리하고 겁주려고 하고 있다". 그리고는 나는 또한 이 장소가 귀신이나 마귀가 자주 나타나는 곳이 아닐까하는 의구심이 들기 시작했다. 나는 그곳을 조금 지나서 길이 조금 넓어졌을 때 늙은이를 따라잡았다. "흰색 물체들은 무엇인가요? 나에게 말해 주세요". 나는 늙은이에게 부탁했다. "기다려, 기다려 나의 아들" 하고 대답하고는 "우리가 이곳에서 그것을 이야기해서는 안된다. 이곳에서 벗어나면 내가 말해줄 것이다"라고 늙은이는 속삭였다. 그 늙은이는 다시 종교적인 주문을 외우기 시작했다. 늙은이가 나를 그곳에 데려다 주지 않으려고 하자 나의 용기도 사라졌다. 나는 그곳에 혼자서라도 가야하는가에 대한 딜레마에 빠졌다. 조금 더 걸어가자 두 개의 흰색 물체는 시야에서 사라졌다. 점차로 길은 넓어져서 두 사람이 나란히 걸을 수 있게 되었다. 늙은이는 이 쪽 저 쪽을 살피고는 두 개의 흰색 물체가 완전히 보이지 않게 되었음에 만족하면서 종교적인 주문을 더 이상 외우지 않았고 두 개의 흰색 물체에 대하여 이야기 해 주었다 (Batbayar:2005:154－155)

위의 이야기를 보면 몽골의 샤머니즘에서 자주 다루어지는 정신과 영혼의 문제를 떠올리게 한다. 즉 사람이 죽으면 육체적인 생명을 다하게 되지만 영혼은 개인의 신체 속에 3년 동안 남게 되는데 특히 뼈는 영혼이 머무는 장소로 중요한 역할을 하게 된다. 세월이 흘러서 뼈가 마지막으로 사멸하게 되면 뼈 속에 깃들어 있던 일시적인 영혼도 없어지거나 사라지게 되며 결국에는 영혼불멸의 신령 혹은 영혼도 하늘로 올라가거나 다른 생명체로 다시 태어나게 되는 것이다. 그러나 뼈가 남아 있는 한 즉 뼈를 잘 수습하여 양지에 묻어 두지 않거나 아무렇게나 내버려 두게 되면 그 속에 들어 있는 영혼도 편안하게 잠들지 못하는 것이다.

6. 나오기

몽골의 귀신을 체계적으로 이해하기 위하여 몽골의 샤머니즘에서 부터 몽골의 현대문학작품에 이르기 까지 다양한 측면에서 몽골의 귀신을 분석해 보았다. 순진하고 우둔한 몽골의 귀신에서부터 현세에 미련을 가지고 사람들에게 해를 끼치는 악귀 그리고 역사문헌자료에 보여지는 물과 땅의 귀신까지 다양한 귀신을 살펴보았다.

설화와 역사문헌자료 그리고 문학작품을 보더라도 몽골의 귀신은 몽골의 샤머니즘과 밀접하게 연계되어 있다. 특히 몽골의 샤머니즘에서 흔히 볼 수 있는 정령과의 소통에서 확연하게 들어난다. 이러한 전통은 몽골의 샤먼에 대한 기원을 보여주는 설화 속에서 입무과정의 하나로 빙의형과 탈혼형이 함께 나타나는 예에서도 잘 반영되어 있다. 예를 들어서 샤머니즘의 기원에 관한 차하르 지역의 한 설화를 보면 죽은 아버지의 정령과 죽은 어머니의 정령이 각각 남자와 여자의 몸에 들어가서 두 남녀는 신이 들리게 되는데 이때부터 두 사람은 수호령과 접신하는 동안에는 날 수 있게 되었다. 또 한 번은 그들이 엑스터시 상태에서 접신하여 두 조상의 무덤으로 날아갔는데 거기서 그들은 횡목(橫木)이 달린 북과 황조(黃鳥) 깃털로 만든 머리 장식을 발견했다. 수호령에 이끌린 그들은 두 물건을 잡았고 그 후로 사람들은 그들을 붜(남자샤먼), 오드강(여자샤먼)이라고 부르게 되었다(발터 하이시히:2003:33). 즉 몽골의 샤먼은 정령과 소통을 할 수 있을 뿐만 아니라 정령을 만나기 위하여 자신의 영혼을 이동시킬 수도 있는 것이다.

몽골의 샤머니즘을 보면 인간을 구성하는 영혼은 인간이 죽은 후에도 여전히 남아 있는 경우가 많다. 이것은 현세의 삶 못지않게 죽은 후의 삶도 중요하게 받아들여지기 때문이다. 몽골의 샤머니즘에 반영된 영혼이 일시적인 영혼이든 영혼불멸의 영혼이든 현세에서 맺어진 인연과 인관관계를 무시할 수 없는 것이다. 그것이 피와 살과 같은 모계의 전통이건 뼈와 같은 부계의 전통이건 혹은 영원한 하늘의 영혼이건 상관없이 현세의 삶과 밀접하게 맺어져 있다. 따라서 현세를 살아가는 사람들의 입장에서 보면 죽은 뒤에 생겨나는 영혼은 소통할 수 있는 친근한 대상이면서도 현세에 대한 미련과 아쉬움을 내포한 두려움의 대상이기도 한 것이다.

몽골의 귀신은 인간에 국한되지 않고 동물과 자연을 포함한 좀 더 포괄적인 의미에서 다루어져야 할 것 같다. 더욱이 몽골의 샤머니즘에서 샤먼과 소통하는 정령 중에는 인간의 정령 외에도 동물의 정령도 포함되는 경우가 많다. 현세의 삶 속에서 볼 수 있는 몽골의 유목문화는 인간과 자연이 조화를 이루는 우주론 적인 사고에서 이해될 수 있다. 마찬가지로 사후의 세계를 대상으로 주로 다루 어지는 몽골의 귀신과 관련해서 육체적인 죽음과 영혼의 문제도 인간뿐만 아니 라 동물과 자연을 포함한 우주론적인 측면에서 다루어야 할 것 같다.

몽골민속촌에 전시되어 있는 신목(神木)

몽골민속촌에 있는 다양한 몽골 부족들의 장식

몽골의 오보

미래의 방향이나 앞날을 조언해주는 몽골의 점쟁이

제5장

한국과 몽골의 민속문화 비교

한몽 주거공간의 비교

1. 들어가기

한국과 몽골의 민속을 비교하기 위해서 다양한 접근방법과 세부영역에 대한 비교가 필요하다. 그 중에서 개인이나 가족 그리고 친족 구성원들이 모여서 함께 일상적인 생활을 공유하는 장소인 주거공간은 생업의 중요한 구성요소로 두 문화를 비교연구 하는데 꼭 분석해야할 분야이다. 한국과 몽골은 주어진 자연환경이 다르기 때문에 주변 환경에 적응하려는 끊임없는 도전과 수많은 시행착오 속에서 가장 적합하고 정련된 주거공간이 만들어진 것이다. 따라서 주어진 자연환경을 이해하고 계속해서 되풀이되는 심오한 자연의 이치를 깨닫고, 이해하는 과정에서 축적된 것이 바로 한국과 몽골의 민속문화이며 이 중의 한 분야가 주거공간인 셈이다.

비교민속학적인 측면에서 한몽 민속문화의 연구는 최근에 활발한 편이며 특히 구비문학을 비롯하여 무속신앙 그리고 복식 및 음식에 대한 연구는 제법 있는 편이다. 그러나 한국과 몽골의 주거공간에 대한 비교연구는 거의 없는 편이다. 다만 개별적으로 한국의 주거공간에 대한 민속학적 연구는 제법 있지만[1] 몽골의 주거공간에 대한 민속학적 연구는 상대적으로 적은 편이다[2]. 이러한 국내 민속학계의 분위기 속에서 그동안 진행되었던 한국과 몽골이라는 개별적인 주거공간에 대한 분석을 한몽 주거공간이라는 좀 더 넓은 틀 속에서 비교민속학적으로 접근해 보는 것은 나름대로 의의가 있으며 향후 본격적으로 논의를 진행하는데 밑거름이 될 수도 있을 것 같다.

한국과 몽골의 주거공간은 피상적으로 보면 너무나 차이가 있어 보인다. 가령 예를 들어서 한국은 전통적으로 농경문화권의 깊은 전통 속에서 땅을 소중하게 여기면서 한 곳에 오랜 기간 동안 정착하는 편이며, 대체로 공동체 생활을 영위하면서 끈끈한 가족, 친족관계에 못지않게 지역적인 유대가 상당히 강한 편이다. 그러므로 각 지역마다 마을을 중심으로 사회조직이 결성되어 있으며, 특히 계와 향약 그리고 품앗이의 전통에 익숙해져 있어서 마을의 대소사에 서로 상부상조하는 상조회의 조직이 활동적이기도 하다. 반면에 몽골의 경우 전통적으로 유목생활을 영위하면서 땅은 모든 유목민이 공유하는 것으로 여겨지면서 정기적으로 이동을 하면서 그 때에 맞게 가족, 친족 그리고 이웃의 유대를 형성해 가는 유목문화를 대표한다. 따라서 일상적인 생활문화 속에서 주거공간이 가지고 있는 그리고 그 속에 담겨있는 다양한 민속문화는 한국과 몽골의 민속문화를 이해하는데 상당부분 새로운 시각을 제시해줄 수 있는 여지가 충분한 것이다.

본 논문에서는 한몽 주거공간을 비교분석하기 위하여 다음과 같은 세 가지 입장에서 논의를 진행하고자 한다. 첫째 주거공간이 가지고 있는 우주관과 환경관이다. 다시 말해서 주거공간 속에 들어있는 우주관 및 자연과의 조화와 친환경적인 요소를 찾아내어서 비교민속학적으로 검토할 것이다. 여기에는 주거공간과 관련된 방위도 포함해서 다루어 보고자 한다. 둘째로는 한몽 주거공간 속

---

1) 한국의 주거공간에 대한 연구로는 이영진, 「농촌주거공간에 관한 문화인류학적 연구」, 『인류학연구』, 제2집, 영남대학교 문화인류학연구회, 1982와 임재해, 「주거문화 인식의 성찰과 민속학적 이해지평」, 『비교민속학』, 제32집, 비교민속학회, 2006 그리고 이영진, 「주거민속을 통해본 주거공간의 영역화」, 『비교민속학』, 제32집, 비교민속학회, 2006 등이 있다.
2) 박환영, 「몽골 유목문화 속의 성(性) 민속에 대한 연구」, 『강원민속학』, 제19집, 강원민속학회, 2005c에서 몽골의 전통적인 주거공간인 겔(ger) 내부의 공간을 민속학적으로 고찰하고 있다.

에 들어있는 지위와 서열 그리고 성(性)의 구분등과 관련된 주거공간의 구분과
역할분담 그리고 위치구분과 관련된 내용이다. 여기에서는 주거공간 내에 존재
하는 가신신앙을 함께 다루고자 한다. 세 번째로는 한몽 주거공간과 관련된 속
신(특히 금기어)을 통해서 좀 더 다양한 측면에서 실제적인 생활 속에 숨겨져
있는 주거공간의 민속을 살펴보고자 한다.

2. 주거공간 속의 우주관과 환경관

　　한국의 전통가옥을 보면 주어진 자연환경 속에 너무나 잘 어울리게 조화를
이루고 있다. 한 곳에 오랜 시간 동안 정착하여 가족과 친족 사이의 연대를 형
성하고 나아가서는 이웃과의 연대를 형성하는 마을이라는 사회공동체를 형성
하는 하나의 공간적인 요소로서 한국의 전통적인 가옥은 그 구조가 열려 있는
듯 하면서도 닫혀있는 일종의 "반 열린 공간"을 제공해 준다(윤재홍, 2004). 한
편 한국의 전통 가옥을 외형적으로 잘 보여 주고 있는 둥근 곡선미의 초가집을
보면 친환경적인 조형적인 모양새뿐만 아니라 자연의 재료를 이용한 친자연적
인 건축물임을 쉽게 알 수 있다. 또한 담과 문은 있으되 외부와는 단절된 것이
아니라 낮은 담장과 쉽게 여 닫을 수 있는 사립문을 보면 완전한 개방에서 조
금의 통제를 가한 주거공간이 가질 수 있는 최소한의 구분을 한 정도이다. 다
시 말하면 최대한 주어진 환경과 자연을 고려한 가옥의 형태로 볼 수 있다. 한
편 기와집의 경우도 초가집보다는 좀 더 자연과 구분을 두기 위하여 자연으로
부터 주거공간을 분명하게 나누고 있으며, 좀 더 세련된 건축미를 가진 듯 보
인다. 그러나 기본적으로 그것이 초가집이든 기와집이든 자연과 잘 어울리도록
경계와 차단의 목적이 아니라 자연과 어울리고 자연에 열려있는 울타리문화를
가지고 있다3). 예를 들어서 한옥의 주된 재료가 자연으로 다시 되돌아가기 쉬

---

3) 윤재홍, 『우리 옛집 사람됨의 공간』, 집문당, 2004, 99−106쪽.

운 흙, 나무, 짚이며 벽돌이나 기왓장의 경우도 흙을 구워서 만들었기 때문에
친자연적인 환경을 조성할 수 있는 것이다.

이러한 주거공간의 외형적인 형태와 건축의 재질과 재료 말고도 온돌과 마루
가 조화를 이루고 있는 과학적인 주거형태가 바로 우리의 한옥(韓屋)이다. 여름
에 덥고 겨울에 추운 지역적인 기후조건을 최대한 극복할 수 있으며, 특히 취사
(炊事)와 난방을 함께할 수 있으며 황토와 구둣돌을 사용하여 난방을 친환경적
이고 오랜 시간동안 유지시켜 준다. 이러한 가옥의 구조는 자연 속에서 얻을
수 있는 최대한의 해택을 친환경적인 환경 속에서 가장 경제적인 형태로 이용할
수 있도록 해준다.

몽골의 경우 정기적으로 이동을 하는 유목문화에 맞게 주거공간은 주어진
자연환경에 적합한 주거형태를 가지고 있다. 기후변화가 일정하지 않은 유목생
활 속에서 이동은 곧 생존과 직결되는 문제이다. 즉 한 곳에 너무 오래 머물러
있어도 안 되며 그렇다고 너무 서둘러서 이동해서도 안 된다. 유목생활에서 이
동과 관련해서는 보이지는 않지만 오랜 시간 동안 축적된 생활에서의 체험과
입에서 입으로 전승되는 다양한 민속문화에 기초를 두고 있는 민간의 원리와
원칙이 존재한다. 이러한 예측불허의 자연환경 속에서 몽골의 주거공간인 겔
(*ger*)은 한국의 전통가옥과 확연하게 구분되는 그 나름대로의 특징을 고스란히
간직하고 있는 셈이다. 가령 예를 들어서 몽골의 겔(*ger*)은 이동이 용이하도록
쉽게 조립하고 분해할 수 있게 만들어져 있지만, 한번 조립을 하면 겨울의 강
풍도 막나낼 수 있을 만큼 견고하며 시베리아의 추위를 이겨낼 만큼 난방이 잘
되는 특징을 가지고 있다. 그리고 여름에는 겔(*ger*)의 밑 부분을 열어둘 수 있
어서 통풍이 잘되고 시원한 상태를 유지해 준다. 한편 유목문화의 특징상 세간
은 가능하면 적은 것이 이동에 편리 하므로 몽골의 주거 공간 속의 세간은 그
야말로 최대한 축소되거나 압축되어 있는 것이 특징이다. 또한 주거 공간 속에
남자와 여자의 공간을 분명하게 구분해 두어서 노동의 효율성을 가질 수 있고,
갑작스러운 외부의 변화에 적극적으로 대응하고 이동을 원활하게 하는 기능을
가지고 있다.

몽골을 방문하게 되면 누구나 끝이 보이지 않는 대초원의 광활한 대지에서 하얀 겔(*ger*)을 흔히 볼 수 있는데 겔(*ger*)은 몽골의 대표적인 주거 형태로 정기적인 유목생활에 맞게 조립과 분해가 용이한 편이다. 한국의 전통적인 가옥형태가 친자연적이고 친환경적이라서 주어진 자연환경의 일부로 잘 조화를 이루고 있다면 몽골의 대표적인 주거 형태인 겔은 자연 속에 완전히 들어있다고 해도 과언이 아닐 것 같다. 몽골의 민요 중에서 겔(*ger*)을 묘사한 민요를 보면 몽골인이 가지고 있는 겔(*ger*)에 대한 상징성이 잘 반영되어 있다.

> 당신의 하얀 펠트 겔(*ger*)
> 부모님으로부터 이어져 온
> 평온한 화로(火爐)
> 당신의 어머니와 자녀들 사이의 끈끈한 유대
> 많은 자손들
> 많은 가축들
> 풍부한 음식
> 풍부한 유제품
> 이러한 것이 넘쳐나는 생활이 되기를
> 이러한 상서로운 축복이 생겨나길[4]

몽골의 유목민들은 유목생활 속에서 정기적인 이동을 하게 되면 겔(*ger*)이 있던 자리에 하나의 표시를 남겨두게 된다. 이것은 다음에 다시 이곳에 돌아올 때 장소를 확인할 수 있는 표시이기도 하지만 또한 다른 유목민들이 그곳에 주거공간을 짓지 못하게 하는 역할을 하기도 한다. 지역에 따라서 조금의 차이는 있지만 보통은 겔이 있던 자리에 돌을 모아서 둥글게 표시를 남기기도 하며 특히 겔 안의 화로가 있던 자리에 놓아둔 돌멩이 세 개[5]를 그대로 두면서 제물로

---

4) Horloo, P, *mogol ardyn yeröö*, Ulaanbaatar, 1969, 42쪽.
5) 돌멩이 세 개는 화로가 놓여 있던 자리를 상징하며 또한 아버지, 어머니, 자식으로 이루어진 가족의 영원한 안식처를 나타낸다. 이와 관련된 내용은 비얌바수렌 다바, 리자 라이쉬(공저), 김리합 (옮김),『내일은 어느 초원에서 잘까: 아르항가이 초원의 어느 여름 이야기』, 웅진 지식

우유를 뿌리기도 한다. 방목하는 가축의 종류와 주어진 환경에 따라서 이동하는 시기와 장소는 조금씩 차이가 나는 것도 사실이다[6]. 그러나 일반적으로 겨울의 숙영지는 바람을 피할 수 있는 남쪽과 북쪽에 작은 구릉이 있고, 동쪽과 서쪽에 산등성이 있는 분지가 적절하고, 봄에는 햇볕이 드는 곳, 가을에는 계곡과 같은 낮은 지대에 그리고 여름에는 향신료나 야생식물이 풍부하고 멀리 바라보기 좋은 장소가 적절하다[7]. 이렇게 이동을 하면서 몽골의 유목민들은 친자연적인 유목환경을 조성하기 위하여 유목에 영향을 미치는 자연의 결정요소인 물, 대지, 풀의 종류, 기온 등을 최대한 고려하는[8] 한편 가축의 수(數)와 유목민 집단의 크기를 종합하여 이동하는 횟수를 결정하게 되는 것이다.

한국의 전통적인 가옥인 한옥(韓屋)은 바닥과 벽 그리고 지붕으로 나누어지는데 이중에서 지붕은 중요하게 취급된다. 더욱이 방이나 마루와 같은 주거공간도 지붕에 의해서 마련되었기 때문이다. 또한 전통적인 한국의 주거공간 속에서 지붕은 복(福)이나 상서러운 기운, 악운이 들어오는 공간이며, 죽은 사람의 혼(魂)이 드나드는 길목이며, 주술적인 힘을 가진 공간이며, 하늘을 상징하는 공간이다[9]. 덧붙여서 『삼국유사』에 실려 있는 욱면설화(郁面說話)에서도 대가집의 계집종인 욱면의 불심이 부처님을 감동시켜서 법당의 지붕을 뚫고 서방정토(西方淨土)로 간다는 내용이 나온다[10]. 하늘과 맞대어 있는 지붕이 가지는 신성한 상징성을 엿볼 수 있는 내용이다.

이와 유사하게 몽골의 주거공간인 겔에서도 지붕은 중요한데 즉 길한 기운이 들어오고 나가는 공간이며, 죽은이의 혼(魂)과 관련되는 공간이기도 하다. 가령 『몽골비사』에 보면 몽골인의 조상 중에서 보르지긴(Borjigin) 씨족의 시초가 되

하우스, 2006, 166쪽 참조.
6) 유목생활을 하는 몽골인들은 주어진 환경 속에서 풀의 상태와 가축의 수(數)등 다양한 요소를 종합해서 신중하게 이동하는 때와 장소를 결정한다. 좀 더 자세한 내용은 Worden, Roberts and Savada, Andrea(eds.), *Mongolia: A Country Study*, Washington, D.C, 1991 참조.
7) 楊海英, 「천막에 나타난 우주관」, 『몽골의 유목문화』, 경기도박물관, 1999, 52쪽.
8) 박환영, 『몽골의 유목문화와 민속 읽기』, 민속원, 2005a, 109쪽.
9) 김광언, 『한국의 집지킴이』, 다락방, 2000, 167쪽.
10) 장덕순, 『한국 고전문학의 이해』, 일지사, 1995, 40쪽.

는 보돈차르(Bodonchar)에 관한 이야기 중에서 보돈차르의 어머니인 알룬고아(Alun gua)는 보돈차르를 비롯하여 세 명의 아이들을 남편도 없이 낳았다는 이야기가 나온다. 알룬고아가 아들들을 불러놓고 설명하면서 "밤마다 밝은 노란색 사람이 천장이나 문의 윗틈 사이로 빛을 따라 들어와서 내 배를 문지르면 그의 빛이 내 배로 스며들었다"[11]는 대목이 나온다. 이 부분을 기술하고 있는 『몽골비사』를 보면 "천장과 문의 윗틈 사이로"를 몽골어 원문으로 *geriin* örh totgoor giigüülen orj ireed로 기술하고 있다[12]. 따라서 문자 그대로의 의미는 "겔(*ger*)의 연기가 나가는 환기통의 상인방(上引枋)으로 들어왔다"는 의미가 된다. 즉 몽골의 전통적인 겔의 구조는 기둥(bagana)을 세워서 그 위에 천장(toono)을 두게 되어있는 것이다.

또한 몽골의 설화 속에도 천상에서 내려온 선녀가 올라갈 때 천장으로 올라간다. 예를 들어서 몽골의 설화 중에는 〈호리 투메드 호리다이 메르건〉(*hor' tümed horidai mergen*) 전설이 있다. 한국의 〈선녀와 나무꾼〉 설화와 많은 부분의 내용이 일치하는데 몽골의 주거문화를 반영하듯이 겔(*ger*) 안에서 하늘로 올라가는 부분이 잘 묘사되어 있다. 예를 들어서 "갑자기 뛰어 올라서 천장으로 날아가 버렸다"(... *genet dürdhiin niseed toonooroo garlaa*)[13]는 표현에서 겔의 윗부분에 해당하는 천장을 통하여 다시 하늘나라로 올라갔음을 알 수 있다.

덧붙여서 몽골의 전통적인 출산의례에서도 겔(*ger*)의 천장은 중요하게 취급된다. 즉 임산부가 출산을 위한 진통을 하게 되면 긴 실 한 타래를 화로 부근에서 기둥에 감아 천장(*toono*) 밖으로 내어 묶는 풍속이 있는데, 이것은 새 생명은 하늘에서 내려준다는 민간의 신앙을 잘 반영해 주는 내용이다[14].

한국과 몽골에서 지붕이 신성하게 여겨지는 것은 대자연 속에서 일상적인 삶

---

11) 유원수, 『몽골비사』, 혜안, 1994, 31쪽.
12) Gaadamba, Sh, *mongol'in nuuts tovchoo,* Ulaanbaatar: uls'in hevleliin gazar, 1989, 28쪽.
13) Tserensodnom, D, *Mongol ardyn domog* ülger, Ulaanbaatar, 1989, 177쪽.
14) 楊海英, 앞의 논문, 50쪽.

을 영위하는 두 민족의 생활방식이 반영되어 있기 때문이다. 즉 한국과 몽골의 주거공간 속에는 초월적인 힘을 가진 대우주의 아주 미미한 존재로서 인간이 가지는 우주관이나 환경관이 들어 있으며, 지붕을 통하여 하늘은 항상 경외의 존재요 죽으면 올라가는 천상의 세계를 의미했던 것이다. 이러한 천상의 세계로 가기 위하여 지붕과 신목(神木), 새 등은 인간세계와 천상의 세계를 이어주는 기능을 한다고 믿게 되었던 것 이다. 한국의 전통적인 상례(喪禮)에서 망자의 혼을 부르기 위하여 집의 지붕에 망자의 옷을 던지면서 "복복복" 세 번 외치는 초혼(招魂)의 민속이라든지 몽골의 상례에서 발인을 하기 전까지 죽은 사람을 겔(ger)에 모셔놓고 마지막 안식을 위하여 천장의 문을 닫아 놓는 민속이 이러한 우주관을 잘 반영해 준다.

▶ 몽골의 텐트 속에 소중하게 전시되어 있는 가족, 친족, 이웃 그리고 친구들의 사진

► 몽골의 가정에 모셔진 불교신들

3. 지위와 서열 그리고 성(性)의 구분

전통적인 한옥(韓屋)의 경우 남성의 공간과 여성의 공간이 적절하게 잘 조화를 이루고 있다. 예를 들어서 전통적인 한옥의 구조를 보면 보통 남성들의 공간인 사랑채를 남쪽과 동쪽에 배치하고, 여성들의 공간인 안채를 북쪽과 서쪽에 배치해서 음양의 조화를 이루도록 구성되어 있다[15]. 따라서 남성의 공간은 문(門)에서 가까운 반면에 여성의 공간은 외부에서 들어오기가 어렵게 되어있다. 이러한 구조는 전통적인 한국 사회에서 집 밖에서 이루어지는 다양한 정치와 경제적인 영역에서는 남성들이 주도적으로 활동하기 때문에 외부와 가까운 곳에 남성들의 공간이 설정되어 있었던 것이다. 반면에 여성들의 경우는 주로 집

---

15) 강영환,「한국 전통주거에 나타난 음양관」,『민속학연구』, 제4호, 국립민속박물관, 1997, 140쪽. 그리고 윤재흥,『우리 옛집 사람됨의 공간』, 집문당, 2004, 25쪽 참조.

안에서 다루어지는 가구적(家口的)인 일에 여성들이 적극적으로 간여하기 때문에 외부와는 다소 거리가 먼 곳에 여성들의 공간이 독립적으로 배정되어 있는 셈이다. 또한 남성의 공간이던 여성의 공간이던 성(性)에 의한 공간의 구분 외에도 가구내의 서열 즉 연장자와 연하자 사이의 공간 구분도 드러나 있다.

한편 전통적인 한국 사회에서 일정한 서열을 나타내는 주거 공간의 위치는 혼인이나 회갑 혹은 죽음으로 인하여 서열의 변화가 생기면 주거 공간의 변화도 함께 일어남을 잘 보여주고 있다[16]. 이러한 주거공간의 변화를 잘 보여주는 것이 "방물림"이다. 방물림을 하는 시기는 여성의 경우 시어머니가 연로하여 며느리에게 광(庫房)의 열쇠를 물려주는 때이며 남성의 경우는 아버지가 성장한 아들에게 집안과 밖을 대표하여 가족구성원들을 대표하여 일을 진행하는 권한을 물려주는 때이다. 환갑을 전후해서 주거공간 안에서 이러한 지위와 권력의 변화가 생겨나기도 한다. 예를 들어서 경기도 평택 지역에서는 환갑을 "산제사"라고 부르는데 이것은 이러한 지위의 변화를 강조한 좋은 사례가 될 수 있다[17]. 또한 지역이나 집안에 따라서 가구를 운영하는 부부가 안방을 사용하고 아래 세대 자식들은 건넌방을 사용하며 윗세대 노인들은 사랑방을 사용하기도 하는데, 이런 경우 자식이 장성하여 며느리를 맞이하고 나이가 들게 되면 점차적으로 안방을 차지하게 되며 안방을 사용하던 부모는 사랑방으로 옮기게 된다[18]. 다시 말해서 지위와 호주권에 변화가 생기면서 동시에 주거공간이 바뀌게 되는데 이것은 주거공간의 효율적인 구분을 통하여 주거공간 속에서 함께 생활하는 가족 혹은 친족 구성원들이 효과적으로 협력할 수 있는 장치를 마련해 주는 셈이다.

이와 비교해서 몽골인의 대표적인 주거 형태인 겔(ger)은 주로 남쪽으로 나있는 문(門)을 중심으로 왼쪽과 오른쪽으로 공간이 구분되어 있다. 이러한 공간의 구분은 먼저 겔의 중간에 놓여진 화로를 중심으로 왼쪽과 오른쪽 그리고 앞과

---

16) 배영동, 「주거공간 이용과 집 다스리기의 전통」, 비교민속학회(편)『민속과 정치』, 민속원, 2004, 502쪽.
17) 임돈희, 『조상제례』, 대원사, 1999, 11쪽.
18) 자넬리 로저, 임돈희(공저), 김성철(역), 『조상의례와 한국사회』, 일조각, 2000, 47쪽.

뒤로 나누어진다. 몽골의 겔은 보통 문이 남쪽으로 나와 있다. 그러므로 문에서 들어가서 즉 문을 남쪽으로 보았을 때 오른쪽은 동쪽이 되고 왼쪽은 서쪽이 된다. 같은 방식이지만 몽골인들의 입장에서 보면 북쪽을 기준으로 해서 겔의 오른쪽이 서쪽이며 남성들의 공간이며, 겔의 왼쪽이 동쪽이며 여성들과 아이들의 공간이 된다. 그리고 겔의 안쪽은 북쪽이 되는 셈이다. 따라서 남성들의 공간인 서쪽에는 말(馬)의 안장이나 다양한 연장 도구 그리고 칼, 톱, 도끼, 총 등이 놓여져 있으며 여성들의 공간인 동쪽에는 부엌에서 필요로 하는 다양한 식기와 요리도구 등이 놓여있다.

겔(ger)의 밖에서 보면 겔의 안쪽은 모두 같은 공간으로 보여 질 수 있다. 그리고 겔의 문(門)을 열고 들어가면 남성들의 공간과 여성들의 공간이 모두 밖의 공간과 가까이 있어 보인다. 전통적인 한국사회에서 보여지는 남성과 여성의 공간이 각각 밖에서 가깝고 멀었던 것과는 조금의 차이를 보이는 것이다. 그러나 몽골의 유목문화는 이러한 평면적인 공간 구조를 좀 더 입체적으로 남성의 공간은 밖에서 가깝고 여성의 공간은 밖에서 멀게 만들었다. 즉 예를 들어서 외부인이 몽골의 겔(ger)을 방문하면 먼저 남성의 공간에 앉게 되며 가까운 친구나 친척은 겔의 안쪽에 까지 와서 앉을 수 있다 그리고 겔을 나갈 때는 남성들의 공간에서 겔의 북쪽에 있는 연장자들의 공간을 거쳐서 겔의 동쪽에 있는 여성들의 공간을 거쳐서 밖으로 나가는 것이 일반적이다. 결국 몽골의 겔(ger)에서 여성들의 공간은 남성들의 공간과 마찬가지로 문(門)에서 근접해 있지만 실제로 외부인이 출입하게 될 때는 남성들의 공간보다 훨씬 안쪽에 있게 되는 셈이다.

몽골의 겔(ger)은 작지만 좀 더 세분화된 장소와 지위의 구분이 잘 드러나 있다. 예를 들어서 겔의 가운데는 일상생활을 위한 자리이고 겔의 앞부분 즉 문에서 들어가서 바로 앞쪽은 작업공간이자 갓 태어난 새끼 가축을 들여다 놓는 자리이다[19]. 몽골의 겔에 몽골의 대표적인 오축(五畜) 중에서 주로 염소와 양의 갓 태어난 새끼는 추운 겨울에 잠시 들어올 수 있지만 개나 개의 새끼는 들어오

---

19) 비얌바수렌 다바, 리자 라이쉬(공저), 김리합 (옮김), 앞의 책, 153쪽.

지 못한다[20]. 전통적인 몽골의 유목문화 속에서 개는 겔의 밖에서 주인의 가축을 지켜야 하는 책임감을 가지고 있으며 늑대와 같은 야생 동물의 위험으로부터 주인의 재산을 보호해야 하므로 혹한 추위를 이겨낼 수 있도록 강하게 단련시키는 것이 특징이다.

한편 전통적인 한국의 한옥의 구조 중에서 남성과 여성은 서로 구분되어서 생활하게 주거공간이 분리되어 있는 경우가 많다. 같은 집안 내에서도 남녀가 머무르는 공간 구분을 분명히 한 것은 물론이고, 특히 다른 문중에서 시집 온 여성들을 집안의 남성들과 가급적 접촉을 삼가게 했는데 형수와 시동생 그리고 질부와 시숙부 사이에서 이러한 규범이 잘 지켜졌다[21]. 반면에 몽골의 경우는 시숙(媤叔)과 제수(弟嫂) 사이의 관계가 조심스러운 편이다. 다시 말해서 남동생의 아내는 시아주버니와 농담을 할 수 없고 시숙은 제수가 혼자 있는 방에 갈 수 없다[22]. 몽골의 전통은 막내아들이 부모의 겔을 포함한 재산을 물려받고 집에서 지내는 가신제(家神祭)를 계승하기 때문에 "화로를 지키는 아들" 혹은 "가계(家系)를 지키는 아들"이라고 부르기도 한다[23]. 따라서 막내아들의 아내는 부모를 모시면서 집안의 계보를 이어가야할 뿐만 아니라 가신제(家神祭)를 주관하고 설날과 나담과 같은 세시의례에서도 큰집의 역할을 해야 하는 것이다. 아마도 이러한 분위기 때문에 제수와 시아주버니는 다소 어색한 관계를 가지는지 모른다. 이와 비교해서 한국의 경우는 대부분 장남이 부모의 재산을 상속하고 집안의 전통을 이어가기 때문에 맏며느리의 역할이 중요하게 작용하였다. 한국의 경우 형수와 시동생 사이가 조심스러웠던 것은 아마도 맏며느리로서 형수는 집안을 대표해서 집안의 대소사나 기제사를 포함해서 명절 제사등 다양한 의례에 주도적으로 관여하기 때문이다. 따라서 맏며느리는 항상 조심스럽고 절제된 생활을 하게 되며 남녀가 확연하게 구분이 되는 일상적인 주거의 공간 속에서

---

20) Park, H－Y, *Kinship in Post－Socialist Mongolia: Its Revival and Reinvention*, Ph.D thesis, Cambridge University, 1997, 155쪽.
21) 배영동, 앞의 논문, 503쪽 참조.
22) 박환영, 앞의 논문, 167쪽.
23) 楊海英, 앞의 논문, 54쪽 참조.

모범이 되어야 했던 것이다.

여름 오후의 한적한 유목민들의 텐트

몽골의 전형적인 텐트(ger)

▶ 몽골의 텐트로 이루어진 숙박시설

▶ 전통적인 방식의 몽골 텐트의 지붕(toono)

▶ 몽골의 수도 울란바타르에 있는 어느 호텔의 로비는 전통적인 몽골 텐트(ger)의 지붕으로 디자인 되어 있다.

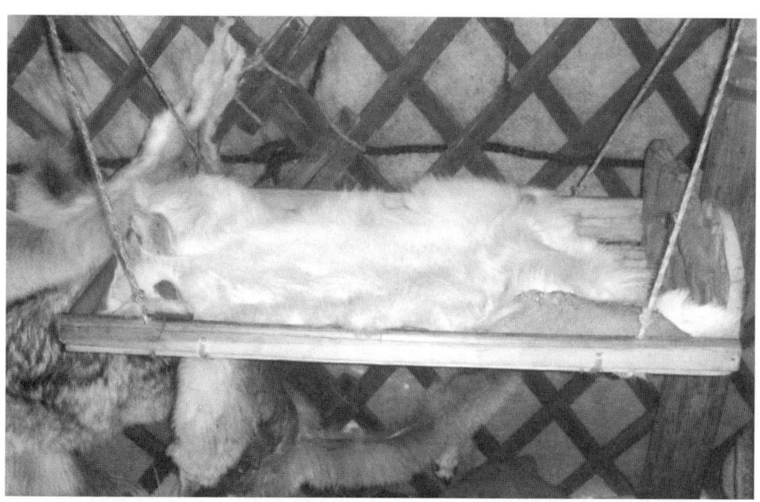

▶ 몽골 민속촌에 전시되어 있는 어린 아이들을 위한 요람

4. 속신 속에 투영된 주거공간

한국과 몽골의 민속문화 속에는 주어진 자연환경 속에서 오랜 시간에 걸쳐서 만들어진 생활의 경험과 역경을 극복해 나가는 지혜가 담겨져 있다. 속신도 이러한 부류의 정신문화 유산인데 특히 속신은 어떠한 현상이나 대상에 대한 민중들의 정신세계를 이해하는 지름길로서 중요한 역할을 할 수 있다. 주거공간과 관련해서도 속신의 내용을 살펴보고자 하는 것도 이러한 입장에서 이다.

속신은 속담이나 격언과 달라서 좀 더 직설적이고 살아가는 일상생활 속에서 믿어지고 인식되는 민중들의 생활 그 자체이다. 따라서 주거공간에 대한 한국과 몽골의 속신은 주거공간에 대한 또 다른 측면에서의 민속문화를 제공해 줄 수 있는 것이다. 필자는 주거공간과 관련해서 한국 속신의 경우는 최래옥의 자료[24]를 그리고 몽골 속신의 경우는 냠보와 나착도지(Nyambuu and Natsagdorj)[25], 장장식[26] 그리고 이안나의 자료[27]를 참조하였다. 먼저 최래옥의 자료[28]에 보면 주거공간과 관련해서 제법 많은 내용이 들어있다. 주된 내용을 살펴보면 일반적인 주거공간으로서의 집뿐만 아니라 주로 지붕, 담, 문, 대들보, 부엌, 변소(뒷간), 문지방, 부뚜막, 마당 등 다양한 편이다. 주거공간에 관한 한국의 속신을 구체적으로 열거해 보면 다음과 같다.

- 개가 지붕에 올라가면 그 집안에 무슨 일이 생긴다 (집안이 망한다, 큰 흉사가 일어난다. 흉년이 든다)
- 개가 지붕 위에 올라가면 재수가 없다
- 닭이 지붕 위에 올라가면 비 온다

---

24) 최래옥, 『한국민간속신어사전』, 집문당, 1995.
25) Nyambuu, H, and Ts., *Natsagdorj, mongolchuudiin tseerleh esnii huraangui toli*, Ulaanbaatar: ardiin tsergiin hevlel, 1993.
26) 장장식, 「몽골 금기어의 원리와 몇 가지 특징」, 『몽골학』, 제 9호, 한국몽골학회, 1999.
27) 이안나, 『몽골인의 생활과 풍속』, 첫눈에, 2005와 이안나, 「금기를 통해 본 몽골의 민속: 생활예법과 의례를 중심으로」, 『중앙민속학』, 제 12호, 중앙대학교 한국문화유산연구소, 2007.
28) 최래옥, 앞의 책, 15-310쪽 참조.

- 닭이 지붕이나 높은 곳에 올라가면 나쁘다
- 여자가 용마루를 타 넘으면 재수 없다
- 이가 빠졌을 때 지붕에 던져 까치가 물고 가게 한다
- 이를 빼서 지붕에 던지면 이가 빨리 자란다
- 이 뽑아 지붕 위에 던지면 제비가 물고 가 새 이빨 나게 해 준다
- 이가 빠지면 지붕에 손톱은 변소에 버린다
- 지붕에 빨래 널면 안된다 (사람이 죽었을 때나 하는 것)
- 결혼식 날 신부가 신랑집에 가서 천장을 쳐다보면 시집살이가 고되다
- 담 넘어다니면 해롭다
- 객사한 시신은 집에 들여놓지 않는다
- 고사 지낸 다음 방을 쓸면 복이 나간다 (가난해 진다)
- 대들보가 부러지면 집안이 망한다
- 대들보가 소리를 내면 주인이 죽는다
- 대들보 밑에서 음식을 먹으면 불길하다
- 고춧대를 안부엌에서 때면 조왕신(부뚜막신)이 달아난다.
- 관이 문을 나갈 때 관이 문턱에 닿으면 또 다른 사람이 죽는다.
- 구들장 밑으로 나무 뿌리가 지나가면 안 좋다
- 구멍 뚫린 돌을 외양간에 두면 암소를 낳는다.
- 굴뚝 쪽으로 머리를 두고 자면 단명한다
- 금줄 친 집에 함부로 들어가면 아기가 죽거나 병에 걸린다
- 기르던 개가 집을 나가면 그 집 식구의 액운을 대신한다
- 낮에는 문을 열어 놓아야 한다
- 낮에 대문을 닫아 두면 가난하게 산다
- 대문을 막으면 집이 망한다
- 대문을 서향으로 하면 자손이 적다
- 대문을 일찍부터 열어 놔야 복이 들어온다 (開門萬福來)
- 대문이 북쪽으로 나 있는 집은 나쁘다
- 봄에는 동쪽, 여름에는 남쪽, 가을에는 서쪽, 겨울에는 북쪽에 대문을 세우는 것은 좋지 않다
- 높은 곳에 집을 지으면 가족이 건강하다

- 높은 곳에 집터를 잡으면 집안 식구가 건강하다
- 다른 집으로 이사를 갈 때 전에 살던 집의 문풍지는 다 찢는다
- 동네 사람이 아침 일찍이나 해 진후에 우리 집 불을 가져가면 재수가 없다
- 머리를 부엌 쪽에 두고 누우면 엄마가 돌아가신다
- 머리를 북쪽에 두고 자면 일찍 죽는다 (혹은 머리를 북쪽에 두고 자면 나쁘다)
- 부뚜막에 앉으면 맏며느리 쫓아낸다
- 부뚜막에 앉으면 조왕 할머니가 욕한다
- 부뚜막에 칼을 올려놓으면 불길하다
- 부엌 바닥에 침 뱉으면 죄로 간다
- 부엌 아궁이에 물을 뿌리면 불화가 온다
- 부엌 아궁이에 손톱, 발톱을 넣으면 집안에 아픈 사람이 생긴다
- 부엌에서 소리(크게 노래)하면 성주, 조왕신이 달아난다
- 아궁이 불을 옮겨주면 복이 달아난다
- 아궁이에 침을 뱉으면 못 쓴다
- 집안에 불씨를 꺼뜨리면 집안이 망한다
- 하룻불씨를 꺼뜨리지 않아야 잘 산다
- 문지방을 밟고 가면 재수가 없다
- 문지방에 앉으면 논둑 터진다
- 문지방에 기대면 입 비뚤어진다
- 칼로 문지방을 찍으면 해롭다
- 문쪽에 머리를 두고 자면 재수가 없다
- 방 안에서 관을 내 갈 때 문지방 밖에 엎어 놓은 바가지를 깨고 나가야 탈이 없다
- 방 안에서 모자를 쓰지마라
- 방 하나에 두 개의 화로를 놓지 마라
- 노름할 때 뒷간을 갔다 오면 딴다
- 농사짓는 사람이 변소에 빠지면 그 집 곡식이 잘 된다
- 변소는 우물과 멀리 떨어져 있는 게 좋다
- 변소에 가서 넘어지면 죽는다
- 변소에 빠지면 떡 해 먹는다
- 안방과 건넌방에서 자는 사람이 이어서 자면 집안이 망한다

- 상갓집에 다녀왔을 때 집 앞에 짚불을 놓고 타 넘어 들어간다
- 이사 갈 때는 문구멍을 찢어 놓고 가거나 방문을 열어 놓고 간다
- 이사 간 첫날에는 북쪽으로 머리를 두고 잔다
- 이사 갈 때 불과 소금을 먼저 가져가면 좋다
- 이사 갈 때 불이 꺼지면 집안이 안된다
- 제삿날 안마당에 물 버리면 안된다 (물을 보고 혼이 강이다 생각하기 때문이다)
- 집을 짓기 전에 터에 고사를 지낸다

주거공간에 대한 한국의 속신을 보면 지붕이 가지고 있는 신성성 혹은 하늘과의 연계성이 잘 반영되어 있다. 지붕뿐만 아니라 대들보, 부엌의 부뚜막, 화로의 불(火), 문지방 등을 신성하게 여기면서 소중하게 다루고 있음을 알 수 있다. 한편 "이사 갈 때는 문구멍을 찢어 놓고 가거나 방문을 열어 놓고 간다"라는 속신 속에는 살던 집의 성주신이 더러운 집에서 살지 말고 같이 이사 가자는 의도가 담겨져 있다. 따라서 이사를 가게 되면 방도 정리하지 않고, 문풍지도 찢어 놓고, 청소도 하지 않고, 방문도 열어 놓고 이사를 했던 것이다.

대문은 집으로 들어오는 장소이기 때문에 복(福)이 들어오는 장소이다. 또한 사람이든 복이든 나쁜 재앙이든 조상들의 혼(魂)도 대문을 통하여 마당을 거쳐서 마루나 방으로 들어오게 된다. 따라서 대문을 열어두는 것이 좋고 양기(陽氣)가 가득한 남쪽으로 문을 내는 것이 좋음을 잘 묘사해 주고 있는 속신이 눈에 띈다. 중국의 『삼국지』변진전에 우리의 "부엌이 대체로 서쪽에 있다"라는 구절이 나오는데 이것은 오늘날 남향집과 같은 구조인 셈이다29). 남향집의 경우 문(門)을 앞으로 보면 뒷간 즉 변소는 뒤편 즉 북쪽 근처에 위치하게 된다. 남의 눈에 잘 드러나 보이지 않는 장소인 변소와 관련해서 속신이 생겨난 것은 변소에 있는 측신(厠神)의 존재와 더불어서 주거공간 속에서 하나의 영역을 설정하고자 하는 한국인의 의식세계를 보여준다.

다음으로 몽골의 속신과 관련해서 냠보와 나착도지(Nyambuu and Natsagdorj)30),

---

29) 김광언, 앞의 책, 149쪽.
30) Nyambuu, H, and Ts., *Natsagdorj, mongolchuudiin tseerleh esnii huraangui toli*, Ulaanbaatar:

장장식[31] 그리고 이안나[32]가 수집한 몽골 민속문화 속의 금기어 자료를 분석하여 보았는데 이 속에는 한국의 주거공간과 관련된 속신(특히 금기어)과 마찬가지로 문지방, 천장, 화로 등과 연관된 내용이 두드러진다. 이러한 몽골의 금기어를 자세하게 기술해 보면 다음과 같다.[33]

섣달 그믐날에는 다른 집에 놀러가지 마라
집안을 어둡게 하지 마라
두 사람이 집 바깥과 안에서 이야기 하거나 서로를 부르지 마라
집안에서 휘파람을 불지마라
잠자리에 들 때 노래를 부르거나 울지 않는다
집안으로 들어갈 때 손아랫사람이 먼저 들어가거나, 나올 때 손윗사람이 먼저 나오는 것을 금한다
남의 집에 들어 갈 때는 모자를 벗고 들어가지 않는다
남의 집에 들어 갈 때는 허리띠를 풀고 들어가지 않는다
소매를 걷은 채 남의 집에 들어가면 안된다
음식물 찌꺼기나 구정물을 버릴 때는 집안에서 밖으로 쏟지 않는다
문지방을 밟거나 그 위에 서 있지 않는다
문지방에 도끼나 칼을 대지 않는다.
문지방에다 뼈를 치거나 나무를 부러뜨리는 행위를 금한다
문지방을 넘겨 쓰레기를 쓸어내지 않는다.
집을 지을 때는 다른 집이 이동한 터에 겔(*ger*)을 짓지 않는다.
지기(땅의 기운)가 센 곳을 향해 집을 짓지 않는다.
문에 금줄이 쳐져 있거나 붉은 천이 묶여 있으면 집안으로 들어가지 않는다
겔(*ger*)의 천창 덮개가 덮여 있으면 집안으로 들어가지 않는다

---

ardiin tsergiin hevlel, 1993.
31) 장장식, 앞의 논문, 10−16쪽 참조.
32) 이안나, 『몽골인의 생활과 풍속』, 첫눈에, 2005와 이안나, 「금기를 통해 본 몽골의 민속: 생활예법과 의례를 중심으로」, 『중앙민속학』, 제 12호, 중앙대학교 한국문화유산연구소, 2007.
33) 몽골 주거와 관련된 금기어 자료를 한국의 주거공간 관련 속신어(특히 금기어)와 비교분석하기 위하여 속신어의 형식에 맞게 내용은 그대로 두고 형식만 부분적으로 첨삭을 했다.

겔(*ger*)이나 그 기둥에 기대지 않는다

부젓가락 등을 하늘쪽 혹은 겔(*ger*)의 안쪽, 오신 손님 쪽을 향해 두지 않는다

물과 땔감을 함께 집 안으로 가지고 들어가지 않는다

재와 쓰레기를 버리러 갈 때 이웃한 두 집 사람이 함께 가는 것을 금한다

기둥에 매달리거나 껴안지 않는다

잔치가 있어 친가와 외가 사람들이 모두 모여 자리에 앉을 경우 친가 사람들이 먼저 자리에 앉지 않는다.

낡은 천창틀을 불태우지 않으며 여자는 손을 대지 않는다

천창 위를 밟아서는 안된다

천창을 들어 올릴 때는 집안의 가장이나 아들이 아니면 들어 올려서는 안된다

천둥 번개가 치는 날 겔(*ger*) 문을 열거나 화로의 굴뚝을 내리지 않으면 안된다

이동하는 가정은 짐을 다 실은 후 반드시 집터를 청소해야 한다.

시신을 묻고 온 사람은 곧바로 집에 들어가지 않는다

겔(*ger*)의 덮개 문을 들치고 들어갈 때 왼쪽으로 들치고 들어가지 않는다.

문틈으로 엿 보면 삿된 기운이 들어온다

다른 사람의 머리 쪽으로 다리를 뻗고 자지 않는다.

집에 있는 불씨를 다른 사람에게 주지 않는다

다른 곳에서 불씨를 구해서 집으로 오지 않는다

외부 사람이 집안으로 들어와서 화롯불에 직접 담뱃불을 붙이면 안된다

갈 걸럼트(*gal golomt*)[34]의 불을 향해 발길질 하지 않는다

이동해 가는 집의 갈 걸럼트와 집터에 뼈나 털을 남기는 것을 금한다

갈 걸럼트에 물을 붓지 않는다

외부인이 갈 걸럼트의 왼쪽으로 돌아나가서는 안된다

갈 걸럼트 주변에서 나무를 치지 않는다

끝이 날카로운 도구나 칼 따위를 갈 걸럼트 쪽을 향하여 놓지 않는다

갈 걸럼트 위에 담뱃대를 치지 않는다

갈 걸럼트에서 담뱃불을 부치지 않는다

갈 걸럼트에서 쓰레기를 태우지 않는다

---

34) 갈 걸럼트(*gal golomt*)는 겔의 중앙에 위치해 있는 "화로" 혹은 "화로의 자리"를 의미한다.

- 갈 걸럼트를 손가락으로 가리키지 않는다
- 화로(火爐)가 있는 자리나 신상(神像) 쪽을 향해 다리를 뻗고 자지 않는다.
- 화로 옆에서 도끼로 나무를 패거나 뼈를 치는 일을 삼간다
- 화로에 칼을 찔러 넣지 않는다
- 화로 주변에 더러운 물건이나 쓰레기 따위로 더럽히지 않는다
- 화로 위로 물건을 주고 받지 않는다
- 화로를 향하여 침을 뱉거나 가축의 젖을 떨어뜨리지 않는다.
- 화로에 새의 깃, 양파, 마늘 껍질 등을 태우지 않는다
- 화로에 있는 재를 뒤척이거나 뒤섞지 않는다
- 화로에 소금을 넣지 않는다

몽골의 속신 중에서 문지방과 관련해서 "문지방 앞에 끈이 팽팽하게 묶여져 있으면 겔(ger)에 들어가서는 안된다"라는 금기어도 있는데 이것은 죽어가는 사람이 마지막으로 편안한 휴식을 취할 수 있도록 그대로 두어야 한다는 뜻이기도 하며, 문지방 앞의 끈은 전염병을 뜻하기 때문이기도 하다[35]. 한편 몽골의 겔 중앙에 놓여 있는 화로는 가장 성스러운 영역이다. 몽골의 전통적인 혼례에서도 신부는 신랑집의 화로에 불을 붙이는 것으로 신랑집의 새로운 친족 구성원으로서의 자격을 가지게 된다. 다시 말해서 신랑과 신부를 위해서 만들어진 새로운 겔의 화로에 신부가 처음으로 불을 붙임으로써 새로운 가정을 이루게 되었음을 상징적으로 나타내게 되는 것이다.

한국인의 일생의례 중에서 주거공간은 현세의 삶을 대변해 준다. 주거공간을 떠나는 것은 곧 현세의 삶을 마감하고 내세로 가는 것으로 생각하여 지붕에 망자의 적삼을 던지면서 초혼(招魂)을 하기도 했다. 이와 같은 맥락에서 상갓집에 다녀오거나 시신을 매장하고 올 때는 소금을 몸에 뿌리고 집에 들어오거나 불을 피워 놓고 그 불을 통과하여 몸과 마음을 정화시키고 집에 들오기도 했다. 몽골의 전통적인 상례 습속에도 이와 유사한 민속이 있다. 가령 시체를 매장할 경우 매장지를 향하여 동쪽 방향으로 시체를 운반한다. 그리고는 집에 돌아올 때는

---

35) 비얌바수렌 다바, 리자 라이쉬(공저), 김리합 (옮김), 앞의 책, 154쪽.

서쪽 방향으로 돌아온다. 이러한 것을 몽골에서는 *nar zov erg*üüleh (문자 그대로의 뜻은 "해 뜨는 방향에서 해 지는 방향으로 이동한다")라고 부른다. 이 때 집으로 돌아오기 전에 집 앞에 불을 피워 놓고 여기를 통과해서 집에 오는데 이것은 부정함과 오염된 것을 정화하기 위해서인데 이러한 행위를 galaar arilgah (문자 그대로의 뜻은 "불에 의한 정화")라고 부른다.[36]

주거공간과 연계성이 있는 한국의 속신 중에 "이사 갈 때는 문구멍을 찢어 놓고 가거나 방문을 열어 놓고 간다"가 있다. 이것은 성주신을 이사 가는 새 집으로 모셔가기 위한 일종의 의도된 행위이다. 이에 반하여 몽골의 속신은 "이동하는 가정은 짐을 다 실은 후 반드시 집터를 청소해야 한다" 이다. 즉 몽골의 경우는 자주 이동을 하기 때문에 나중에 다시 돌아오기 마련이다. 그러므로 몽골의 유목민들은 이동을 하는 것을 일시적으로 떠나는 것으로 간주하여 돌을 모아서 표시를 해두기도 한다. 몽골의 경우 불을 다스리는 화신(火神)의 존재가 주거공간 속에서 중요하게 취급된다면 한국의 경우 집안의 으뜸신인 성주신을 비롯해서 화신(火神), 부엌의 조왕신, 변소의 측신(厠神) 등 다양한 가신(家神)의 존재가 다양한 주거공간 속에 내재되어 있는 것이다. 특히 화신(火神)의 경우 이사 간 집에 초를 선물하거나, 제주도 지방에서는 이사를 갈 때 무엇보다도 불(火)이 우선적으로 취급되는 예에서 잘 나타난다. 예를 들어서 불(火)과 관련된 기구를 먼저 옮기게 되는 데 가령 제주도에서는 이사 갈 때 가스렌지, 전기밥솥, 가스통 등을 먼저 옮기는 경우가 많다[37]. 또한 전남 영광군의 입석리 마을의 영월 신씨 종가집에서는 아직 까지도 집안에서 불씨를 무엇보다도 가장 소중하게 여기는 전통이 이어져 오고 있다.

---

36) Park, 앞의 책, 136쪽.
37) 김창호, 「제주도의 신구간(新舊間)」, 『민속소식』, 제 102호, 국립민속박물관, 2004, 7쪽.

5. 나오기

　한국과 몽골의 주거공간을 비교민속학적으로 고찰하기 위하여 우주관과 환경관, 지위와 서열 및 성(性)의 구분 그리고 속신 등 크게 세 가지 입장에서 살펴보았다. 농경문화권과 유목문화권이 각각 주도적인 생업환경을 조성하고 있는 한국과 몽골에서 주거공간은 주어진 자연환경에 최대한 조화를 이루고 있다. 집은 삶과 죽음 그리고 즐거움과 슬픔이 교차하는 삶의 현장이면서 작은 우주이기도 하다. 즉 살아 있는 사람들만의 장소가 아니라 죽은 조상들이 함께 공존하는 장소요, 다양한 가신(家神)과 불교신이 함께 조화를 이루면서 주어진 역할과 공간을 가지고 있는 말 그대로 복합적인 공간이기도 하다. 또한 한국과 몽골의 주거공간에서 지붕, 화로, 기둥, 문지방 등은 신성하다고 취급되기 때문에 부정이 타서도 안 되고 조심스럽게 다루어진다.

　한국의 전통적인 한옥의 구조는 보통 남성들의 공간은 남쪽과 동쪽에 위치하는데 반하여, 여성들의 공간은 북쪽과 서쪽에 위치하여 음양의 조화를 이루도록 구성되어 있다. 반면에 몽골의 전통적인 겔의 구조를 보면 서쪽이 남자들의 공간이며 동쪽이 여자들의 공간이다. 한국에서 남성들이 주로 생활하는 사랑채는 바깥에 위치해 있다. 즉 대문에서 가까운 반면에 여성들이 생활하는 안채는 대문에서 한참 들어가야 하는 집의 안쪽에 배치되어 있다. 몽골의 겔을 영역구분 하면서 바깥에서 안으로 들어가는 정도에 따라서 분류해 보면 몽골의 남성들이 생활하는 서쪽이 바깥채 혹은 사랑채가 되고 여성들이 생활하는 동쪽이 안채가 된다. 이것은 몽골의 겔을 들어가면 왼쪽(서쪽)으로 들어가서 오른쪽(동쪽)으로 나오는 것이 순리이다. 그러나 외부인이거나 낯선 사람이 겔을 방문하게 되면 문 바로 앞쪽에 앉아야 한다. 방문객이 얼마나 친분이 있는지 즉 가까운 친구이거나 이웃 혹은 가까운 친족일 때 가까운 정도에 따라서 겔에서 앉는 위치가 달라진다[38]. 겔의 북쪽은 연장자들의 공간이면서 호이모르(*hoimor*)라고

---

38) 박환영, 앞의 논문, 226-227쪽 참조.

부르는 상석(上席)이며, 남자들의 공간과 여자들의 공간을 분리해 주면서 또한 연결 시켜주는 공간이다. 따라서 가까운 친척일 경우에 남자의 공간에서 시작하여 연장자의 공간을 거쳐서 겔에서 제일 마지막으로 여자의 공간에 이르게 된다.

주거공간의 내용을 담고 있는 한국과 몽골의 속신은 주거공간 내부의 영역뿐만 아니라 주거공간 외부의 영역도 함께 다룰 수 있는 여지를 제공해 준다. 주거공간과 관련된 한국과 몽골의 속신을 보면 금기어와 관련된 내용이 대부분이다. 주거공간과 관련한 이러한 금기어를 통하여 한국과 몽골의 전통적인 주거공간에서 보여지는 세부영역 즉 환경관 및 우주관, 방향 및 방위, 성(性)과 지위에 의한 영역 등을 좀 더 구체적이고 현실감 있게 느낄 수 있게 해 준다.

▶ 몽골의 시골에 있는 여행자들을 위한 캠프

▶ 오보 옆에 있는 기념품점

▶ 몽골의 시골

참고문헌

강영환(1997), 「한국 전통주거에 나타난 음양관」, 『민속학연구』, 제4호, 국립민속박물관.

______(1992), 『집의 사회사』, 웅진출판사.

김광언(1988), 『한국의 주거민속지』, 민음사.

______(2000), 『한국의 집지킴이』, 다락방.

김기선(2001), 「몽골의 나담 축제와 낙타 축제」, 『중앙민속학』 9호, 중앙대 한국민속학
　　　연구소.

______(2003a), "『몽골비사』의 알타이적 지명요소와 관련된 한국 및 대마도 지명 연구",
　　　『몽골학』 14호, 한국몽골학회.

______(2003b), "『몽골비사』의 터럭(나룻)과 관계된 몽골과 중앙아시아인들의 세계관",
　　　『몽골학』 15호, 한국몽골학회.

______(2006), 「한국과 몽골의 금기 비교 연구」, 『몽골학』, 21호, 한국몽골학회.

김기설(1998), 「몽골의 나담축제 고찰」, 『몽골민속현장답사기』, 민속원.

김열규(외 공저)(2000), 『동북아 샤머니즘 문화』, 전북대 인문학 연구소 인문학 총서
　　　1, 소명.

김열규(2004), 『도깨비 날개를 달다』, 한국학술정보.

김의숙(1998), 「몽골의 민속생활 의례 고찰」, 『몽골민속현장답사기』, 민속원, 27−46쪽.

김이숙(1998), 「몽골 세시풍속 연구」, 김선풍(외 공저)『몽골민속현장답사기』, 민속원.

김창호(2004), 「제주도의 신구간(新舊間)」, 『민속소식』, 제 102호, 국립민속박물관.

김천호(2003), 「Mongol秘史의 飮食文化」, 『몽골학』, 15호, 한국몽골학회.

김형주(2002), 『민초들의 지킴이 신앙』, 민속원.

돌람 센덴자빈(지음), 이평래(옮김)(2007), 『몽골신화의 형상』, 태학사.

랴자노프스키, 서병국 (옮김)(1996), 『몽골의 관습과 법』, 서울: 혜안.

리가 (Ligaa, U), 신준식(역)(1996), 『蒙古藥用植物圖鑑』, 서울: 대한추나학회 출판사.

마르코 폴로(지음), 채희순(역)(1976), 『동방견문록』, 동서문화사.

박상희, 강남옥 (엮음)(2000), 『몽골어－한국어 학습 소사전』, 울란바타르.

박영순(외 공저)(1988), 『우리 옛집 이야기: 한국 전통주택의 실내 공간』, 열화당.

박원길(1998a), 『북방민족의 샤마니즘과 제사습속』, 국립민속박물관.

______(1998b), 「몽골의 오보(oboo) 및 오보제(祭)」, 김선풍(외 공저)『몽골민속현장답
     사기』, 민속원.

______(2000), 「몽골 나담에 관한 역사·민속학적 고찰 상(上)」, 『몽골학』, 10호, 한국몽
     골학회.

______(2001a), 「몽골 나담에 관한 역사·민속학적 고찰 하(下)」, 『몽골학』, 11호, 한국몽
     골학회.

______(2001b), 「몽골축제: 할흐 몽골의 씨름에 대하여」, 『중앙민속학』, 9호, 한국민속
     학연구소.

______(2002), "몽골비사에 나타난 몽골족 기원설화의 분석", 『몽골학』, 13호, 한국몽골
     학회.

______(2003a), "몽골비사 195절의 표현방식을 통해서 본 13－14세기 몽골군의 전술",
     『몽골학』, 14호, 한국몽골학회.

______(2003), 「고대 몽골의 금기에 대하여」, 『민속학연구』, 제13호, 국립민속박물관.

박종성(2004), 「몽골 口碑英雄敍事詩〈장가르〉의 영웅적 성격」, 『東아시아古代學』, 제
     9집, 동아시아고대학회.

박환영(1999), 「경제적인 측면에서 본 현대 몽골의 실제적인 친족과 네트워크」, 『역사민속
     학』, 제8집, 한국역사민속학회.

______(2000), 「현대 몽골 인명(人名)에 대하여」, 『몽골학』, 10호, 한국몽골학회.

______(2001), 「몽골의 야스(뼈)와 초스(피)」, 『비교문화연구』, 7집, 1호, 서울대 비교문
     화연구소.

______(2002a), 「몽골 샤머니즘에 나타나는 색깔 상징에 대한 일고찰」, 『한국무속학』,
     제5집, 한국무속학회.

______(2002b), 「몽골의 속담과 수수께끼에 대한 일고찰」, 『Journal of Korean Studies』,
     vol.3, 중앙아시아한국학회.

______(2002c), 「몽골과 한국의 민속학적 동질성」, 『민족발전연구』, 제7호, 중앙대 민족

발전연구원.

_____(2002d), 「현대 몽골 인명(人名)의 민속학적 일 고찰」, 『한국민속학』, 36호, 한국민속학회.

_____(2002e), 「몽골의 유목경제와 환경」, 『한몽경제연구』, 10집, 한몽경제학회.

_____(2003), 「몽골문화 속의 시간민속 고찰」, 『중앙아시아연구』, 8호, 중앙아시아학회.

_____(2004), 「몽골의 축제」, 『박물관 교양강좌 자료집』, 서울대 박물관.

_____(2005a), 『몽골의 유목문화와 민속 읽기』, 민속원.

_____(2005b), 「현대몽골의 질병과 관련된 어휘의 민속학적 연구」, 『몽골학』, 18호, 한국몽골학회.

_____(2005c), 「몽골 유목문화 속의 성(性) 민속에 대한 연구」, 『강원민속학』, 제19집, 강원도민속학회.

_____(2005d), 「현대 몽골어 동식물명의 민속학적 연구」, 『알타이학보』, 제15호, 한국알타이학회.

_____(2006a), 「몽골 귀신에 대한 민속학적 고찰」, 『강원민속학』, 제 20집, 강원도민속학회.

_____(2006b), 「몽골의 말(馬) 민속」, 『국제아세아민속학』, 제 3집, 국제아세아민속학회.

_____(2006c), 「몽골비사에 보여지는 가족과 친족의 민속학적 연구」, 『몽골학』, 20호, 한국몽골학회.

_____(2007), 「몽골의 나담 축제와 유래담 고찰」, 『구비문학연구』, 제 24집, 한국구비문학회.

발터 하이시히(지음)(2003), 이평래(옮김), 『몽골의 종교』, 소나무.

배영동(2004), 「주거공간 이용과 집 다스리기의 전통」, 비교민속학회(편)『민속과 정치』, 민속원.

배원룡(1993), 『나무꾼과 선녀 설화 연구』, 집문당.

블라디미르초프, 주채혁 (역)(1990), 『몽골 사회 제도사』, 서울: 대한교과서주식회사.

비얌바수렌 다바, 리자 라이쉬(공저), 김리합 (옮김)(2006), 『내일은 어느 초원에서 잘까: 아르항가이 초원의 어느 여름 이야기』, 웅진 지식하우스.

서윤영(2005), 『집宇집宙』, 궁리.

석주명(1972), 『韓國産蝶類의 硏究』, 寶晉齋.

손진태(저)(2000), 김헌선 외 공역, 『한국 민화에 대하여』, 역락.

신영훈(1989),『한옥의 조형』, 대원사.

신현덕(1999),『신현덕의 몽골풍속기』, 혜안.

아야베 쓰네오(엮음), 이종원(옮김)(1999),『문화를 보는 열 다섯 이론』, 인간사랑.

楊海英(1999),「펠트민의 이벤트」, 경기도박물관(편)『몽골의 유목문화』, 경기도박물관.

______(1999),「천막에 나타난 우주관」, 경기도박물관(편)『몽골의 유목문화』, 경기도박
        물관.

엘리아데 미르치아(지음), 이윤기(옮김)(1992),『샤머니즘』, 까치.

오인혜(1999),「성행위」,『몽골의 유목문화』, 경기도박물관.

유원수(1994),『몽골비사』, 혜안.

유원수(엮음)(2003),『세계민담전집: 몽골편』, 황금가지.

유원수(2004),『몽골비사』, 사계절,

윤용택(2006),「제주도 "신구간" 풍속의 유래에 대한 고찰」,『탐라문화』, 제 28권, 제주
        대학교 탐라문화연구소.

윤재홍(2004),『우리 옛집 사람됨의 공간』, 집문당.

이광규(1994),『문화인류학개론』, 일조각,

______(1981),『한국 가족의 구조분석』, 일지사.

이규태(1991),『재미있는 우리 집 이야기』, 기린원,

이기문(1980),『속담사전』, 일조각.

이승수(2003),『새로운 축제의 창조와 전통축제의 변용』, 민속원.

이안나(편저)(2001),『몽골인의 생활과 풍속』, 울란바타르: 울란바타르대학.

______(2005),『몽골인의 생활과 풍속』, 첫눈에.

______(2007),「금기를 통해 본 몽골의 민속: 생활예법과 의례를 중심으로」,『중앙민속
        학』, 제 12호, 중앙대학교 한국문화유산연구소.

이영진(1982),「농촌 주거공간에 관한 문화인류학적 연구」,『인류학연구』, 제2집, 영남
        대학교 문화인류학연구회.

______(2006),「주거민속을 통해본 주거공간의 영역화」,『비교민속학』, 제32집, 비교민
        속학회.

이정희(역)(2000),『재미있는 몽골 민담』, 백산자료원.

임돈희(1999),『조상제례』, 대원사.

임재해(2006),「주거문화 인식의 성찰과 민속학적 이해지평」,『비교민속학』, 제32집,

　　　　비교민속학회.

자넬리 로저, 임돈희(공저)(2000), 김성철(역), 『조상의례와 한국사회』, 일조각.

장덕순(1995), 『한국 고전문학의 이해』, 일지사.

장보웅(1981), 『한국의 민가연구』, 보진재.

______(2001), 『동서고금의 화장실 문화 이야기』, 보진재.

장장식(1999), 「몽골 금기어의 원리와 몇 가지 특징」, 『몽골학』, 제 9호, 한국몽골학회.

______(2001), 「한몽 ‘나무꾼과 선녀 설화’의 비교 연구」, 『민속학연구』, 9호, 국립민속
　　　　박물관.

______(2007), 「한국과 몽골 설화의 비교연구」, 『비교민속학』, 비교민속학회.

장장식(2002), 『몽골민속기행』, 자우.

전경수(2001), 「石宙明의 學問世界: 나비학과 에스페란토, 그리고 濟州學」, 『民俗學研究』,
　　　　8호, 국립민속박물관.

정용숙(1992), 『고려의 후비』, 민음사.

朱在憲(2000), 「샤머니즘의 흥망성쇠와 우주관의 변천」, 김열규(외 공저), 『동북아 샤머
　　　　니즘 문화』, 전북대 인문학 연구소 인문학 총서 1, 소명.

주채혁(1984), 『몽고의 민담』, 정음사.

체렌소드놈(저), 이평래(옮김)(2001), 『몽골 민간 신화』, 대원사.

체렌소드놈(편저), 이안나(옮김)(2007), 『몽골의 설화』, 문학과지성사.

최기호(외 공역)(1997), 『몽골비사 역주(1)』, 두솔.

최래옥(1995), 『한국민간속신어사전』, 집문당.

최호림(2003), “북부 베트남의 민간의례 개혁과 그 영향에 관한 연구” 『한국문화인류학』,
　　　　제36집, 한국문화인류학회.

______(2005), “사회주의 국가, 시장 및 ‘전통’의 재생: 베트남의 의례 활성화”, 『제 37차
　　　　한국 문화인류학회 정기학술대회 발표논문집』, 한국문화인류학회.

최호성(1995), 『몽골의 민속생활 어휘와 속담』, 울란바타르, (개인자료).

한상복(외)(1993), 『문화인류학개론』, 서울: 서울대학교출판부.

홍형옥(1992), 『한국주거사』, 민음사.

Akim, G(1995), *Pearl Rosary of Wisdom*, Ulaanbaatar.

Altangerel, D(1988), *How did the Great Bear Originated*, Ulaanbaatar: State Publishing House.

Altangerel, D(ed.)(1989), *Modern Mongolian Poetry*, Ulaanbaatar.

Altankhuyag, D(1978), *Three Fateful Hills*, Ulaanbaaatar: State Publishing House.

Batbayar, T(2005), *Some Modern Mongolian Stories in Mongolian and English*, Ulaanbaatar.

Batchuluun, L(2003), *Felt Art of the Mongols*, Ulaanbaatar.

Bawden, C(1997), *Mongolian—English Dictionary*, London and New York: Kegan Paul International.

Bawden, C. R.(1997), *Mongolian—English Dictionary*, London and New York: Kegan Paul.

Boas, F(1940), *Race, Language and Culture*, New York: Free Press.

Bold, Sh and Ambaga, M(2002), *History and Fundamentals of Mongolian Traditional Medicine*, Ulaanbaatar.

Campi, A(1991), "The Rise of Nationalism in the Mongolian People's Republic: As Reflected in Language Reform, Religion, and the Cult of Chingghis Khan", *Bulletin of the IAM news information on Mongolian Studies*, 2(8).

Carmichael, P(1991), *Nomads*, London: Colins and Brown.

Chedendamba, Ts(1986), *mongol oros angli tol'*, Ulaanbaaatr: setgüüliin negdsen pedakts'in gazar.

Damdinsüren, Ch(1961), D. Natsagdorj — zohioluud, Ulaanbaatar: uls'in hevleliin hereg erhleh horoo.

Dashdondov(1988), Ts, *ulamjlal*, Ulaanbaatar: uls'in hevleliin gazar.

Dashdorj, J and Renchinsambuu, G(1964), *mongol tsetsen ügiin dalai I and II*, Ulaanbaatar.

Dashnyam, G and A. Ochir(1991), *Mongolchuudyn ugiin bichig, tüühiig sergeen hötlöh n'*, Ulaanbaatar.

Dashpurev, D and S. K. Soni(1992), *Reign of Terror in Mongolia(1920~1990)*, New Delhi: South Asian Publishers.

Dondog, Ch(1994), shireenii lablah, Ulaanbaatar.

Dupuy, T. N(eds.)(1970), *Area Handbook of Mongolia*, Washington, D.C.

Evans—Pritchard, E(1940), *The Nuer*, Oxford: Oxford University Press.

Fortes, M(1962), "Introduction", in M. Fortes (ed.), *Marriage in Tribal Societies*, Cambridge University Press.

__________(1969), *Kinship and Social Order: the legacy of Lewis Henry Morgan*, Routledge and Kegan Paul.

Gaadamba, Sh(1990), *mongol'in nuuts tovchoo*, Ulaanbaatar: uls'in hevleliin gazar.

Gilmour, J(1976), "Mongolian Girl", *Journal of the Anglo—Mongolian Society*, vol. 3, no. 2.

Hamayon, R.(1978), 'pourquoi un Mongol doit—il etre nomme', *Turcica*.

__________(1983), "The one in the middle: unwelcome third as a brother, irreplaceable mediator as a son", *Fragen Der Mongolischen Heldendichtung*, Teil, III.

Hangin, G(1986), *A Modern Mongolian—English Dictionary*, Bloomington: Indiana University Press.

Hart, G(1993), *White Months Return: Mongolia Comes of Age*, Sussex: The Book Guild Ltd.

Hickerson, N(1980), *Linguistic Anthropology*, London: Holt, Rinehart and Winston.

Hoang, M(1990), *Genghis Khan*, London: Saqi Books.

Hobsbawm, E(1983), "Introduction: Invention of Tradition", in E. Habsbawm and T. Ranger(eds.), *The Invention of Tradition*, Cambridge: Cambridge University Press.

__________(1993), "The Present as History: Writing the History of One's Own Times", *The Creighton Lecture (University of London)*, 8 November.

Horloo, P(1969), *mogol ardyn yeröö*, Ulaanbaatar.

Humphrey, C(1974), "Inside a Mongolian tent", *New Society*, 31 October.

__________(1978), 'Women, taboo and superstition of Attention', in S. Ardener(ed.) *Defining Females*, Oxford: BERG.

__________(1984), 'A Fragmentary Text of Curative Magic', *Journal of the Anglo—Mongolian Society*, vol. IX, no. 1 and 2.

___________(1992), "The Moral Authority of the Past in Post—Socialist Mongolia", *Religion State and Society*, 20(3 & 4).

___________(1996), *Shamans and Elders: Experience, Knowledge, and Power among the Daur Mongols*, Cambridge University Press.

Ishjamts, N(1990), "Chingisiin mendelsnii 800 ziliin oig temdeglesen tuhai durdatgal", *Dornodahiny Sudlal*, 2(23).

Jagchid, S and P. Hyer(1979), *Mongolia's Culture and Society*, Boulder: Westview Press.

Jam'yandorj, M(eds.)(1983), *hüühed—zaluuchuud'in nevterhii tol'*, Ulaanbaatar: uls'in hevleliin gazar.

Jarrett,k(1988), 'Mongolia in 1987', *Asian Survey*, No. 28.

Khaidav, Ts and Tserenchimeg, B(1974), 'O staroi mongol'skol meditsinkoi literature', in Bira and Luvsandendev (eds.) *Rol' kochevykh narodov v tsivilizatsii tsentral'noi azii*, Ulaanbaatar.

Lattimore, Owen(ed.)(1987), *The Legend of Cuckoo Namjil*, Ulaanbaatar.

Lee, M—W(1976), *Rural North Korea under Communism: A Study of Sociocultural Change*, Rice University Studies, 62(1). Rice University Press.

Levi—Strauss, C(1969), *The Elementary Structures of Kinship*, Boston: Beacon Press.

MacCormack, C and M. Strathern (eds.)(1980), *Nature, Culture and Gender*, Cambridge University Press.

Maidar, D and L. Dar'süren(1976), *Ger: oron suutsny tüühen toim*, Ulaanbaatar.

Narsu and Stuart, K(1988), 'Insects Used in Mongolian Medicine', *Journal of the Anglo—Mongolian Society*, vol. XI, no. 1.

Nordby, J(1993), *Mongolia: World Bibliographical Series*, vol. 156, Oxford: Clio Press.

Nyambuu, H, and Ts.(1993), *Natsagdorj, mongolchuudiin tseerleh esnii huraangui toli*, Ulaanbaatar: ardiin tsergiin hevlel.

Ochir, A and J. Serjee(1994), *Hovdchuud'in obgiin tovch lavlah, obog, ugiin bichig sergeeh zövömj*, Ulaanbaatar.

Onon, U and D. Pritchatt(1989), *Asia's First Modern Revolution: Mongolia Proclaims its Independence in 1911*, Leiden: E. J. Brill.

Onon, U(1990), *The History and the Life of Chinggis Khan*, Leiden: E. J. Brill.

Ortner, S. B(1974), "Is female to male as nature is to culture?", in M. Rossaldo and L. Lamphere (eds.), *Women, Culture and Society*, Stanford University Press.

Park, H. Y(1997), *Kinship in Post—Socialist Mongolia: Its Revival and Reinvention*, Ph.D. thesis, Cambridge University.

__________(1999), "La tenda(*ger*) come centro delle relazioni sociali e di genere nella Mongolia post socialista", *La Ricerca Folklorica*, 40.

__________(2003), "A Comparative Study between Korean and Mongolian Colour Symbols", in Enkhtuvshin, B and J. Tsolmon (eds.), *Harmony Between Nomadic and Other Civilizations*, Ulaanbaatar.

Petrov, V. P(1970), *Mongolia: A Profile*, London: Pall Mall Press.

Purev, O(2002), *The Religion of Mongolian Shamanism*, Ulaanbaatar.

Radnaabazar, J(1991), *Ugiin bichig*, Ulaanbaatar.

Rinchen, B(1965), 'Ermnii Mongolchuudin Zan Uil', *Shine Ue*, Prants.

Rinchensambuu, G.(2002), *mongol züir tsetsen üg*, tergüün debter, Ulaanbaatar.

Sanders, A, J, K(1987), *Mongolia: Politics, Economics and Society*, London: Frances Pinter.

Sanders, A.J.K(1989), 'Mongolia in 1988', *Asian Survey*, No.29.

Sanders, A, J, K(1996), "The ethnic and political borders of Mongolia and the resurgence of Mongolian nationalism", *The British Association for Korean Studies*, vol.6.

Sanjdorj, M (translated and annotated by U. Onon)(1980), *Manchu Chinese colonial rule in northern Mongolia*, London: C. Hurst & Company.

Saunders, J(1971), The History of the Mongol Conquests, london: Routledge & Kegan Paul.

Seidenberg, S(1991), "The Horsemen of Mongolia", in P. Carmichael (ed.), *Nomads*, Collins & Brown.

Sharav, N(1994), "The Political Genocide that Terrorised the Nations: About the Mass Political Repression in the 1930s and 40s", *The Mongol Messenger*, 37(167), September.

Singer Andre(1991), 'Introduction' in Peter Carmichael(ed.) *Nomads*, Collins & Brown Limited.

Strathern, M(1984), "Domesticity and the denigration of women" in D. O'Brien and S. Tiffany (eds.), *Rethinking Women's Roles: Perspectives from the Pacific*, University of California Press.

Taylor, A(1954), *An Annotated Collection of Mongolian Riddles*, Philadelphia: The American Philosophical Society.

Terbish, N(1991), *Ugiin bichig*, Ulaanbaatar.

The Mongol Messenger(1996), "Gobi herder is happy with the simple life", 34(268), August 28.

Thomas, A(1985), "Time catches up with Mongolia", *National Geographic*, 167, no. 2, February.

Tserensodnom, D(1989), *mongol ard'in domog ülger*, Ulaanbaatar: uls'in hevleliin gazar.

Tsevel, Ya(1966), *mongol helnii tovch tailbar tol*, Ulaanbaatar: uls'in hevleliin hereg erhleh horoo.

Vreeland, H(1954), *Mongol Community and Kinship Structure*, New Heaven, Conneticut: Human Relations Area Files.

Vreeland, H. H(1954), *Mongol Community and Kinship Structure*, New Heaven.

Whorf, B(1956), *Language, Thought and Reality: The Selected Writings of Benjamin Lee Whorf*, Cambridge: The M.I.T Press.

Worden, Roberts and Savada, Andrea(eds.)(1991), *Mongolia: A Country Study*, Washington, D.C.

Yambuu, H(1991), hamgiin erhem yoson, Ulaanbaatar.

Yanagisako, S and J, Collier(1994), "Gender and Kinship Reconsidered towards a Unified Analysis" in R. Borofaky(ed.), *Assessing Cultural Anthropology*, MacGraw—Hill.

Yanagisako, S(1979), "Family and household: the analysis of domestic groups", *Annual Review of Anthropology*, vol. 8.

Yongsiyebu, R(1984), 'Everlasting Bodies of Ancestral Spirits in Mongolian Shamanism', *Journal of the Anglo—Mongolian Society*, vol. IX, no. 1 & 2.

Yunden, Y(eds.)(1991), *This is Mongolia*, Ulaanbaatar.

Zenee, M(1990), "erh chölöönii remtsliin tüüh aman zohiolyn holbogdol", *Dolnodahny Sudalyn Asuudal*, 1(22).

탈사회주의 몽골사회에서 과거의 이해와 친족의 재발견 :『한국문화인류학』, 제 39집
　　　1호, 한국문화인류학회, 2006.

『몽골비사』에 나타난 가족과 친족 :『몽골학』, 20호, 한국몽골학회, 2006.

몽골 유목문화 속의 성(性) 민속 :『강원민속학』, 제 19집, 강원도민속학회, 2005.

동식물에 관한 언어민속 :『알타이학보』, 제 15호, 한국알타이학회, 2005.

몽골의 말(馬)문화와 민속 :『국제아세아민속학』, 제 3집, 국제아세아민속학회, 2006.

질병에 관한 언어민속 :『몽골학』, 제 18호, 한국몽골학회, 2005.

몽골의 나담축제와 유래담 :『구비문학연구』, 제 24집, 한국구비문학회, 2007.

몽골의 유목문화와 세시풍속 :『몽골학』, 24호, 한국몽골학회, 2008.

몽골의 귀신 :『한국귀신학』, 창간호, 한국귀신학회, 2008.

한몽 주거공간의 비교민속학적 접근 :『비교민속학』, 제 34집, 비교민속학회, 2007.

찾아보기

[A]

[B]

[E]

[G]

[ㅊ]

지은이

박환영 朴奐榮

- 중앙대학교 국어국문학과 졸업
- 영국 리즈(Leeds) 대학교 몽골학 석사
- 영국 케임브리지(Cambridge) 대학교 사회인류학 석사 및 박사
- 몽골 국립대학교(National University of Mongolia) 국제관계학대학 객원교수 역임
- 영국 케임브리지(Cambridge) 대학교 고고인류학박물관 윌리엄슨 연구교수 역임
- 한양대 문화인류학과 및 단국대 몽골학과 시간강사 역임
- 현재 중앙대학교 문과대학 민속학과 교수

주요저서

- 『부탄의 문화민속 엿보기』, 민속원, 2001.
- 『아시아인의 축제와 삶』(공저), 민속원, 2001.
- 『우리민속학의 이해』(공저), 월인, 2002.
- 『언어와 사회』(공저), 역락, 2003.
- 『민속문화의 자료와 현장』(공저), 집문당, 2003.
- 『몽골의 유목문화와 민속읽기』, 민속원, 2005.
- 『마을민속비교 어떻게 할 것인가』(공저), 민속원, 2006.
- 『도시민속학』, 역락, 2006.
- 『한국민속학의 새로운 지평』, 역락, 2007 외 다수